- 2023年国家社科基金一般项目"湘黔边地苗汉民族服饰流变与文化交融研究"（23BMZ112）阶段性研究成果
- 2021年湖南省教育厅科学研究项目重点课题"湖南苗族非遗手工技艺创造性转化与活态发展研究"（21A0489）研究成果

湖湘文化保护传承工程

湖南省少数民族古籍整理研究中心规划

主编 曹端波

湖南少数民族非遗传承人口述史

苗族卷

刘琼 黄嘉曦 成雪敏——著

湖南大学出版社·长沙

图书在版编目（CIP）数据

湖南少数民族非遗传承人口述史. 苗族卷/刘琼，黄嘉曦，成雪敏著. —长沙：湖南大学出版社，2024.7

ISBN 978-7-5667-2942-2

Ⅰ.①湖…　Ⅱ.①刘…②黄…③成…　Ⅲ.①苗族—非物质文化遗产—介绍—湖南　Ⅳ.①G127.64

中国国家版本馆 CIP 数据核字（2023）第 078850 号

湖南少数民族非遗传承人口述史·苗族卷

HUNAN SHAOSHU MINZU FEIYI CHUANCHENGREN KOUSHUSHI · MIAOZU JUAN

著　　者	刘　琼　黄嘉曦　成雪敏
丛书策划	祝世英　刘　锋
责任编辑	祝世英
印　　装	湖南省众鑫印务有限公司

开　本：710 mm×1000 mm　1/16	印　张：19　字　数：286 千字
版　次：2024 年 7 月第 1 版	印　次：2024 年 7 月第 1 次印刷
书　号：ISBN 978-7-5667-2942-2	
定　价：78.00 元	

出 版 人：李文邦

出版发行：湖南大学出版社

社　　址：湖南·长沙·岳麓山　　　　　邮　　编：410082

电　　话：0731-88822559（营销部），88821327（编辑室），88821006（出版部）

传　　真：0731-88822264（总编室）

网　　址：http://press.hnu.edu.cn

电子邮箱：1138705953@qq.com

序言

　　中华优秀传统文化是中华民族共同的"根"和"魂"。中华文明生生不息、薪火相传，是增进中华民族认同的精神纽带。中国非物质文化遗产是民众在生产生活中创造的智慧经验，是中华优秀传统文化的重要组成部分。保护与传承我国非物质文化遗产成为时代的应有之义。

　　自 2001 年联合国教科文组织公布首批人类口头和非物质文化遗产代表作名录以来，非物质文化遗产已经成为文化研究领域出现的高频词语之一。传承人不仅是非物质文化遗产的载体，更是非物质文化遗产的持有者和传播者。保护非物质文化遗产，最核心、最关键的就是保护传承人。为传承人做口述史是保护非物质文化遗产非常有效、非常有益的工作之一。

　　冯骥才主编的《传承人口述史方法论研究》指出，传承人的口述具有文化主体性和原生性、自律性和自为性、多重建构性；传承人口述史具有重要的身体经验价值，是民间文化的重要内容。因此，传承人口述史的着眼点在"人"，而不是"技艺"和"记忆"，应凸显传承人作为文化持有者和实践者的主体地位。著名作家李辉指出：走进历史的最好方式，就是在不同人物的命运故事里，通过细节来触摸历史。这样的历史，不是教科书上的概念，它有体温，有错综复杂的人际关联，有命运之间的相互呼应。

　　湖南历史悠久，文脉绵长，那山、那水、那人，承载了博大精深的湖湘文化。湖南具有独特的自然环境，钱基博认为湖南"人杰地灵，大儒迭起，前不见古人，后不见来者，……以开一代之风气，盖地理使之然也"。湖南有一湖四水的大河大湖文明，湘、资、沅、澧等四水汇聚于"八百里洞庭"；长江之水也从西北涌入洞庭湖。大河大湖以便利的交通将湖南各区域整合为一个整体，各民族在湖湘大地上交往交流交融，形成血肉相连的文化共同体。同时，湖南也是山地文明闪耀的明珠，从西北到南方，分布着武陵山、雪峰山、南岭等，土家族、苗族、侗族、瑶族、白族等民族很早就生息于此，创造了丰富的山地文化，并与中原地区南下的汉族长期交融，形成了"你中有我，我中有你"的互嵌式的分布格局和休戚与共的命运共同体。

　　中国非物质文化遗产是中华民族共同创造、分享、传承的精神财富，文化遗产往往跨越民族、地域界限，成为多民族、多地域共同享有的生活文化。湖南少数民族非物质文化遗产丰富多彩，遍布全省。其具有以下三个特点。

　　其一，共创。目前大量非物质文化遗产属于各民族共同创造，如孟姜女传说、炎帝神农传说、赛龙舟、傩戏等，不仅在汉族地区盛行，而且受到土家族、苗族、侗族、瑶族等少数民族人民的喜爱与传承。国家级非物质文化遗产"靖州苗族歌鼟"（"鼟"，侗语词，为"根源""源头"之意）在申报时，确定其艺术群体为苗族群体，"由锹里苗族同胞在生产劳动中模仿鸟鸣、蝉唱、流水、林涛等大自然和声逐渐演变而成的多声部民歌"。其实，该艺术形式广泛流传于湘黔边界的多民族群体中，且用当地汉语方言"酸话"演唱，当地称"大歌"。靖州苗族歌鼟可视为当地汉、苗、侗等民族文化聚集融合的产物。

　　其二，共享。中国非物质文化遗产是中华民族智慧的结晶，各民族在相互融合的过程中形成了荣辱与共、守望相助的文化共同体，非物质文化遗产成为各民族共享的精神财富。如农耕文化最为重要的"农历二十四节气"，湖南省境内的各民族均共享这一宝贵财富。侗族在立春时节由人扮演"春官"进行说唱，祈祷风调雨顺、丰衣足食。"春官"本是周代一种职官，执掌农耕事务，后世民间出现扮演"春官"的说唱艺人在农村走家串户表演，形成一种劝农祈福的"春官送春"习俗。湘西地区的苗族、土家族、侗族，对清明节、端午节、重阳节等非常重视，节日时往往整个家族举行相关集体活动。

其三，共识。中国非物质文化遗产不仅是传承民族文化、凝聚民族精神的重要载体，而且是各民族共识的价值。如"盘古神话"这一中华民族创世神话在湖南西部的苗族、侗族、土家族等地区具有广泛共识，拥有相同的创世神话基因。又如湖南西部少数民族地区盛行伏羲、女娲传说和洪水神话，这些均与中国古史记载的黄河流域华夏族创世神话相同。各民族对中华文化及其核心价值的认同体现在非物质文化遗产之中，非物质文化遗产成为凝聚各民族的精神纽带。

现阶段，中国非物质文化遗产正在遭遇现代化冲击，"保护为主，抢救第一，合理利用，传承发展"的工作方针，一方面表明非物质文化遗产的传承面临困境，另一方面告诫我们，对于非物质文化遗产，抢救性工作必须置于首位。当下，非物质文化遗产传承人普遍年龄较大，面临断代危机，因此，当务之急就是开展相关的记录和保护工作。

"口述史"的研究，已突破了其所属的历史学科领域的界限，被广泛地运用于其他学科领域，促进了学科间的交叉融合。国家级非物质文化遗产传承人除掌握了丰富的知识和精湛的技艺外，同时也是历史文化的持有者和传递者。将对非物质文化遗产传承人抢救性记录中的访谈内容梳理转化为口述史，是一项有意义却又繁重的工作。

非物质文化遗产保护和传承，核心在"人"。我们需要走出书斋，进入广阔的田野，关注普通民众的日常实践，从传承人的个体历史和集体记忆中探寻文化的精神价值。因此，我们组建湖南少数民族非物质文化遗产传承人口述史调研团队，借鉴民族志的方法，让传承人以局内人视角"讲述自己的故事"，以保证口述历史的真实性、完整性，促进非遗传承的"多声部合唱"。

　　我们编写本系列丛书的目的是，通过对湖南少数民族非物质文化遗产传承人的调查，发掘和总结湖南人民在改造自然、发展生产、创造文明等方面的优秀遗产和宝贵经验。

　　新时代，让我们在增进共同性、尊重和包容差异性的基础上，保护和传承湖南少数民族非物质文化遗产，推进中华民族共有精神家园建设，促进中华各民族交往交流交融，不断巩固中华民族共同体思想，铸牢中华民族共同体意识。

曹端波

湖南鹤城·2023 年 10 月

湖南少数民族非遗传承人口述史

——苗族卷——

第一章

靖州苗族歌鼟

以歌养心的务农人：龙景平

　　龙景平，男，苗族，1959 年 5 月出生于湖南省怀化市靖州苗族侗族自治县平茶镇棉花苗寨，高中文化，务农，靖州苗族歌鼟国家级传承人。龙景平祖辈都是当地有名的歌师，3 岁就跟随家中长辈学唱苗族歌鼟，十四五岁就能跟随村里的后生走村串寨地去各处参加对歌活动，成年之后通过长时间的不断学习，熟练掌握了即兴编歌和对歌的技巧以及婚礼习俗的全套歌词，在当地知名度很高。近年来他多次参加各类活动，为传承弘扬靖州民族文化发挥了积极作用。

⚐ 图 1-1　龙景平（左）在接受作者戎雪敏（右）的访谈

一、靖州苗族歌鼟的历史背景

靖州苗族歌鼟是湖南省西南部与贵州两省交界地区的传统音乐，其历史悠久，是苗族人民在优美的自然环境中，模拟大自然的和声和生产劳作中产生的音律，创造形成的独具特色的苗族传统音乐艺术，具有深厚的地域风情。2006 年 5 月 20 日，经中华人民共和国国务院批准，靖州苗族歌鼟被列入首批国家级非物质文化遗产名录，从此开启了靖州苗族歌鼟不断向前发展的新征程。

靖州苗族侗族自治县地处云贵高原东缘斜坡的山岳地带，位于沅水流域的上游，湖南省怀化市的西南地区，湖南、贵州两省交界地带。历史上，靖州是千年州府，在古唐虞夏商周时期为荆州西南要腹之地，素有"黔楚门户""湘桂孔道"之称。宋太平兴国五年（980），十峒首领杨通宝向朝廷进贡，被朝廷任为诚州刺史；崇宁二年（1103），改诚州为靖州；民国二年（1913），废州存县；1987 年，经国务院批准成立靖州苗族侗族自治县。现在的靖州苗族侗族自治县县域面积 2210 平方公里，辖 6 镇、5 乡、1 个国有林场，据 2020 年第七次人口普查，全县常住人口 23.36 万，[①] 拥有苗侗汉等 25 个民族，其中苗侗人口占 74.4%。[②]

靖州的苗族历史悠久，其族源可以追溯到炎黄时期的"蚩尤"部落。活跃于 5000 多年前的黄河中下游的"蚩尤"部落，与尧、舜、禹时期居住在长江中下游的"三苗"部落，以及周朝时期的"荆楚"之间有着一脉相承的关系。相传，蚩尤在对抗黄帝与炎帝联盟的涿鹿大战中战败后，他所属的部落大部分迁往荆州、江淮一带，后来进入鄱阳湖、洞庭湖以南的今江西省、湖南省的崇山峻岭之中，成为"南蛮"的重要组成部分。

---

① 靖州县第七次全国人口普查公报. 靖州苗族侗族自治县人民政府网站［EB/OL］. http：//www.jzx.gov.cn.

② 靖州概况. 靖州苗族侗族自治县人民政府网站［EB/OL］. http：//www.jzx.gov.cn.

秦朝以后，苗族先民逐渐从洞庭湖沅水西上，部分从鄱阳湖以南往西南方向迁徙，历经艰辛，进入湖南西南部，被称为"五溪蛮""飞山蛮"。由于历代封建统治者的歧视和压迫，苗族先民和其他少数民族被迫迁往偏僻的深山老林，在靖州这一区域被称为"锹里"。后来，学术界把居住在这一区域的苗族民众称为"三锹人"，靖州苗族歌鼟就产生于锹里地区。靖州苗族歌鼟是一种无指挥、无伴奏的多声部民歌，由于源于古锹里一带，也被称为"锹歌"。为了与其他苗族支系的苗歌区分，一些苗族文化学者根据锹里山区多石台阶、沿坡而上、步步登高的特点，结合锹歌从低到高、婉转起伏、回环跌宕的声部，给"锹歌"取名为"歌鼟"。因"鼟"在锹里语言中具有"台阶""阶梯"的含义，也象征着歌唱声部的层层叠叠。

靖州苗族歌鼟主要分布在靖州苗族侗族自治县新厂、平茶、藕团、三锹、大堡子五个乡镇的锹里地区，以及明清时期从靖州锹里迁徙到贵州黎平、锦屏、天柱，广西三江和湖南通道等县的"三锹人"后裔，包含百余个村寨，6万余人。

2022年2月13日，笔者一行人在靖州拜访了靖州苗族歌鼟国家级传承人龙景平，龙景平对于我们的到来非常高兴，对于靖州苗族歌鼟，他有太多的话要说。龙景平向我们介绍道：

> 我们靖州的锹里人是非常喜爱唱歌的，我们锹里苗家有句老话说得好，"以饭养身，以歌养心，以酒养神"。我们锹里人天天与歌相伴，把苗族歌鼟作为我们的安身立命之本，把它看得跟人说话、手艺、写字一样重要。在过去的苗家寨子，一个苗家人如果不会唱苗族歌鼟，很有可能连老婆都讨不到。歌鼟是我们苗族人表达思想感情、传承历史文化、进行社会交往的重要方式。也正因为如此，在我们靖州，苗族歌鼟能够一代一代地传承至今。

靖州苗族歌鼟从产生到发展，绝非偶然，也不是一种奇特的风俗。

> 过去我们苗族人的生活环境比较单纯，生活方式也比较简单，

不像现代人有那么丰富的娱乐生活，所以我们的祖先们在耕种时或是做完农活后就学着模仿周围各种流水、林涛、劳作等声音，用自己的智慧和创造力，把自己所处的环境和生活、生产场景，用高低起伏的声乐表达出来。经过长期的加工和提炼，创作出了一首首优美的民歌，丰富了我们的生活。

尽管现有的文献资料不能给出靖州苗族歌鼟诞生的准确历史，但它已经发展成为靖州锹里苗族人民的一项重要的文化活动。宋代陆游《老学庵笔记》卷四记载"辰、沅、靖州蛮……农隙时至一二百人为曹，手相握而歌……"，① 可以看出其起源古老，源远流长。

在很早的时候，我们苗寨里的人识字不多，我们主要靠口耳相传来记歌词和编歌。很多歌曲，我们听大人、长辈唱得多了，就自然而然会唱了。有些人听着听着除了会唱，慢慢还学会了自己编歌。他们把编好的新歌唱给大家听，如果大家觉得歌好听，就一个传给一个，然后慢慢地就传唱开来了。我们好多歌曲都是自然而然地创作产生的，然后口传心授传承下来。后来随着汉字的传播，稍微读过点书的苗家人学会用汉字在本子上记歌词、编歌书传给后人。新中国成立以后，越来越多的苗家人开始读书、识字、写字，我们的苗歌传承和推广就更便利了。

为了传承和发扬优秀传统文化，2003 年，靖州苗族侗族自治县人民政府开展了靖州苗族歌鼟的申遗工作。2006 年，靖州苗族歌鼟被列为首批国家级非物质文化遗产保护项目，获得了新的发展空间。靖州苗族侗族自治县先后成立了苗学研究会和苗歌协会，群众自发成立的苗族歌鼟表演队如雨后春笋，这一传统音乐表演艺术因各种节庆活动得到恢复而不断丰富，靖州苗族歌鼟的表演逐步成了靖州政府举办活动的重头戏。2007 年，靖州苗族侗族自治县 20 周年县庆，主办方以苗族歌鼟为广场文

---

① 陆游，撰，刘德权，点校. 老学庵笔记（唐宋史料笔记丛刊）［M］. 北京：中华书局，2019.

艺表演的核心内容，创作了《苗寨风情》《龙头宴》等优秀节目，向中央、省、市领导及来宾进行展示和推介。2008 年 8 月，应国家大剧院的邀请，靖州苗族歌鼟艺术团前往北京参加"原生态情歌音乐会·行路之音"表演，受到观众们的热情欢迎。2009 年 3 月，应中央电视台的邀请，参加《民歌·中国》栏目之《魅力靖州》的节目录制，该节目于当年 5 月在中央电视台音乐频道展演了一周。2011 年 12 月，靖州苗族歌鼟表演团队参加了台湾举办的"楚风湘韵——两岸民间乐舞专场演出"。2014 年，靖州苗族歌鼟表演团队赴泰国曼谷参加"湖南文化走进泰国"非遗展演活动。2018 年 3 月，靖州苗族歌鼟代表团作为中国唯一的团队参加意大利第 73 届杏花节世界非遗展演展示活动。靖州苗族歌鼟在国家高度重视和大力扶持下，得到了很好的保护、传承与发展，并以其原始的艺术魅力，从湘西南山区进入中国民族音乐的殿堂，走向世界。

二、靖州苗族歌鼟的内容形式

靖州苗族歌鼟的表现形式是多样的。它可以在田间地头，也可以在村寨民居；它既是音乐韵律的展现，又是苗族传统生产生活的场景再现；它可以是对红白喜事的祝福祈祷，也可以是对社会历史的寓理式咏叹；[①]它既阐述了万物繁衍的自然规律，又包含了为人处世的智慧哲理；它既是对日常生活的点滴记录，又是该民族血液里音乐元素的一种外在升华。靖州锹里人对苗族歌鼟情有独钟，"学歌"是当地族群相互认可的一种生活方式；"对歌"是与其他村寨交流、联谊的一种有效手段；"教歌"是人们对民族历史的自觉记忆和传承的一种重要方式。"遇事而歌，遇歌而乐"，苗族歌鼟是必不可少的一环，几乎涵盖了苗家人民的所有生活场所和细节。在锹里地区的社会生活中，苗族同胞在喜庆节日以歌相贺，生

---

① 李佳桦. 靖州苗族歌鼟演唱艺术研究［D］. 桂林：广西师范大学，2017.

产劳动以歌互助，男女相恋以歌为媒，邻里不和以歌相劝，丧葬祭祀以歌当哭，叙述苗史以歌相传。[①]

靖州苗族歌鼟按其内容可分为盘古歌、家常歌、生活歌、祝贺歌、情歌、婚礼歌、三朝歌、礼俗歌、地理歌等。按其旋律和演唱方式可分为童谣调、四句歌调、茶歌调、酒歌调、饭歌调、山歌调、担水歌调、书礼歌调、倩口歌调、三音歌调等十多种歌调。[②] 靖州苗族歌鼟喜欢使用大量的联想来引述民间传说，多运用夸张、比兴、拟人等修辞手法。龙景平说：

> 我们的苗歌既有讲述民间故事的故事歌，也有讲述历史英雄人物事迹的叙事歌，还有千百年来一个恒久不变的主题——男女互诉衷肠、相互表达爱意的爱情歌。

靖州苗族歌鼟主题不同，歌曲的音调也各不相同，大部分的歌曲是从低音开始，循序渐进，婉转流畅，逐渐过渡到中高音段，多个声部互相呼应。

从创作题材来看，靖州苗族歌鼟的题材源于民间，涵盖了历史传说、祭祀礼仪、爱情婚姻、生产劳动、地方风物等，体现着锹里苗家人社会生活的方方面面，承载着苗族人的传统历史文化。其中抒情歌或叙事歌篇幅长、容量大、形式多样，内容严谨而不随心所欲，充分展现了苗族当时的社会生活，表现了特定历史阶段人民的思想情感，宣扬了扬善抑恶的思想，表达了对幸福和自由的向往。

从曲式结构来看，靖州苗族歌鼟的乐声节律虽有严谨的一面，但同时又可自由发挥。靖州苗族歌鼟节拍变化无穷，三四个声部的歌鼟是最普遍的，有时多达六个声部，混音、弱起、连音等也是普遍存在的。靖州苗族歌鼟是一种独特的支声复调曲，由讲唱、领唱、合唱三部分构成。

---

① 罗春文.靖州苗族歌鼟独特的艺术价值和特色［J］.美与时代：美学（下），2011（3）：3.

② 李显福，梁先学.湖南苗族风情［M］.长沙：岳麓书社，2012.

讲唱是由歌者即兴作词——考验临场发挥能力；领唱是起腔定调——决定着整首歌的走向；合唱是拉腔——讲究配合；乐曲是多调性的——歌曲丰富繁杂，唱词也没有按传统的次序排列，而是在领唱和合唱的各个声部之间反复交替。

从调式音调来看，靖州苗族歌鼟在调式上的开腔，大多是由领唱人自己决定的。它的曲调范围很窄，都在八度以内，主要是中音区（2，3，5，6），以真声唱，很符合人的自然声调，这种形式特点，正好为靖州苗族歌鼟的普及打下了基础。从演唱方式来看：

> 苗族歌鼟一般以真嗓演唱，是一种渐进形式的唱腔。在歌唱时，一般首先由低声部起歌，先给歌定个基调，然后其他声部先后加入，音阶的变化不大，但音调运用极有特色。我们在演唱的过程中是不需要指挥的，也不需要伴奏，唱歌的人可以很自然地按照自己的嗓音特征，进入自己想要的声部，与其他低声部、中声部、高声部形成完美的组合。我们苗歌队的人数不限，只要喜欢唱歌，从几个到几十个，甚至上百个都可以成立苗歌队伍，并且不分性别、不分年龄，男女老幼都可以加入队伍中来。

龙景平向我们演示了一段靖州苗族歌鼟，他的歌声自然真实而又极为生动，充分反映了锹里苗族人民独特的音乐天赋和高超的演唱技巧。靖州苗族歌鼟的歌手虽然有正确的声乐节奏，但是毕竟没上过专门的音乐院校，从他们所唱的苗歌来看，不敢说他们的歌唱有多么完美、多么专业，但能听到自然的歌唱呼吸。正如龙景平所说：

> 我们苗家的歌手没有在专业的学校系统地学过唱歌，没有专业的发音技巧，也不知道在唱歌时怎么调整呼吸，但是在我们小时候跟着老一辈学习唱歌的时候，他们就教我们唱歌的时候要尽量把气拖得长，中间不要停顿。当长句子我们唱不了时就要不断地练气，直到可以一口气毫不费力地把很长很长的歌词唱完。所以我们在唱歌时也会按照老一辈的这个要求互相比较，互相竞争，谁的歌唱得

轻松拖得长那谁的歌就唱得好。

靖州苗族歌鼟"和歌"高音区的支声拉腔部分，音色洪亮，音量明显加大，主要体现在酒歌的演唱中，采用了粗犷的大嗓，声音铿锵有力，热情奔放，野性十足。真假声相结合的演唱方法只在茶歌调和饭歌调的演唱中局部出现，真假声交替丰富了茶歌调和饭歌调的音色效果。歌鼟演唱在咬字发音方面也有讲究。在演唱的"讲、领、和"三个环节中，讲歌者是核心，担任着提示唱词、连接平衡声部的作用。所以要求讲歌者的咬字必须清晰准确，连接平稳有韵律，同时主动平衡声部音量。领歌者为紧随其后的集体"和歌"起定调的作用，所以要求领歌者准确连接，声音洪亮，咬字清晰准确，定调准确平稳。"和歌"部分，要求演唱中低音的人咬字清晰准确，主要以重音方式强调歌词的演唱，让听众听清楚演唱歌词的内容，演唱高音的人则不能把字咬得太死。[①] 所以也有人说："如果你想唱得好，你就要唱得烂一点，最好是越野越好，不要把词唱得那么精准，在演唱自由扩展音时，可以尽可能地扩展它，并使用一些润腔加花。"

从演唱语言来看，靖州苗族歌鼟并不完全使用苗话来演唱。一般来说，在童谣和饭歌调中使用苗语，书礼歌调使用汉语，其余曲调则不用苗语或者汉语来演唱，用的是这边特有的"酸话"来演唱。"酸话"是苗族方言中的一种，它有别于本地苗语及周围的侗语，是苗语的一种汉化形式，发音与汉语相近，但又有一定的苗语色彩。这种非母语的歌唱在民间音乐中是很少见的。

从文学角度来看，靖州苗族歌鼟的歌词善于运用拟人、比兴、夸张等手法旁征博引，语言生动，内涵丰富，趣味无穷。它曾被音乐大师贺绿汀、白诚仁誉为"民族瑰宝""天籁之音"，其歌词在保留了苗族古代诗歌体文学特征的同时还特别讲究押韵。歌词多为七言四句，二四句末

① 史婉莹. 苗族歌鼟传承人龙景平的歌唱艺术 [D]. 武汉：武汉音乐学院，2021.

字一般讲究押韵，歌词精练、生动、形象，是苗家人珍贵的"口头文学"，特别是歌词中赋比兴手法的运用，与《诗经》异曲同工，具有深厚的文学价值，体现了苗族文学与汉族文学的密切联系。

靖州苗族歌鼟作为中国民族传统音乐文化，具有深厚的文化底蕴；而作为一种文化的载体，它又以其独特的生命力和活力，随着时间的流逝而发展和演变，反映出苗族的民族精神和气概。

三、龙景平的从艺历程

（一）拜师学艺

龙景平祖辈都是当地有名的歌师。龙景平从小就耳濡目染，对靖州苗族歌鼟情有独钟。他的爷爷十分喜欢他，把他当作重点培养对象。龙景平学习靖州苗族歌鼟的启蒙老师就是爷爷和妈妈，最开始跟着妈妈学，后来由于妈妈工作比较忙碌，就跟着爷爷学习歌鼟。谈起最初接触歌鼟的故事，龙景平显得格外兴奋：

关于向我爷爷学习歌鼟这事，一方面因为我非常喜欢唱苗族歌鼟，另一方面我爷爷也看好我，想好好培养我，所以从我3岁开始他就手把手教我唱歌鼟了。

随着年龄的增长，龙景平的学习能力也慢慢增强。为了进一步锻炼龙景平，只要村里有结婚、打三朝（女方家人为新生儿庆祝的仪式）、盖新房、吃年饭等喜事，爷爷都要拉着龙景平参加，因此龙景平从3岁起，就加入了唱山歌唱苗歌的行列。到了8岁那一年，龙景平已经掌握了靖州苗族歌鼟的基本旋律，但是由于编词太难，只能让爷爷将苗族歌鼟一首一首教给他。龙景平慢慢地学会并且能哼出所有旋律，9岁时就能和别人对歌，展现出了极高的歌唱天赋。龙景平回忆道：

我当初学习歌鼟的顺序是先学会歌词，再念歌词，最后唱，这其中是没有乐谱的，苗族歌鼟的特征就是口头传授。我学的第一首歌鼟就是四句歌，然后才开始学习情歌。慢慢地，我掌握了多种不同的歌调，会唱的苗歌也越来越多。

龙景平家族世代学习歌鼟，在当地很有名气，20世纪六七十年代，每到春节，很多酷爱唱歌的苗家人会来到龙景平家请教学习。一般女性就跟着龙景平的妈妈学习，而男性则会跟着龙景平的爷爷学习。因此在每年大年初一到正月十五的这15天时间里，龙景平的家中会十分热闹。在这样的氛围里，龙景平也会跟着大家一起学习，感受飘荡在春节氛围中的优美歌声。龙景平形容那段时间：

> 我每天晚上都要学歌。他们写一首，我就能记上一首。通过几年，我学到了很多歌。

1974年，爷爷带着龙景平去一个姑姑家打三朝。人们看到龙景平，就拉着他一起唱歌。由于15岁的龙景平长得十分可爱，又会唱歌，很多大人就逗趣他说要把女儿嫁给他。按照苗族的习俗，谈论婚姻是要对唱情歌的，龙景平觉得自己年龄还太小不敢对唱，便选择装睡。

> 要是在家里面我还可以唱几首，去做客的话他们都是高手，我就不太敢唱了。他们帮我唱时，我只好假装睡觉，这样我才放心（不会喊我对歌）。

因为这件"趣事"，龙景平感觉自己在学习靖州苗族歌鼟方面遇到了挑战，还是有很多不足。

> 我们那个地方如果不会唱歌就很难找到媳妇，会唱歌的话娶媳妇就容易多了。我当时虽然会唱一些歌，但是对歌的应变能力还不够强，不太会现编歌，在家里唱唱还可以，真的跟外面的高手去"过招"还是底气不足，不够自信。

回家以后龙景平开始更加努力的学习，他不仅向家中的长辈学习唱歌，还虔诚地向锹里地区其他歌鼟高手请教，拜他们为师。除了学习唱歌外，他也开始试着自己写歌。歌鼟写作需要一定的学识修养，歌曲的主要旋律要很清楚，歌词也要编得生动好听。龙景平深知文化的重要性，他一边学习歌鼟，一边也不放松学校里的学习，后来他成为他们村寨新中国成立以来的第一个高中生。由于文化水平相比村寨的其他年轻人要高很多，因此写起歌词来也要比他们轻松很多。

为了唱好歌鼟，我想了好多办法。我记得在读初中到高中那段时间，每一年只要过新年，大家都比较闲，我就会组织村里的伙伴教唱半个月以上的山歌，把自己的一些理论经验跟实践相结合，同大家一起交流总结。在教唱的过程中也提升了自己的唱歌水平，同时，也有很多外村的爱好者专门跑来交流，我认识了很多新的朋友，我们相互学习了很多新歌。

龙景平的这种爱歌习惯，至今未变。他借着家庭和学识的优势，努力学习和传承靖州苗族歌鼟，积极参加各种活动，歌鼟的演唱技巧越来越熟练，歌鼟的歌词创作水平也越来越高，成为当地知名歌手。

（二）教书教学

苗族歌鼟不仅是靖州苗民交流情感、传承文化的重要载体，也是他们日常生活中不可或缺的生活方式。1976 年，龙景平高中毕业，回到村里当了一名民办老师，教书之余，龙景平积极地教学生唱靖州苗族歌鼟。由于班里有很多学生不太会说苗话，因此给龙景平的教学增加了很多工作量，不仅要教苗歌还要教苗话。

20 世纪 70 年代，随着村里人受教育水平的提高，普通话的普及，很多村里的娃娃逐渐都不会说地方话了，会讲苗话的人也越来越少。我当时心想，要想把苗族歌鼟很好地传承下来，就不能停止写歌，同时也要教会学生说苗话。

因此在教学上，既要教学生说苗话，自己也要努力学习普通话，这对于龙景平来说任务艰巨，压力重大：

娃娃们不会说苗话，一些年纪大的村民又说不来普通话，甚至听都听不懂，跟外面的人沟通起来都困难。苗话不教不行，不教他们不方便交流，说不好苗话就唱不好苗歌，所以我们就边写歌边教苗话。普通话也要学，否则出去赶集也没有办法跟外面的人交流，不过我自己到现在普通话也讲得不太好，地方口音重。

从 1976 年到 1983 年，龙景平一直投身于教育事业。在他的带动下，靖州棉花村的学生和村民没有一个不会唱苗族歌鼟的，学生喜欢唱苗歌、喜欢学苗歌，学生们学得开心，家长们也满意，教学质量不断提升，培养出了很多优秀的学生。

四、靖州苗族歌鼟的功能与特色

（一）婚姻纽带功能

1983 年后，龙景平调到棉花大队担任会计，后又被聘到乡政府从事计划生育工作。虽然转行不再当老师，但是龙景平没有放弃写歌与唱歌，闲暇时，龙景平也经常被邀请去唱情歌。

靖州苗族歌鼟中的情歌是锹里地区苗家男女青年"坐茶棚""玩山"、谈情说爱、交流情感时所唱的歌曲，又称为山歌，属二声部重唱歌曲。在靖州锹里一带，苗民婚恋习俗中的重要环节就是对山歌。苗族村寨一般都有一个用竹木搭建的简易棚子，叫作茶棚，专供青年男女聚会对歌，谈情说爱。每逢农历戊日，苗家姑娘便穿新戴银，成群结队在寨边等待外寨小伙子来茶棚对歌，于是茶棚便成了苗族青年男女相熟相知的地方。在茶棚里，男女各坐一方，女用问歌，男用答歌。龙景平解释道：

> 茶棚歌是一种由年轻男女在茶棚中唱的歌。茶棚是村子里的女孩子们亲手用竹子搭成的，是为了方便年轻人之间的交流而设立的，是苗族年轻男女认识的场所。茶棚的位置位于村口而非山上，更加方便外村的青年过来对唱情歌。

在农闲的时候，苗家人就会停下手头的活休息，村寨的青年男女都会去茶棚对歌，不用做其他任何事，一心一意唱情歌。"文革"时期，"坐茶棚"因被视为旧习陋俗而被禁止，大量的茶棚被拆除，苗族青年又把对歌场所换到了古树参天的山坡上，因此又被称为"玩山"。

> 我们苗族乡山多、树多，所以唱情歌、对情歌都在山上，找一棵能遮阴的大树，男女青年就在树下谈情说爱。

为了解决苗族青年的终身大事，几个团寨会相互对歌。这个团寨的男生去找那个团寨的女生对歌，那个团寨的男生来找这个团寨的女生对歌，当唱到情投意合时，就成就了一对好姻缘。由于年轻人唱情歌多为寻觅意中人，因此当唱情歌时某个团寨的男青年看中了某个团寨的女青年，男孩就要想尽办法去找她，去追求她，找到合适的时机与她对唱情歌。当用歌词和歌声把女孩的心唱软时，就代表男孩离成功不远了。

苗族情歌多为两个人对唱，声音一高一低，这样双方就能知晓对方唱的是什么内容。当然，唱情歌也是有技巧的。龙景平说道：

> 唱情歌最重要的是歌词，你要把自己的心思和她的心思慢慢地拢在一起，要努力"框"住她、打动她。此外，唱情歌也十分注意唱歌时的音量，唱情歌的音调多为缓缓地、慢慢地，声线一定要好听。

若声音过高过大会把男孩衬托得十分粗鲁，然而声音过低，对方女孩又没法听清男孩想表达的情感，因此学会掌握对方的心态，适当地控制音调和音量是成功的关键。

> 当年我讨老婆就是去唱歌，但也不是一次就唱成功，也是唱了很多次。我们苗家都是有亲戚网的，不会到外面去结婚。我们那个年代交通也不方便，团寨三四十公里内，如果你看上哪个女孩了，你就多次去找她对歌，直到她愿意跟你对歌了，这样就代表你谈成功了。很多人都不能一次成功的，是需要多次找女方对歌的。

在对唱情歌时，如果女孩和男孩情投意合，那么女孩就会应答男孩的情歌。若女孩马上答上了男孩的歌，表明这段感情有戏。若女孩答了一两句就跑，说明女孩并未看上男孩。因此在苗族男性年轻的时候，遇上其他团寨漂亮的女生就会大胆地找她们对唱情歌。

唱情歌就像是在讲话，一步一步地攻。你去别的村寨可以一开始就说"我听到大家讲你们这里的姑娘长得非常的漂亮，我心里很向往，所以我们今天特意来到这个地方。如果你们看得起的话呢，我们就对歌"。一般女青年都会回应。如果双方是真的喜欢，那唱起情歌来是真的有味道。

靖州苗族歌鼟，实际上是一种诗歌。苗族人使用拟人、比兴、夸张等手法编歌谱曲，歌曲形象生动，寓意深刻。歌词多为七言四句，四个结尾词注重押韵，抑扬顿挫，朗朗上口。情歌大多需要青年自己去填写，将自己的情感和个人身份在歌词中表达出来，讲述自己的家庭条件、家庭情况。表达对女孩的喜爱，解释为什么会对女孩产生兴趣，以及唤起女孩对自己产生兴趣都是苗族情歌歌词中应该涉及的内容。

对歌看似简单，其实也并非一件易事。苗族人喜欢唱歌，同时他们都十分擅长编曲。一个不会唱歌的男人想赢得一个会唱歌的女孩的心，这比登天还难。当茶棚二重唱达到高潮时，喧闹、笑声和掌声营造出了幸福和欢乐的场面。第一次见面后，许多年轻男女还会再次私下约会。此后女孩和男孩互相赠送定情信物，私订终身。

有的男青年和女青年对歌时很容易紧张，一紧张大脑就一片空白，什么歌都不会唱了。连女青年问的"你姓什么，你叫什么名字"这样简单的问题都没有回答上来，是要被大家笑话的。我虽然没有碰到过这种情况，但是周围就有人碰到过。还有些尴尬事，比如你去接亲的时候，对方盘你的歌，向你提出了很多问题，你对歌答不出来，对方就不让你接走新娘，场面就会很尴尬。

在唱情歌时，往往都是女方提出问题，男方不好意思回答或是回答不上来，就被"难倒"了。当女方看不上男方时，会故意问一些刁钻的问题让男方回答不上来，以此宣告此次对歌失败。

总体来说，情歌比很多其他种类的苗族歌鼟要简单灵活得多。例如在打三朝时唱的苗歌多为祖先留传下来的谱本，谱本的形式多为一问一答，然而一问一答的内容，大部分要靠死记硬背，而并非像情歌那样可以自由发挥。

（二）休闲娱乐功能

锹里人淳朴好客，比如造屋、祝寿、打三朝、祭祖、请人议事等活动，都会摆上一张长方形的桌子，叫作"龙头宴"。宴会上，宾客们都围坐在一起，开开心心、热热闹闹的，喝茶唱茶歌、吃饭唱饭歌、饮酒唱酒歌，场面十分壮观，氛围十分热烈。

> 在酒席上，苗家人主要还是唱情歌，像我们年轻人第一步就是学唱情歌，唱情歌就是为了讨老婆。而酒歌呢，是在喜事的酒席上为了庆贺主人家唱的，但是在学唱酒歌之前，首先要学会唱茶歌。

苗族年轻人学会唱情歌之后，立马开始学习唱茶歌，学会唱茶歌后继而学习唱酒歌。由于情歌、茶歌、酒歌等的唱法旋律不同，导致靖州苗族歌鼟有八种歌调。

比如童谣，童谣是由苗家 3 岁以上的小朋友学唱，歌调大多使用苗语。现如今童谣分为两种，一种是苗族成年人对孩子唱歌，一种是孩子自己唱歌。前者通常用于教导儿童，引导儿童热爱劳动、努力读书等；而儿童自己演唱的歌，体现了儿童天真、单纯、活泼、快乐的特点。这类歌曲具有活泼的节拍和清晰的旋律。

> 其实除了童谣和饭歌，我们唱茶歌时一般用"酸话"进行演唱。

因此茶歌相较于情歌、童谣要难许多。

茶歌是苗族人在宴会开始时所唱的一种歌曲。苗族人勤劳淳朴，每逢佳节亲友聚会，或宾客来访，主人都会举办宴会并以歌助兴。歌谣的内容主要是主客之间的互相道喜，讲述历史故事等。宴会一开始，主人就会为宾客斟上茶水，把有本地特色的食物点心摆到酒桌上面，然后开始唱歌助兴。众人在长桌两侧坐下，首先是有经验的歌手带头讲歌，接着由有实力的歌手领唱，最后大家一起合唱。

> 情歌是两个人唱的，不用很多人。茶歌是人越多越好，在酒席场上，在堂屋里面坐满了，大家都能唱。一个人讲歌，一个人起歌，然后大家来合。只要学会这几种歌，你就可以随便在哪个村寨唱歌了。

苗族茶歌的曲调高亢豪迈、雄浑并且节奏跌宕起伏，在一场酒宴上，唱茶歌的有几个人，也有数十人，甚至数百个人。讲歌的部分是由歌师即兴创作，和讲话差不多。歌师一般是本地德高望重的人物，他们会根据曲子创作歌曲，并负责教授年轻人歌曲。领唱的人是茶歌演唱时最重要的角色，他们负责确定歌曲的调子，同时也要负责唱曲子高音的部分，所以，领唱的人必须有好的嗓音和好的记忆力。

> 茶歌相比情歌和酒歌是一点都不同的，我们办喜事嘛，一般开始都没有喝酒，先摆两杯茶，唱茶歌，茶歌唱完了后面再摆酒。

谈论起茶歌的唱法，龙景平开始侃侃而谈：

> 如果你们只有一个歌手，主人家唱的时候就是一问一答，一对一。一般都是主人起歌，宾客回答。假如说你们四个宾客都会唱歌的话，那你们就可以四个人轮流回答主人的问题。

苗族人在招待宾客时，唱完茶歌就开始准备唱酒歌。酒歌是宴席上苗族人民为助兴或以歌会友而唱的歌。酒歌内容丰富，形式多样，人们以优美的歌声和醇香的米酒招待客人。主客同饮，以歌唱和，相互称赞，互赠情谊。酒歌的场面很盛大，气氛也很热烈。唱歌的时候，先由歌师讲歌，再由一个人领唱，最后大家一起合唱。相比起茶歌，酒歌显得更有气势，一般领唱者的嗓音是雄厚且有感染力的。

锹里苗寨自古有一句话："白饭养身、米酒养神、歌鼟养心。"在生活中，"学歌"是一种对族群文化的认同感，通过"对歌"，与外界进行人际交往互动，通过"教歌"来完成文化与精神的传承。在靖州的苗家村寨，苗族人通过歌鼟将民族文化代代相传。

为什么我们苗家人爱唱歌爱喝酒又不容易醉酒呢，主要就是我们唱酒歌把那个酒气全部唱走了，一杯舀一点点，最多一两酒，慢慢地喝，唱一首歌最少要唱三分钟，中间还要开点玩笑，就要五分钟了，其间又还要吃菜呀、停顿休息啊，那就要七八分钟了，喝完一杯酒就要七八分钟的时间，再喝下一杯酒，这样喝酒的速度非常慢。所以在我们那个地方唱酒歌的时候，一开始最少要喝三杯酒才开始唱歌，喝一杯酒就唱歌是不可能的，等到喝第二杯要很久，不够尽兴。唱茶歌也是一样，通常都是一开场先喝两三杯茶水再唱歌。

苗族酒歌是苗族人在宴请宾客、以歌会友、以歌助兴时经常唱起的曲子。苗家人性情豪爽，热情好客，参加各种聚会时，几乎每个寨子里都有一位歌师。尤其是在各种庆典的宴会上，宾客们载歌载舞，众主宾一齐唱歌，场面十分热闹。和茶歌一样，酒歌也分讲歌、领歌、和歌，但酒歌比茶歌更有气势。

当唱起酒歌的人越来越多，到了成百上千人的时候，男女老少都聚集在一起，场面是壮观、热烈、活跃、欢快的，演唱者更是热情如火、尽情放歌。和声的发展打破了节拍的规则，形成了一种浑厚、奇异、多变、洪亮、浩瀚的风格，它的声音就像是大海的咆哮，深山里的狂风，让人兴奋、赞叹。这种"四声合唱"的民歌，在中国乃至全世界都是凤毛麟角，极具鉴赏与研究价值。

我们的酒歌呢和一般的歌可能不太一样，不是谁能力强谁先唱。像这种结婚酒，如果舅爷在，应该先把这首歌唱给他，敬酒也要敬给他，这个是第一首。第二首，要唱给亲戚朋友，也要感谢亲戚朋友，总体就是按照这个顺序。但如果是做寿的话，就唱给做寿的人。唱给做寿的人也是主人先唱给做寿的人，比如说我唱给我父亲，因为我父亲做寿，如果有客人来给他做寿，那我就唱给他们来祝寿的人听，感谢他们来祝寿。

锹里苗民对订婚酒、婚酒、三朝酒、寿酒等一系列盛大的宴会，都十分重视并且举办得格外隆重。在宴会上,主家的亲戚都会到场祝贺,并奉送礼金,亲戚们一般要住上几天,他们用歌声祝贺、叙旧,增进友谊和亲情。在宴会上演唱歌曲时,如果没有长辈的允许,年轻人是不可以唱歌的,这是对长辈的尊重。而酒席上的唱词则反映出锹里苗民溯源循史、敬祖尚礼的民俗,如追溯茶、酒起源的唱词,包含了锹里苗民对开创者的崇敬与感恩,具有追忆历史、回忆古人的特点。又如酒宴上主客间互相赞颂、谦让的唱词内容,传递着谦虚、友善、以礼相待的良好民俗。苗民们就是利用歌鼟将这些美好的情感与歌曲融为一体,以一种轻松、愉悦的方式进行传承与传播,并且在各地区的民族之间、村寨之间、邻里之间、家族之间传播了一代又一代。

五、靖州苗族歌鼟的传承与发展

靖州苗族节庆除了春节、清明节、立夏节、端午节、中元节、中秋节、重阳节等重大节日之外,还有许多民族的传统节日,如三月三、四月八姑娘节、六月六尝新节、七月十四歌会节、七月十五芦笙节等。

然而随着经济的发展,靖州苗族歌鼟赖以存在的传统文化空间正在急剧缩小,人们的思想和观念也在悄悄改变。尤其是新婚喜事、寿宴寿诞由繁至简,传统节庆逐步被现代节庆取代,歌鼟演唱的文化空间逐渐萎缩,三天三夜的唱戏不复存在,再加上本地有许多私营的文艺团体,走村串户做广告,导致可供靖州苗族歌鼟表演的舞台越来越少。一些传统的民间习俗日渐淡薄,规模也在不断缩小,原生态民歌的传承愈加艰难,甚至面临失传的危险。

苗族风俗是靖州苗族歌鼟的生存之地,为了保护和传承苗族传统文化,龙景平的子女结婚、孙子出生都按照苗族的传统风俗,与亲朋好友一起喝三天的喜酒、唱三天的苗歌。同时,他还要求自己的亲属也要按照传统的风俗来举行婚礼,既是为了保护传统,也是为了传承歌鼟。

因为我们这个地区经济比较落后嘛,所以那些年轻人都出去打工了，包括我的孩子也是这样。但是我的孙子孙女都跟着我。我身为传承人肯定也想把苗族歌鼟继续传承下去，所以他们从小我就教他们。像我那几个孙子，虽然只有七八岁，还不是很会唱，但是他们也是喜欢唱的。

由于龙景平的孙子孙女年纪小还在上学，因此龙景平只能在节假日对他们进行靖州苗族歌鼟的教学。

现在他们还在上学，每天都要上课，没什么时间，所以我只有利用周末和节假日，尤其是利用过年这段时间给他们巩固一下，他们也只有这些时间才有机会学习。

谈论起这点，龙景平显得十分无奈。

如今，苗族村寨传统的生产生活方式，正在青年一代中被慢慢摒弃，这对苗族传统文化的传承与发展造成了巨大的挑战。随着靖州城镇化进程的加速，有条件的农民开始在城市中安家落户。锹里地区的很多年轻人和其他省份的农民一样，都在城里打工，而留在锹里苗寨的基本上都是老人、妇女和孩子。锹里苗寨除了农忙时节和传统节日之外，几乎看不到一群群的青壮年。即使长假回家也有了手机、电视、网络等更多的娱乐休闲方式，会唱苗族歌鼟的年轻人越来越少，三天三夜的传统表演只能成为老人们心中的回忆。

1994年，龙景平觉得在乡政府上班，受身份和时间的约束，很多大型歌会不能参加，他感到非常遗憾，于是辞职回家，种田唱歌，把所有的精力都投入靖州苗族歌鼟之中。每年一到农闲季节，他就和苗歌协会的会员一起开展各种交流、授艺活动，每一年靖州地区的苗民赛歌会他从未缺席。

我们现在也想搞活动，除了需要一定的资金投入，还需要各级政府的支持。今年本来准备搞一个苗族歌鼟活动，场地、设备、表演人员我都联系好了，但是因为疫情就取消了。虽然这两年取消很多大型民族节庆活动，但是为了传播我们锹里苗寨的传统文化，我每年还是跟苗歌协会一起尽量举办一些小型的活动，我们苗民唱歌的传统不能中断。

龙景平履行传承人职责，把所有的精力都投入钟爱的靖州苗族歌鼟事业。由于锹里地区村寨分散、交通不便、难以聚集，为了更好地传授苗族歌鼟，龙景平在区域优势明显的城郊二凉亭创办了靖州第一家苗族歌鼟传习所。该传习所设有陈列室、学习室、培训室，让苗族青年们认识歌鼟，体会歌鼟，学习歌鼟，是一处集培训、展览、展演、研习于一体的传承阵地。龙景平通过开展授徒传艺和举办苗族歌鼟培训班等活动，吸引了许多苗族歌鼟爱好者前来学习、考察、调研，陶冶他们热爱家乡、热爱民族文化的情操。近年来，龙景平一共培养了百余名苗族歌手，其中有十余人已成长为当地知名的歌师。他举办的师资人才提升培训班，为苗族歌鼟进校园输送了多名专业教师，让苗族歌鼟能在靖州地区的校园里传唱。

　　为了更好地保护和传承靖州苗族歌鼟，龙景平经常深入锹里苗寨搜集苗族古歌资料，经过几十年的积累，收藏了大量苗族古歌书籍，整理了近万首苗族民歌。2013 年，龙景平参与编纂出版了《靖州苗族歌鼟选》；2015 年，他参与编写出版了《靖州苗族歌鼟》音乐教科书；2018年，他组织对靖州苗族歌鼟系列歌调进行了录制。近年来，龙景平还撰写了《对苗族歌鼟传承的实践与思考》《靖州苗族歌鼟博物馆传承初探》《新时代非遗传承与保护浅析》等论文。[①]

　　在靖州苗族歌鼟的传承与发展中，龙景平用自己的力量促进靖州苗族地区城乡文化协调发展，丰富锹里地区人民的精神文化生活，培育出一大批热爱"歌鼟"的苗族青年，为苗族歌鼟的传承与发展做出了巨大的贡献。

---

① 怀化旅游.记湖南省非物质文化遗产保护工作优秀代表性传承人龙景平［EB/OL］.［2020-07-27］. https://baijiahao.baidu.com.

第二章

湘西苗族鼓舞

气势恢宏"撼山鼓"：龙子霖

　　龙子霖，男，苗族，湖南省湘西土家族苗族自治州保靖县葫芦镇人，受祖传影响自幼爱好苗鼓。1979年毕业于保靖县第二中学高中部，1981年至1983年参加乡镇业余文艺演出队，2001年拜国家级苗鼓传承人洪富强为师，2007年9月任"湘西州成立五十周年大庆"《撼山鼓》节目编导兼总指挥，2008年4月训练30名苗鼓手到贵州凯里中学教苗鼓，任总教练。2015年9月被认定为湘西土家族苗族自治州非物质文化遗产项目苗族鼓舞代表性传承人。

⬆图2-1　龙子霖示范"撼山鼓"动作（龙子霖　提供）

一、苗族鼓舞的历史背景

鼓，在中国有数千年的历史根源。在古代战场，鼓作为一种传播信息的工具，是给士兵以信号的。在音乐中，鼓是乐器，以铿锵有力的节奏鼓舞人心。历史文献记载，苗族鼓舞源于汉代以前。《汉书·地理志》有记载："楚人信巫鬼，重淫祀。"王逸的《楚辞章句》有曰："昔楚国南郢之邑，沅、湘之间，其俗信巫而好祠。其祠必作歌乐鼓舞，以乐诸神。"历史上有关苗族击鼓歌舞的文字记载，较早可见于唐代《朝野佥载》卷十四："五溪蛮，父母死，于村外间其尸，三年而葬，打鼓路歌，亲戚饮宴舞戏一月余日。"① 巫楚文化作为一种文化概念是远古至先秦时代楚民区域的巫文化及其遗留。在这种浓厚的文化熏陶之下，几千年之前的苗鼓就已经成为巫楚文化中祭祀仪式上必不可少的一种乐器，在祭祀时所跳的舞蹈，成为苗族鼓舞的雏形，后来在历史的演变过程中，逐渐从最早的图腾祭祀演变为祖先祭祀。苗鼓舞可分为木鼓舞、铜鼓舞和踩鼓舞等。一是木鼓舞。木鼓舞的鼓是由框、皮、槌等部件组成，木框的两头蒙牛皮，击鼓时或击边或击鼓面。木鼓舞最突出的表现形式是用力敲击鼓面和敲打鼓的边缘，这也是苗族鼓舞所特有的表演方式。二是铜鼓舞。铜鼓舞的鼓是用青铜制作，起初用于苗族的祭祀活动，到了明清时期，才由祭祀活动逐渐演变为娱乐性的活动。铜鼓为空心，击鼓时用木棒前后敲击。三是踩鼓舞。踩鼓舞的鼓是一种皮鼓，鼓身不大，只能由一到两人击打，其余的人围绕着踩鼓跳跃，根据鼓点来进行舞蹈。湘西苗族鼓舞主要传承地区使用的鼓基本是木鼓，铜鼓舞和踩鼓舞主要流行于贵州清水江流域的苗族地区。湘西地区的苗鼓在外观上与原始的木鼓类似，取材来源于崇山峻岭之中的古木（一般使用直径一米以上的一段粗大的桐木），剜空桐木的树芯，两端蒙上没有经过硝制的生鲜黄牛

---

① 向照芳. 苗族鼓舞的文化内涵［J］. 艺海，2021（3）.

皮,用桂竹竹钉为销,将牛皮固定在木桶上,待牛皮水分挥发,皮质干燥,鼓就做好了。后来,人们借鉴桶匠打造圆木桶的工艺,选用考究的材质,进行苗鼓制作。发展到现代,常用杉木制作鼓桶和鼓槌,在鼓槌尾部握手处绑上彩色绸缎,就可以敲击鼓面了,后来又创新出塑料壳拆卸的胶桶,或者创新出八面之类的鼓形,已经离开了传统的苗鼓造型。所以也有学者认为,这种后现代的苗鼓造型失去了"湘西苗族鼓舞"艺术载体的本源。

湘西苗族鼓舞主要流传于湖南省湘西土家族苗族自治州境内的吉首市和凤凰、泸溪、保靖、花垣、古丈等县,是苗族最有代表性的民族文化之一。湘西苗鼓是古老的苗族先辈们,在与外来势力的争斗和反抗封建朝廷的战事中,用来指挥战斗的信号,苗鼓号角成为号召与激励民众、振奋军心、强壮军威的武器,使苗民们形成巨大的凝聚力;又是闲暇时,苗族的先民们结合一年四季的劳作动作自编、自排、自舞、自娱自乐的乐器,苗鼓舞成为苗族人民最喜爱的舞蹈艺术形式,丰富着苗族人民的生活。

苗鼓是苗族的"圣物",是苗族人民的精神内核所在,其渊源与苗族的民族历史一样悠远。在民间,流传着多种版本的与鼓相关的民间神话传说。相传很多年以前,有一头魔怪危害苗乡,无恶不作。勇敢的苗族青年亚雄率同寨的伙伴们跳下天坑,经过七天七夜的血战,终于杀死了凶残的多头魔怪,救出了美女阿珠。全寨人扶老携幼围着熊熊的篝火狂欢,庆贺胜利。亚雄等勇士剥下魔怪的皮,蒙成一面大鼓使劲敲打①……于是就发展成了现在的苗鼓。从甲骨文的"鼓"字上也可以追寻到一些关于鼓的来历:两人击鼓,其他两三人围绕着鼓,翩翩起舞。鼓,原本是苗族族群(部落)的首领或祭司(东部苗语称其为"巴代")用以祭祀的物器。苗族的每个族群(部落或村落)都有一面特制的牛皮鼓。

对于饱受战争之苦的苗族而言,鼓的作用无疑是非常重要的。苗鼓除了作为祭祀器物之外,它还是苗族与自然斗争的产物,引申成战争的

---

① 蒋波. 湘西苗族鼓舞的形成及其功能探析 [J]. 湖南农机, 2006 (07).

"号角"。苗鼓最初是用于战场的。传说世上本没有"鼓"这东西，是黄帝为了战胜蚩尤发明的。历史上黄帝和蚩尤进行的涿鹿之战中，黄帝屡战屡败，被蚩尤打得丢盔弃甲，溃不成军。后来在机缘巧合之下发明出了世界上第一只鼓。在打仗时，一阵鼓响，山鸣谷应，二阵鼓响，天旋地转，把蚩尤的军团吓得落荒而逃，因此才能反败为胜。通过这一次的战争，蚩尤部落认识到了鼓的威力，从而带着它跋山涉水，并且在之后的生活中利用"鼓"创造了苗族鼓舞。① 后来在与其他部落进行战争时，苗族的先民也使用"击鼓"来振奋士气击溃敌人。他们在战争中用鼓来加强相互之间的联络，发送信号、传送军情。除此之外，苗民们还利用苗鼓抚慰将士们在战争中受挫的情绪，让幸存的将士们从失败中振奋精神，恢复斗志，提升战斗力。

苗鼓作为一种打击乐器，由于音量宏大，传播距离远，还常常被用作族群之间相互传递消息的联络工具。苗族人散落居住在山谷、山脚、山顶之间，每一个山寨相隔甚远，联系起来较为不便，每逢一些突如其来的事件，如果靠步行通知是来不及的。但是，在合适的距离，选择恰当的地方放置一面大鼓，用事先约定好的敲击方式进行联系，既减少了山间往返的辛劳，也为应付突发事件节约了时间，从而对族群的生存与发展都起到了很大的作用。②

因为我们苗族村寨山高水低交通不方便，所以每一个寨子都有个鼓以便相互求助。举个简单的例子，要请其他村子帮忙，苗鼓就可以传递信息，简单地说就是一个烽火台。在求助的过程中，可以用节奏去体现不同的语义，是遭受外敌入侵求助还是遭遇自然灾害求助，鼓点不同，意义也不同。晚上集中围猎野兽牲畜，就会打节奏比较慢的鼓，将简单的几个武术动作进行重复，气势较强。这种情况下，一般男的外出应援，女的就在旁帮忙打鼓鼓劲。

尽管今天由于通信工具的发达，而使得苗鼓这种功能逐渐消亡，但

---

① 王一波，陈廷亮，咏梅. 浅析苗族鼓舞的起源和发展［J］. 北京舞蹈学院学报，2008（1）：68-71.

② 顾晨曦. 苗族非物质文化遗产：湘西苗族鼓舞［J］. 青春期健康，2015.

它在苗族发展史上曾经发挥的特殊作用是不可忽视的。

石启贵在《湘西苗族实地调查报告》中论述："苗人在环境上，苦于种族、政治、经济之压迫，无以进展，故文化知识较落后，而所居之地，又在荒山峡谷之间，出作入息，少与汉人接近，坐井观天，孤陋寡闻。若不寻求一种娱乐，则不足以资人生乐趣、提高思想、活跃精神、促进健康，而有裨益于人身者，仅鼓乐一项。"此时，苗鼓就具有了族群化的社会功能，社会功能得以充分体现。①

苗鼓后来逐渐演变成苗寨的节庆活动或是农闲时男女老少参与度非常高的一项民俗活动。每当苗寨里来了贵客，村民们会跳迎宾鼓；每当过年过节，村民们会跳四面鼓；每当村中有婚嫁迎娶的喜庆事，村民们会跳猴儿鼓；每当村中有丧事祭坛，村民们就跳"老人鼓"……在这样的民俗氛围中，苗鼓代代相传，长久不衰。随着时代的发展，苗族鼓舞的表演花样和敲打方法也与时俱进。每年金秋时节九月九日那一天，四面八方的苗民就会请出封祭在山中的苗鼓，把它抬到跳花跳月坪上，通宵达旦地击鼓狂欢。鼓手们纷纷拿出自己的拿手好活，跳跃翻腾，相互映衬，好似要比个高低。寨子里的青年男女就会以鼓为媒，通过敲打苗鼓、唱苗歌传递情愫。有互相"看对眼"的男女青年，就成双成对地踏着皎洁的月光走进密密的丛林。

苗族鼓舞因其表演形式的多样化，可分为多种类型。如果按舞者的性别，可以分为女子鼓舞、男子鼓舞、男女合舞。男子鼓舞舞姿豪迈，步伐矫健；女子鼓舞步伐轻盈，动作妩媚。按照苗鼓活动的规模，又可分为单人鼓舞、双人鼓舞、四人鼓舞以及多人鼓舞等形式。龙子霖说起多人鼓舞的场景：

> 有时候搞苗鼓活动，多人鼓舞能达到上百人，一百多个鼓点同时响起，鼓手的鼓槌上的红绸带随着动作飘荡，场面十分壮观。

女子单人鼓舞是苗族女性最熟悉的一种舞蹈。湘西地区的很多苗族女鼓王都擅长表演女子单人鼓舞。表演时舞者将一面大鼓斜放在鼓架上，

① 石丽萍，王娟，石荣华，宋希. 湘西苗族鼓舞［M］. 长沙：湖南大学出版社，2015.

两手各执鼓槌一根，有的由另一人敲鼓的边缘进行伴奏，有的由人敲包锣或者大锣进行伴奏。舞者根据敲边的"嗒嗒"节奏起舞。主要表演的动作有梳头、照镜、纺棉花、织布、插秧等生活和劳动场景。

男子单人鼓舞主要是由一人敲边伴奏，另一人击鼓表演。男子单人鼓舞舞者动作粗犷有力，节奏紧凑鲜明。舞者既可以拿着鼓槌击鼓，也可以是赤手握拳击鼓。模仿转身、翻身、扯须、挖土、插秧、割谷、打谷、推磨、上山、下山等动作。

双人花鼓舞一般是两名女子或两名男子围立在大鼓的两侧，各打一边，同时起舞。还有一男一女的双人花鼓舞。据说过去新郎在春节时要去岳父母家拜年，岳父母家门口会摆放一面大鼓，进门之前新郎和新娘必须合力跳一次花鼓舞，岳父母借此考察二人婚姻是否幸福，于是就逐渐形成了一男一女的双人花鼓舞。

苗族鼓舞因敲击苗鼓时伴随着舞蹈动作而具有了娱乐功能，它是音乐与舞蹈的完美结合，因而苗族鼓乐又被统称为苗族鼓舞，表演蕴含了苗族人民的虔诚信仰和勇于创造、顽强拼搏的民族精神，保护和开发湘西苗族鼓舞对研究苗族的历史、战争、宗教、迁移、生产、爱情、民俗等有着十分重要的意义。

二、龙子霖的从艺经历

龙子霖是保靖县葫芦镇人。葫芦镇位于保靖县东南部，距县城 63 公里、州府 47 公里，2005 年由原来的葫芦镇、堂朗乡合并组建而成。东邻古丈县古阳镇、默戎镇，南与吉首市马颈坳镇、保靖县吕洞山镇毗邻，西与保靖县水田河镇、长潭河乡接壤，北与保靖县阳朝乡交界。葫芦镇自古以来即为保靖县、吉首市、古丈县三县（市）毗邻区域政治、文化和市场交易与物流、客流集散中心。镇域面积 149 平方公里，其中有耕地面积 908 公顷，林地面积 7370 公顷，森林覆盖率 70.6%。截至 2021 年底，辖葫芦、枫香、新印、尖岩、木耳、半白、米塔、桃花坪、四十八湾、大岩、国茶 11 个建制村，4456 户，户籍 1.52 万人口，其中苗族人口约占户籍人口总数的 87.5%。葫芦镇是中国民间文化艺术之乡，有湘西苗族鼓舞国家级非物质文化遗产代表性传承人 1 人（洪富强），有湘西苗族鼓舞州级非物质文化遗产代表性传承人 2 人（石凤花与龙子霖）。这里的苗族人对苗鼓情有独钟，几乎人人都会打一点儿花鼓、猴儿鼓、迎宾鼓、团圆鼓等湘西传统苗鼓。龙子霖从小在父亲与爷爷的耳濡目染下，对苗鼓产生极大的兴趣，1985 年开始和老一辈苗鼓手学习苗族原生态鼓舞。2001 年葫芦镇地区掀起打苗鼓高潮，在本村组建第一支苗鼓队。如今 60 余岁的龙子霖仍然坚持着苗族鼓舞这项事业，并且不断钻研新的鼓法，四面八方闻名而来找他学习苗鼓的人络绎不绝。进入新世纪后，打了多年湘西传统苗鼓的龙子霖越来越觉得它有美中不足的地方，那就是轻柔有余，刚劲不够。于是，他开始思考起如何把苗族武术精华融入苗鼓中，创造出更"壮美""神奇"的苗鼓打法。

⊙图 2-2 龙子霖（右）接受访谈

（一）　与鼓结缘

龙子霖出生于 1962 年 7 月 1 日，受家中祖辈的影响自幼爱好苗鼓、苗拳、苗歌等民族民间文化。近年来，他在保靖迁陵镇、水田河镇、葫芦镇、吕洞山镇，永顺县石坝镇小学，吉首市各社区、老年大学、乾州第七小学等地，传承苗鼓技艺。

在父亲和爷爷的耳濡目染下，龙子霖从小便对苗鼓有着极大的兴趣。在父亲打鼓时，他经常观察鼓棒挥舞的规律和方向，也会经常思考打鼓时的韵律，并私下里经常拿着纸和笔来创作鼓点。不仅如此，龙子霖从小便对武术感兴趣。身为苗族男儿，那一定是会苗拳的，这也为今后龙子霖学习武术鼓打下了一个良好的基础。

> 我们这个地方祭祀椎牛都要唱苗歌、要打鼓，所以我的父亲、我的爷爷都会打苗鼓，我很小时他们就教我打鼓唱苗歌。我从小就接触苗歌和苗鼓，对打苗鼓的爱好始于五六岁。到了 10 到 12 岁的时候，我学了一段时间苗拳。22 岁到 32 岁这十年间，我又研究了一段时间苗歌，最终又重新回到苗鼓。我的爱好是相当广泛的。

见到龙子霖之前，笔者就在其他传承人那里听说葫芦镇有个苗族鼓舞州级传承人多才多艺，打得一手好苗鼓，还擅长唱苗歌，更是个苗拳高手。

> 过去我们苗族老一辈都是吃完晚饭以后及没事的时候就唱歌打鼓，所以我们从小就接触了苗歌和打鼓。我 10 岁左右，我们村里很多比我们年纪大的男青年就开始学习一些苗拳，因为我们这边有个习惯，到冬季很多苗拳师就组织大家晚上去他家打苗拳，我们小时候就在旁边看他们。有一次，他们休息的时候我就拿他们的棍棒去练习，那个师傅看到了，就对我说："既然你喜欢，以后就每天晚上都来吧，我也教你。"后来我就跟着学了几年。在学苗拳的时候，我的苗鼓也一直在打，我们家里人都会打苗鼓，我的哥哥们的苗鼓打得也很好。

龙子霖回忆起那时村寨里没有电影、电视，没有其他的娱乐活动，村民们每天做完农活，在日落之前赶回家，吃完晚饭后就聚在村里打谷坪里唱歌、打鼓、打苗拳。

那个时候没其他事做，白天做工，晚上回来大家在一起，除了唱歌就是打鼓，还有就是学习苗拳，都是一些自娱自乐的活动。一个人打的时候其他人可以在旁边观看，相互切磋，轮流打鼓。过去条件没有现在这么好，每个村里并没有那么多鼓，一般一个村子就一面鼓，通常存放在大户人家院子里，房子比较宽敞，大家就过去学习。

在龙子霖看来，在当时苗族村寨的氛围里，作为一位苗族青年，会这些是再正常不过的事情。

作为"唤醒祖先灵魂"的圣物（牛皮鼓），苗鼓最初由部落首领或者祭司"巴代"掌管。苗族的族群里某个家庭、家族需要向祖先、神明祈福许愿时方可击打，击打那面鼓的同时，就向祖先神明许下某个愿望，那"愿望"得到实现或者满足后，许愿者必须按照自己的物质保障能力进行"还愿"（以"椎牛"或"椎猪"祭祀的形式还愿）。过去，苗族部落的任何成员，谁都不可以轻易击打那面牛皮鼓。苗族祭司"巴代"的念词里有"鼓不乱敲，香不乱烧"的经文，所以说，苗鼓是苗族人进行祭祀仪式时的圣物，是祭司与祖先进行"对话"的精神媒介。

在祭祀的时候可以向大户人家借用，也有的大户人家每当祭祀时会主动把鼓提供出来。我们苗族对祭祀这方面比较重视。我们祭山、祭土地、祭祀祖宗都会用到鼓，一般每个寨子都有土地堂，所以有些村子也会把一些大鼓存放在土地堂里，祭祀的时候不用搬上搬下，用起来也比较方便。简单地说，住在哪个地方，就会祈求土地山神保哪方的平安，其实就是祈求风调雨顺，如果哪天需要去祭拜土地堂，一个寨子里面是没有人反对的。祭拜那天，由村里较有声望的长辈带头，找一棵比较大的树，在树底下建一个小香炉，进行祭拜。过去我们这里的土地山神庙都比较简陋，不会像现在修得这么大，所以祭拜的地方也就不需要修得很复杂。每年的春节或者除夕的晚上是必须去祭山的，清明节祭拜自己的祖宗和土地堂，如果自己家里要办什么事，迁人口或者家庭增加人口也是需要祭拜土地的，相当于"上户口"，请求土地山神保佑一生平安，无病无灾。在苗族地区，二月二日为社日，也被称为土地山神的生日，会办拜土地的祭祀。如今条件好了是杀猪，祭拜的人多就杀大一点的猪，人少或者在过去条件不好的时候就买个猪头。不可以用耕牛来作为祭品，因为耕牛属于一种生产力。由祭司牵头，当所有仪式交接结束以后，每家每户各许各愿，每家每户派一个家里说话算数的代表，一般女的不去参加。一共可以许三个愿望，一个是发财，一个是身体健康，一个是寨子和平。

⊙图2-3　作者刘琼（右一）与龙子霖（左一）及州级椎牛仪式传承人"巴代"龙桥凤（左二）夫妇在一起

祭祀时"巴代"一般会用自己的鼓来打鼓，"巴代"的鼓不是传统意义上的苗鼓，仅用于祭祀、作法等，而苗鼓用于娱乐、休闲、表演，注重身形、姿势、动作，所以二者鼓点节奏也不同。一般大型活动需要"巴代"展演的时候，就特意用苗鼓去配合，以让他们做一些动作，作为表演形式。过去"巴代"都不乐意于参加大型表演，他们认为自己祭祀的过程是神圣的，不能以"表演"形式随意展示。随着时代的发展，旅游业的推动，祭祀活动也逐渐变成一种民间民俗文化吸引着大量的游客。现在的"巴代"们的思想有所改变，慢慢接受在一些大型节庆展演活动中进行一些展示。

"巴代"祭祀时的鼓点不复杂，毕竟他们不是专门做苗鼓表演的。祭祀由"巴代"主持负责念经文，"巴代"的副手负责击鼓，一般有左右两个副手，还要两到三个专门拿道具敲锣的人进行仪式。过去祭祀的鼓都是在村里借，或是去土地堂取。现在"巴代"会使用专用鼓——专门拿来祭祀的鼓，"巴代"的鼓比较小，为了方便携带。

所以从这个意义上说，苗族的鼓，原始的基本功能就是祭祀，之后才慢慢衍生出祭祀活动中围着篝火，打鼓起舞的娱神娱人狂欢夜的传统习俗。

每当过年，苗寨里的村民们都会围在一起，打出"年鼓""喜庆鼓""坐堂鼓""邀请鼓""迎宾鼓"以及"拜客鼓"等欢快的鼓。打"年鼓"的仪式主要在农历正月上半月举行，它与各种戏曲表演、舞狮杂耍等艺术形式融合在一起，相得益彰。"年鼓"敲响以后，全村寨的男女老幼都会闻声欢聚在一起。其中"年味"最浓的要属"年鼓"中的"拦路鼓"。"拦路鼓"包含了迎宾、喜庆等仪式，反映出苗家人的凝聚力。

苗寨里每年的丰收节、立秋日、挑葱会等，也会有舞狮、跳鼓舞等欢庆活动。跳鼓舞时，用得最多的鼓可达九十九面，号称"百面大鼓"，场面非常宏大。每当村里获得重大成绩、村中举办婚庆等喜事，村民们都会跳鼓舞来庆祝。村里洋溢着鼓声、锣声、唢呐声等，一片欢歌笑语，苗寨村民都沉浸在欢乐的海洋之中。

20世纪80年代初期，我参加乡镇业余文艺演出队的时候，鼓队里的男女青年还挺多，可惜到了90年代初期，村里的很多年轻人都出去打工了，能很直接地感受到鼓队里打苗鼓的青年人变少了，很多村的鼓闲置了。1997年以后，我们这边政府开始重视旅游业，这几年在政府的支持下，苗鼓又兴起了，我们又重新开始研究苗鼓，参加一些苗鼓的活动。

但是随着经济的发展，苗族青年们生活方式有所改变，现在的很多年轻人已经不会这些了，对于这个，龙子霖很是惋惜。

我个人把苗族鼓舞分为三大类：武术鼓、传统鼓和花鼓。武术鼓以苗拳武术动作为主体编排而成，节奏慢且重，以八合鼓、撼山鼓、湘拳鼓、蚩尤鼓为代表；传统鼓，是老一辈根据一年四季的劳作动作以及女红，如纺纱、织布、绣花等动作编排而成的一种鼓舞表演，以勤劳鼓、喜迎丰收鼓、猴儿鼓等为代表；花鼓，是作为一种舞蹈动作去编排的，节奏欢快，要求连贯性好，流畅，现在也叫迎宾鼓，也就是"kuaibianhua"（苗话发音），以迎宾鼓、接龙鼓、送亲鼓、喜庆鼓为代表。

猴儿鼓是传统苗鼓中比较原始的一种鼓舞形式，后来的单人鼓、双人鼓或多人鼓都是在它的基础上发展起来的。猴儿鼓舞在表演时除了模拟生产劳动以外，还要随着鼓点模拟猴子摘桃、猴子抓痒挠腮、猴子戏鼓等动作、行为，样子滑稽、十分可爱。猴儿鼓夹杂着很多高难度的技巧，舞姿非常轻盈敏捷，有许多跳跃的舞蹈动作，非常引人入胜。

龙子霖向我们介绍了每一种苗族鼓舞的特点。

每个鼓打起来有自己的特色和特点，传统鼓要求节奏不能太快，也不能太慢，为什么大家这样要求呢？因为每一个动作都需要模仿类似纺纱、织布、插秧等劳作动作，假如动作太快，完成度就会降低，就不够形象化；假如太慢，鼓点不够密集又不容易吸引观众。传统鼓需要观众一目了然，所以节奏的安排，基本上是按照动作需要的节奏去进行编排的。武术鼓也要慢一点，但是快慢相间，控制好节奏，因为我们在打武术的时候，每一个动作有快有慢，假如动作太快，动作可能做不到位，姿势不够舒展，打得太慢就不像武术反而像太极了。所以在编排的过程中，基本上还是要按照动作需要的节奏去进行。而鼓点这方面就要靠自己去进行加工，需要让观众拥有良好的视听感，构建丰富的节奏韵律，引导观众的情绪，所以表演时就有快慢轻重、疏密收放。好的鼓点也可以提高艺术上的观赏性，增强传递情感的起伏。

虽然对每一种类型的鼓舞都很了解也都能打，但是龙子霖还是对武术鼓情有独钟。

花鼓的节奏经常就是"砰砰嗒嗒砰砰"这样的，以前打的节奏是柔的、软的，后来要求打得流畅，每一个动作也要轻盈、飘逸。武术鼓是将武术动作相融合的，要求刚劲有力；打传统鼓的每个动作就比较形象化，做什么动作就要别人看出来在干什么。我这三种鼓都能打，但是我有苗拳基础，我更喜欢武术鼓，打起来更有力道。花鼓一般女子打得多，打起来动作很柔美，让人看起来舒服。如果我去打花鼓，我做起来肯定跟别人是不一样的，完全是另外一种风格了。

笔者问道："全世界很多地方都有鼓舞表现，在中国也有很多鼓种，比如陕西大鼓在全国也是非常有名的。咱们的苗族鼓舞，跟其他国家或者中国的其他地区的鼓有什么区别呢？"龙子霖指着家中的一张小鼓照片跟笔者说：

我们这里（葫芦镇）几乎不打腰鼓，小鼓也有这么大。我们大鼓最早是用来祭祀的。祭祀的大鼓有一米多高，我们平时打的鼓一般都是现在常用的小鼓。我打了这么多年鼓，觉得最好打的鼓还是直径为70厘米的鼓。大鼓也好打，但是我们搬动不方便。祭祀的鼓一般放在一个固定的地方不动。那种大鼓直径有一米多，比如说我们到吕洞山举办祭祀活动，我们就搬大鼓，平时打小鼓。

非洲鼓和浙江鼓都是用手去拍打的，苗鼓用鼓槌敲打。山西鼓气势强烈，鼓点音乐感强。与其他地区的鼓相比，苗鼓鼓点其实比较简单，它讲究的是每一个动作，所以鼓点节奏并不太复杂，没有什么变化，如果你的动作完成得不好，不形象，别人就看不懂。传统鼓方面，过去老一辈编排没有这方面的要求，现在我们就尽量地将每一个动作放大，尽量形象，该加鼓点要加进去，这方面就是会加一些修改，所以《喜迎丰收鼓》就是我把传统鼓作为一种原始资料加工改编而成的，其实它的动作也就是从传统鼓里面再加工起来的，观众一目了然，所以我在参加"湘、鄂、渝、黔四省市边区民族民间艺术大赛——苗鼓大赛"的时候得了铜奖。因为过去打得不形象的别人看不出，假如你把它每一个动作形象化了，别人一看才明白是什么意思。

对于如何学好苗鼓，龙子霖是这么说的：

首先要热爱苗鼓，只有热爱才会支撑自己一直打下去。其次要从根本上认识苗鼓的文化内涵，了解我们苗族这么热爱打苗鼓的意义所在，这样你打出的鼓点才是发自内心的。其实苗鼓学起来也不容易，我们常说一心不能二用，而在打鼓的时候左右手的动作是不同的，一边打的是鼓点，而另一边要完成的是动作，所以一开始很多队员都学得不好，因为两只手不协调，需要慢慢习惯。

龙子霖还自己琢磨出打苗鼓要注意的几个方面：

⊕图 2-4　龙子霖以墙为鼓展示苗族鼓舞的技术要领

第一，牢记鼓点节奏。初学时一下子不可能完全记得住，可以学一小节就先记住这一小节的鼓点节奏，然后再记下一小节的，一个小节一个小节的练习，便于之后握槌击鼓。第二，看好并记住示范动作的走向。要注意保持手的姿势，手的动作可以由内向外也可以由外向内，可以先上后下或先下后上，这些动作都是跟随击鼓时的动作来的，手臂要打开，要舒展，这样打出来的动作才好看。第三，要把鼓点节奏和手势方向记住以后，再去击鼓。按鼓点节奏和手势方向慢慢模仿，勤加练习，一直到熟练套路。

打苗鼓时还要注意细节上的处理，以上几点都练熟以后，要把每一个动作的连贯性加以细节处理。这其中又要注意三点：精、气、神。精，打鼓时要有精神，精神的体现在于动作的干练和刚劲有力。静则稳如泰山，动则雷霆万钧、翻江倒海。这就要在一个节奏中把某动作快速完成再到定造型动作。在准备下续动作时，手脚放开，舒张手臂，展现出独有的精神。气，就是要有气势，苗鼓中的闪、展、腾、拉等动作连贯性强，亮相自然，把握好击鼓时的动作形态而体现出气势。神，关键在于眼神的体现。在击鼓表演中，眼追随鼓槌的运动轨迹，灵活协调左右上下方向。亮相时眼神有光，要用眼神和观众进行沟通和交流，在眼神中将击鼓的情绪流露出来，与精、气融合一体，让观众对击鼓的人产生一种自然追踪的效果。

龙子霖认为打苗鼓对锻炼身体有很大的帮助，它可以锻炼大脑对左右手不同步的动作指挥，使整个身体的各个关节得到活动，全身心都能同时得到锻炼。最关键的是苗族鼓舞可以愉悦人的心情，无论是表演者还是观众，每逢节庆时，鼓手可以在各类有苗鼓的庆典活动舞台中更好地展现自己，用铿锵的鼓点节奏，鼓动观众的心弦，台上台下共同分享喜悦，共享文化精神食粮。

（二）拜师洪富强

洪福强，男，苗族，湖南省保靖县葫芦镇米塔村人，第二批国家级非物质文化遗产项目湘西苗族鼓舞代表性传承人。洪福强出生于1936年，从小父母双亡，由爷爷婆婆拉扯大。洪富强八九岁就跟随爷爷、婆婆学习苗鼓，洪福强的爷爷和婆婆曾经是吕洞山区打苗鼓的好手，爷爷洪荣科擅长打男式矮桩苗鼓，婆婆张大姐擅长打女式高桩苗鼓。洪富强从小就接受苗文化的熏陶，苗歌、苗舞、苗拳样样都会。2003年，洪富强把"八合拳"招式一一拆开，画成草图，共演绎出50多个鼓舞动作。然后将村里的21名鼓弟子喊到家里排演新创的动作，边演边改，一遍又一遍，一套由冲拳（击）三防、五进关公、狂风击耳、八仙平跪、九转连防、击边、九响连印、猛虎起跳、顺反破门、花手牵目、拳术站立式出入场等10多个动作组合而成的苗鼓新打法出炉了。因这套鼓法糅合了"八合拳"的部分招式，洪富强便给这新鼓舞命名为"八合鼓"。①

　　苗族武术鼓真正发展是从我师傅洪富强开始，他编排了一套"八合鼓"。为什么叫"八合鼓"呢？因为我们苗族有一个"八合拳"，这个拳法在苗族普及很广，基本上到处都在学"八合拳"，学过武术的人都会打。"八合鼓"是我师傅结合"八合拳"里面的一些武术动作改编成的，所以就命名为"八合鼓"。"八合鼓"打法新颖、气势恢宏，节奏稳健清晰，一经亮相就得到了政府部门和老百姓的认可和喜爱，所以给了我们一些宣传渠道，我也觉得师傅编的这个"八合鼓"真的很好。拜师之后，我原来就有苗拳、苗鼓的基础，所以我学习起来非常快，我的"八合鼓"也打得很好，武术鼓也打得好。在学"八合鼓"的时候每次表演我也会做一些编排，跟着师傅组建鼓队到处参加比赛，到哈尔滨、江苏、深圳这些地方都有去参加，慢慢地上面也重视了，于是我们就更有干劲了。

"八合鼓"不仅体现了苗族民间舞蹈的轻松、活泼、优美，还体现了"八合拳"的舒展、刚劲、有力，它的问世掀起了湘西鼓坛一股吕洞山苗族武术鼓的热潮，给湘西异彩纷呈的鼓文化增添了一道亮丽的风景线。"八合鼓"成了苗族武术鼓的开山之鼓，洪富强因首创"八合鼓"被苗乡人称为苗族武术鼓的鼻祖。来自湖南省怀化地区的中方县，湘西土家族

---

① 洪富强. 中国非物质文化遗产网［EB/OL］. https：//www.ihchina.cn.

苗族自治州的花垣、吉首、凤凰等县市的许多鼓队、鼓手争先恐后请洪富强教授技艺。洪富强教传的鼓队不下百数，教传的弟子3000余人。他教传的鼓队2004年在第二届中国民族民间文化艺术节上获三等奖，2004年9月在"福田汽车杯"第六届中国民间艺术节全国民间艺术表演赛中获优秀奖，2004年在湖南省首届民族民间艺术博览会暨湘西土家族苗族自治州第二届生态环境保护艺术节获优秀民间艺术奖。近年来在德夯、在南方长城、在长沙、在深圳、在香港、在澳门、在新加坡，在中国民间艺术节、在鼓文化节上洪富强的"八合鼓"令成千上万的观众为之倾倒。"八合鼓"的出现，改变了传统苗鼓的单鼓单人打法，进化到现在的十鼓百鼓千鼓和十人百人千人万人的大群体打法，所以各种形式的大小开幕式或闭幕式都用"八合鼓"作为开头或结尾。

2001年龙子霖拜国家级苗鼓传承人洪富强为师，在行过正式的拜师礼之后，洪福强传给龙子霖一对事先准备好的鼓槌，希望他好好学习，努力提升自己的苗族鼓舞水平。龙子霖说苗鼓的拜师并没有那么多的讲究，你想拜哪个师傅为师便去找他，然后师傅认可你便会将鼓棒传给你。

龙子霖说：

我们这边的苗鼓的拜师仪式比较简单，只要你喜欢哪个师傅，愿意拜他为师就可以去找他，告诉他你的意图，如果你的师傅也觉得你是个可造之材就会收你。我当时的拜师礼没有举行什么特别的仪式，就是很普通的，但是我师傅有传一对他的鼓槌给我。苗鼓是这样的，师傅有很多鼓槌，当他收一个徒弟的时候就传一对鼓槌给那个徒弟，当他同时收两个徒弟时，就会拿出两对鼓槌分别给这两个徒弟。鼓槌寓意着师傅会把苗鼓的技艺传给你，你要继承他的衣钵，努力学艺。

龙子霖从家中翻出来这对鼓槌给笔者看，这是一对很普通的鼓槌，槌尾系着红飘带，虽然有使用过的痕迹，但还是看得出来龙子霖平时是很爱惜的。

这就是当年师傅传给我的鼓槌。师傅在传的时候会说一些话，主要是嘱咐我要如何学艺。我要跪在师傅面前双手接过鼓槌，代表着从师傅手里接过这门技艺。

2003 年 9 月，中韩围棋邀请赛在凤凰举行，龙子霖积极协助洪富强老师组织、培训、表演，花了 1 个月时间，培训了苗鼓手 200 余人，圆满完成了此次表演任务。2004 年 5 月，龙子霖组织本村的苗鼓队到深圳参加演出。2005 年龙子霖带队参加德夯全国鼓文化节开幕式，并担任"百鼓八卦阵"的编导。同年龙子霖和弟子龙承珍赴长沙参加大兵主持的《谁是英雄》节目演出。同时他还担任龙承珍的辅导老师，帮助她取得"鼓王"称号。

（三）编排"撼山鼓"

出于对武术的热爱，在学习完"八合鼓"后，龙子霖就在思考能否创造出更加独特的接近于武术的鼓舞。在经过扎实的学习与长期实践之后，龙子霖在"八合鼓"的基础上编排了更具武术性的"撼山鼓"。龙子霖为"撼山鼓"编排动作和鼓点，每次编排完后，他就会自己打一遍，再反过来研究有无不妥，仔细琢磨每一个动作。他还会听取专业人士的意见，搜集武术鼓的相关资料，一遍又一遍地尝试。编排完成之后，龙子霖带队参加了比赛，"撼山鼓"也正式问世。

> 我跟着师傅学完"八合鼓"以后，就开始编排"撼山鼓"的动作，我的"撼山鼓"是在"八合鼓"的基础之上进行编排的。因为当时湘西这边打苗鼓还是以传统鼓为主。2006 年左右，湘西举办了一个苗鼓节，政府要求我们葫芦镇的各个村都组织一个两百人的队伍参加比赛，我自己也组建了一个十几人的队伍，但是因为当时没什么带队的经验，武术鼓跟传统鼓还有很大的区别，有些队员在学的时候学得不够好，比如很多女队员打不好武术鼓，他们打惯了传统鼓，打起武术鼓来动作软绵绵的，打不出那个味道。我在编排"撼山鼓"的过程中，在里面糅合了拳法、棍法、刀法，所以很多没有武术基础的队员在学的过程中就没有信心。"撼山鼓"都是我自己编的鼓点，所以我在教他们的时候，他们那些没有信心的，我就重新教一遍，因为我觉得这个武术鼓还是要有舞台形象，后面我就想

办法自己编排了武术鼓，把武术动作打起来，我觉得效果还是比较好的，观赏性也好，然后给大家看，看看师傅们对我编的这个动作和鼓点有没有什么好的建议。

龙子霖一边说着，一边拿起鼓槌，以墙壁为鼓向我们展示起来：

你看我这个动作是刀法的动作，当做这个动作的时候你就要把鼓槌当刀使用，这几招是刀术里的招式，我把它改成了用鼓槌来展示。这是棍术，我在敲鼓时会模拟耍棍的动作，有时候会把鼓槌甩起来，有时候和其他动作混用。

我个人觉得"撼山鼓"编排的效果还是比较好的，"撼山鼓"动作好看，鼓点的节奏好听，鼓点的节奏、间隔让人听着舒服，观众们的评价也比较高，所以现在湘西这边很多地方都喜欢打"撼山鼓"。2007年州庆的时候，除了"撼山鼓"，我也带着鼓队排练了其他的鼓舞节目展示出来给工作人员选，结果他们也是选的"撼山鼓"。他们认为"撼山鼓"鼓点好听，武术动作含量比较高，高难度动作不多，很适合于鼓队表演。因为虽然武术鼓以男性为主，但是现在湘西地区大部分鼓队打鼓的队员都是妇女，难度太高不仅影响学习积极性，还会导致传承的凝滞性。"撼山鼓"虽然是武术鼓，但如果女性队员想学习也不困难，更适合推广。

龙子霖特别强调不同的鼓种有不同的打法，每种鼓打起来都有自己的特色，"撼山鼓"要求更加形象化，要求打鼓者鼓点动作潇洒自如、爽快利落，要求丰富的节奏韵律和整体的美感，以更好地表达情感。除此，龙子霖在编排"撼山鼓"的时候，也结合了很多传统鼓和其他武术鼓的动作。武术鼓男性打的居多，因为有些动作就是专门为男性制定的，例如上述上山、下山、翻身等动作，若是由女性来完成便打不出这番味道，但动作太难又不便于女性学习。

我在编排这个"撼山鼓"鼓法的时候，将大部分鼓法和一些拳法相结合。一些妇女她们打起武术鼓动作可能就没那么干练，没那么干净利落，打出来软绵绵的，所以我在教打"撼山鼓"的时候，必须告诉队员们每一个动作的动作要领，把"撼山鼓"从武术拳法动作到鼓舞动作的演绎和变化跟他们演示清楚，如果他们没有了解"撼山鼓"中每一个动作的内涵和意义就打不好"撼山鼓"。

例如这个动作，鼓槌在敲打鼓的时候是把鼓槌当作刀用，但是如果不了解动作含义，就会把它当作拳用了，或者当作棍用，然后打的方向也没有分清楚，那么它打出来所呈现的意义就完全不一样了。所以在教学里面这个很讲究，只有你把它说透了，把一些细节跟队员们解释清楚了，这个动作才会好看且有意义，学起来也会很快就能上手。

2006年2月，龙子霖组织本村鼓队参加吉首市举办的第三届民族民间艺术大赛，他编排的《撼山鼓》在此次比赛中荣获二等奖。他还担任首届"吕洞山苗族民间文化艺术节"开幕式苗族鼓舞的编导，2008年继续任活动编导。在2007年2月"乾州古城杯湘、鄂、渝、黔四省市边区民族民间暨第三届吉首市民族民间艺术大赛"上，龙子霖编排的《喜迎丰收鼓》荣获铜奖。同年10月，他担任湘西土家族苗族自治州50周年州庆大型民族歌舞《神秘湘西——"撼山鼓"》的编导，并获一等奖。2010年5月，他带队到江苏常州参加了"全国民族民间艺术大赛"。

龙子霖创编的新鼓舞《撼山鼓》《喜迎丰收鼓》等，编排精湛，鼓点铿锵，节奏明快，气势磅礴，动作粗犷，注重保持苗族鼓舞的原真性。从每个鼓舞的编排到展演，他都特别注意展现出本民族元素，赢得了苗鼓文化艺术界的赞赏与好评，成为湘西苗鼓文化艺术的引领者。

（四）追寻跨界合作

阿朵，本名符莹，土家族，1980年4月17日出生于湖南省吉首市，中国内地流行女歌手、影视演员。土家族姑娘阿朵既有土家族所特有的热情直率，又有个人由内而外散发的万种风情，舞台表演充满时尚与活力。2012年阿朵离开北京，之后五年中，她回到了自己的生养之地，在湖南湘西、贵州、云南等地开启"归田隐居"的生活以及艺术创作模式。在这段时间里，她大量地接触民族民间艺术。经过了最初的沉寂期之后，阿朵逐渐产生了探索"新民族艺术"的想法。她特意前往湘西葫芦镇，虔诚拜师国家级苗族鼓舞传承人洪富强老师，练习苗鼓，学习苗拳，站桩、练拳、打鼓数月如一日，融合创新之下自成一派打造出了属于自己的"阿朵鼓"。

①图 2-5　龙子霖（左一）在阿朵（左二）的公开拜师礼上。左三为洪富强（图片来源于 2018 年 7 月 15 日 CCTV4 中文国际频道"中华情"栏目——阿朵沉淀五年　讲述大山深处追寻新民族音乐）

龙子霖介绍，阿朵拜师洪富强之后，由于洪富强年事已高，因此师傅就把指导阿朵的重担交给了龙子霖。阿朵称呼龙子霖为师兄，龙子霖帮助阿朵在土生土长的茶农、家庭妇女、保安甚至屠户中培养了"苗鼓十三姨"——阿朵的 13 个苗鼓女徒弟。

2015 年 9 月 19 日在吉首举行的国际鼓文化节开幕式上，阿朵以国家级非物质文化遗产——湘西苗族鼓舞传承人的身份亮相，为家乡人民献上了精彩、霸气的苗族鼓舞表演，给了大众耳目一新的感觉。2018 年，在 CCTV4 国际频道，非遗文化类节目《非常传奇》中，阿朵身穿苗服，率领来自不同领域的 13 位苗族"鼓女"——"苗鼓十三姨"以苗族传统服饰精彩亮相，擂响气势恢宏的苗族鼓舞并献唱苗语版《茉莉花》。歌声

柔婉，鼓声震撼，她们将舞蹈、武术完美结合在鼓点之中，向荧屏内外的观众呈上了一台别开生面的非物质文化遗产"盛宴"，赢得观众惊叹连连与掌声阵阵。而这背后，也同样凝聚着龙子霖的心血。在教阿朵打鼓的过程中，龙子霖创作鼓点和动作，有时为了节目效果甚至通宵编排动作，并帮助阿朵在一百多位候选女性中选出十三位苗鼓搭档。

　　阿朵跟着龙子霖潜心创作、深入学习，拒绝了多档节目邀约。从音乐到编舞，阿朵都亲力亲为，醉心于湘西苗族鼓舞的创作之中。在龙子霖和其他师兄的指导下，无数个日夜里，阿朵苦练苗鼓汗流浃背，鼓槌挥到手上和腿上在所难免，双手磨出了茧子，手背、膝盖破皮、淤青甚至流血也是家常便饭，鼓棒敲断一根又一根，鼓皮打坏一张又一张，即便如此，满身伤痛的阿朵依然孜孜不倦，并且在鼓艺的学习上越发精益求精。为了练好武术鼓，阿朵还跟龙子霖学习了苗拳，每天凌晨五点半起床站桩、练拳，一招一式功架到位，将苗拳、苗鼓与自己独到的音乐见解相融合。后来阿朵参加湖南卫视《乘风破浪的姐姐》再邀龙子霖出山，帮她编排节目。

　　阿朵有音乐基础，所以当时想将民族音乐与鼓点相结合，尝试新的突破。但民族音乐的歌词要求像诗一样，平整押韵，但是诗属于韵，而苗歌属于声，苗歌押声不押韵，所以苗歌大部分都是临时编词，通过对唱的感觉按照苗歌的调子高低音去编词，但在舞台上很难实现现场编词，当时编排这个节目费了不少功夫。

2020年，为了帮助阿朵准备在湖南卫视《乘风破浪的姐姐》里表演的节目，我花了很长的时间专门去长沙帮她们排练鼓舞、编排节目。她在节目里面的很多舞蹈动作、鼓槌的落点，我们都进行了精心的设计。

龙子霖说当时帮助阿朵编排鼓舞，为了契合阿朵想呈现出来的舞台形象，师兄妹还特意向洪富强师傅请教，寻找灵感和突破，后面经过多次编排和练习才有了舞台上所呈现出来的震撼效果。龙子霖特别强调道，苗鼓在编排过程中鼓点是最重要的环节，如果不注重鼓点，那么最后呈现出的效果将大打折扣。

编排苗鼓的时候，首先要把鼓点编好，鼓点编好了再编动作。如果鼓点没有编好，只是把动作套上去就会打得不好听，没有节奏感，一个苗鼓的节目，动作再好看，鼓点不好听那也没有用。

龙子霖在节目的编排时还会特别注意章节的区分、队伍的阵形、鼓点的动作调整，以保证最终呈现出来的效果是美观的。

如果节目的第一章节是以动作为主，也可以先编排动作，但是和鼓点配合起来还是会有杂乱的感觉，每个小节分不清楚，不连贯，所以需要调整鼓点，动作也进行相应的调整。只要把鼓点定好了，使鼓点在第一章节和第二章节中展现出明显的区别，能够让观众听出音乐和鼓点中情感的递进与变化，动作只要按鼓点的情绪去编排表现，这样就能快速把队形动作编排好。

在龙子霖的帮助下，阿朵最终打造出了属于她自己的"阿朵鼓"，发起并持续推进"新·民族音乐浪潮——传承人复兴计划"，甚至把苗族鼓舞带到了世界舞台上进行表演，为推广苗族鼓舞做出了巨大贡献。

三、苗族鼓舞的传承

在成为传承人之前，龙子霖在村里任职村干部。

2005 年的时候我当过村干部，一开始家里还有一个小小的加工厂，因为一开始苗鼓没有这么系统化，只是有活动就参加，不仅没有回报，还要花钱，只能靠加工厂维持生计，后来还做过茶叶，现在把所有的精力都放在苗鼓上了。

龙子霖不仅会苗鼓还会唱苗歌，在当地寨子，他还有个特别的称号——苗歌王子。龙子霖说唱苗歌几乎是那个时候人人都会的活儿。龙子霖还经常自己编曲填词，对于音乐的乐感也是颇有心得，在当地龙子霖的苗歌和他的苗鼓一样有名。当初他可以申报苗歌的非遗传承人，可两者之间龙子霖表示自己还是更喜欢苗鼓。

我们家四兄妹，三兄弟和一个妹妹，我二哥的苗歌唱得好，我们苗族的风俗是年轻人谈恋爱的时候都要会唱苗歌，所以苗族的青年都要学会唱苗歌。我大哥二哥都有过在山里面唱苗歌的经历，他们基本上都会唱，因为我比他们小一些，我这个年龄段只赶上了苗歌盛行的一点点尾巴。在我们这里有个风俗，结亲，嫁女，有喜事，都会请歌手去唱歌，说一些吉利的话，但是如果歌手的嗓子不好，唱到半夜唱不了，没歌唱了，不能唱通宵了，就预兆这门喜事不好，这段婚姻可能走不到尽头。所以需要一直唱，必须从白天一直唱到凌晨六点。我年轻的时候嗓子特别好，别人请我去唱红白喜事，我可以唱三天三夜。

在过去，打鼓唱苗歌这两样必须要学会，不会唱的很少，小孩子大部分也都会学打鼓。我们传下来都是言传身教，打鼓跟其他非遗项目不同，我们没有什么白纸黑字记录的东西，基本上都是自己多看多听，然后自己再练，一代传一代慢慢就发展到今天了。从现在的发展来看，我们的苗鼓需要接受一些新元素，在原来的基础上再进行适当的加工。

苗族鼓舞除有很强的娱乐性以外，还具有极强的竞技性。许多苗族同胞用高超的鼓技来获取观众的赞许和尊敬，甚至以鼓为媒，借此赢得爱情。那些鼓艺精湛、表演出色的姑娘小伙，还不时推陈出新，变出许多花样来，令观者眼花缭乱、目不暇接、心驰神往。在湘西苗区还流传着一种习俗——鼓王大赛。届时，苗区所有鼓艺高超的姑娘小伙都会从四面八方赶过来，进行角逐，最终决出"鼓王"。在苗区，"鼓王"的地位很高，备受人们的尊敬。新中国成立以后的湘西苗族第一代鼓王龙英棠，还曾受到过毛主席和周总理的亲切接见。可惜现在学习苗鼓的年轻人越来越少，大部分人外出去往沿海城市寻求发展，但龙子霖还是希望大家能把苗鼓这项传统技艺继承下去。

> 我们现在鼓队里以中老年的妇女为主，因为根据现在的条件来说，男的大部分都要出去挣钱，在家里的男人都很少，所以组鼓队很难找到数量很多的男鼓手。女的年轻一点的要带孩子，很多年轻人对苗鼓也不太感兴趣，反倒是一些中年、老年的女性，对打苗鼓还比较积极，所以只有这些人才有时间在家里练练鼓，然后锻炼一下身体。总的来说苗鼓它既是一种民间文化，也有益于锻炼身体，活动强度比较大，打鼓的时候全身心都得到锻炼。

龙子霖向笔者解释道，随着国家政策的扶持，现在村寨组织鼓队参加活动的机会也多了，传承人去各地宣传苗鼓的机会也渐渐多了起来。龙子霖意识到，比起传承苗鼓，更重要的是要让年轻人了解苗鼓背后所蕴含的民族文化。

> 我们出去上课的时候，也并不是光教打苗鼓，还要给学生上一些理论课，要跟他们讲一些苗鼓文化。让学生了解苗鼓文化，才谈得上继承苗鼓技艺。近几年，由于政府方面的引导和宣传，我们葫芦镇的各个村打苗鼓、学苗鼓的氛围比前些年好多了。现在基本上每一个寨子都有苗鼓队，平均每一个寨子都有 20 多面苗鼓，大部分村寨会自己组建队伍去参加一些别的地方举办的苗鼓活动。可以说，我们苗族人对于苗鼓的热爱是刻在骨子里的，这几年只要有苗鼓活

动大家都积极参加，一些活动得到了政府的资助，参加完了可以解决路费、住宿费，甚至还有辛苦费。但是大部分活动，尤其是我们民间自发组织的活动，是没有钱的，有的顶多只能给一点点路费，即便这样，大家也会积极参加；还有的活动连路费都给不起，就只能提供几个盒饭，但是有的鼓队自己倒贴路费也会去参加。好多活动，只要给他们打个电话，他们就会去。

⊙图 2-7　龙子霖的弟子在进行苗鼓表演（龙子霖　提供）

现在我们就已经养成了打苗鼓的习惯，因为鼓多了嘛，过去因为鼓很少，一个村一面鼓也没有什么气势。现在好多了，哪一天要是村里哪一家有人结婚了，肯定会请鼓队去表演，大家欢天喜地地就把这个热闹的场面和气势打出来了，感觉又回到了我小的时候，村里有事、过节就打鼓的年代。

龙子霖说，传承苗族鼓舞一部分靠政府，但是更多也是靠自己。

我的孩子们现在都出去挣钱了，没有时间学打鼓，我的家里只有我的儿媳妇有时候会跟着我学点打鼓。现在年轻一点的学生从学校毕业就要找工作了，所以他们就没有时间来学鼓，但是只要想学的，我作为传承人肯定有义务和责任去教他们。我现在的苗鼓传承，主要以学校传承为主，尤其是我们葫芦镇的几所学校，已经把苗鼓开设成一门很有特色的体育课程。所以我经常去职院或者中学教苗鼓。村里时间比较空闲的村民也会跟着我学。

我教他们打鼓的时候也经常会想起我的师傅洪富强当年教我们打鼓的场景。虽然我师傅已经八十多岁了，身体不太好，有时候去看他，都叫不出来我的名字了。但是我师傅首创编排的"八合鼓"的影响力很大，也可以说他是武术鼓的开拓者，师傅带动了我们葫芦镇的打鼓热潮，他带出了很多优秀的徒弟，可以说武术鼓也是在我们葫芦镇这里进行创新的，现在湘西地区很多盛行的武术鼓也是从我们葫芦镇发源过去的。师傅当年都能把苗鼓传承得这么好，不论是在苗鼓的创新编排还是在苗鼓的影响力上，我们都要加油，不能让师傅失望啊。

苗鼓越往后创新编排的难度越大，因为在队员们逐渐学会各种鼓之后，就没有了以前的新鲜感，假如编得不好，就会影响苗鼓的艺术价值，队员们打起来也没有激情，逐渐也就失去了兴趣。当年跟着龙子霖一起学苗鼓的队员有上百人，但真正能到现在还在跟他一起编鼓、打鼓、打得好的也就十多个。所以说学习传承苗鼓，首先要自己感兴趣、喜欢才能够做下去。

如果说你实在不喜欢苗鼓，师傅也没办法去逼你，所以想学习和传承苗鼓，要有在骨子里的喜欢，苗鼓的很多东西都是要靠自己自觉去学习、去钻研的，单靠师傅牵着你走是不可能的。

时代在不断地发展，一项民族艺术若只是停滞不前，最后只能消失。在发展湘西苗族鼓文化的过程中，需要更多的年轻人参与其中。就如几代鼓王，他们不仅仅有着相当浓厚的文化底蕴，对于鼓的热爱更是深入，这份热爱激励他们把苗鼓打出了风采。非遗在传承给下一代人时，更应该深入研究如何培养人们对于鼓文化的兴趣，让湘西的苗族鼓舞在更大范围、更多人群中不断传承发展。

过去我们打苗鼓只考虑实用性，节奏动作都不复杂。因为要靠肢体去表述语言，这也是为什么我们的苗鼓要竖起来，要让自己的双手随意展开，不然展示的动作看不清楚，就无法更好地表达。简单来说，苗鼓因为没有文字才产生。用自己的肢体作为一种语言去传播每一个动作，这个就是苗鼓。

湘西苗族鼓舞是第一批国家级非物质文化遗产项目。鼓文化作为湘西一大特色，在湘西发展中起到了很大的作用，湘西地区每年都举办鼓文化节。其中吉首鼓文化节作为湖南省三大文化旅游节庆品牌之一，已经成为神秘湘西文化走向世界的一张靓丽名片，把神秘的湘西带向了世界。鼓文化节不仅促进了湘西地区旅游文化的开发，同时推动了湘西文化的繁荣和发展。在发展湘西鼓文化时，我们需要借助旅游产业把湘西鼓文化传播出去，让旅游和文化相辅相成，更好地带动湘西的发展。苗族鼓舞在湘西经过长期的发展，并融入地方文化，已经成为湘西的一种典型而独具特色的民间艺术形式，有着很深的艺术底蕴和实用价值。它与湘西地区苗族人民的生活息息相关，反映了苗族人民的热情质朴、勤劳勇敢以及对美好生活的向往。它以其独特、多样的表现形式、丰富的文化内涵和强大的社会功能，展现出独特的艺术个性，成为民族艺术的一枝奇葩。

附　　　　　　　　　　"撼山鼓"的创意编排

一、"撼山鼓"的整套编排是以古战场的一场战争始末为背景，以苗拳武术动作为主体编排而成。其节奏铿锵，鼓点清晰，动作粗犷大方，刚健有力，气势磅礴。

二、"撼山鼓"以八节动作合成。

[第一节　策马征程] 其鼓点以疏密搭配，轻重有序的节奏来体现壮士出征时的场面。

[第二节　快马加鞭] 用密集的鼓点节奏象征壮士们很快进入战场。

[第三节　滚身飞刀] 以苗拳刀法动作编排而成，再以鼓点和节奏来描述壮士在英勇拼杀。

［第四节　回头望月］其鼓点有密有疏，节奏有快有慢，用武术的大放动作来表示战斗的胶着状态。

［第五节　左右穿梭］在飞刀动作的基础上，鼓点密集，连贯穿插。

［第六节　金鸡独立］武术动作，有起有伏，以转鼓方式表示激烈战斗、冲锋陷阵、前赴后继的场面。

［第七节　翻江倒海］以一鹤冲天、翻江倒海的武术动作，清晰重锤的鼓点节奏，象征战斗将进入胜利。

［第八节　大鹏展翅］以飞刀动作，再以大鹏展翅的武术动作收场，战斗已近尾声。"撼山鼓"整套鼓点套路结束。

第三章

苗族银饰锻制技艺

百年苗银世家的传人：麻茂庭

麻茂庭，男，苗族，1953 年出生于湘西自治州凤凰县山江镇黄茅坪村，家族内部世代以打制银器为业，是麻氏家族银匠技艺第五代传人。2006 年，湖南省凤凰县联合贵州省雷山县申报的苗族银饰锻制技艺入选为第一批国家级非物质文化遗产；2009 年，麻茂庭被认定为国家级非物质文化遗产项目苗族银饰锻制技艺代表性传承人。

⊙ 图 3-1　麻茂庭夫妇（左一、左二）与作者刘琼（右二）合影

银饰是苗族人民喜爱的传统民间工艺品，它具有一定的欣赏价值和实用价值，同时也承载着苗族的历史文化传统，是苗族社会历史记忆的载体。历史上的苗族战乱频繁，并经历了五次大迁徙，苗族银饰的历史可以上溯到黄帝时期，苗族的九黎部落首领蚩尤与炎、黄二帝征战中原时穿戴的"铜头铁额"。《世本·作篇》中记载"蚩尤以金作兵"，这里的"金"指的就是金属，即青铜器，因而远古时期的蚩尤九黎被人们认为是最早使用金属兵器的族群，也说明了当时苗族先民就已经掌握了金属冶炼技术。春秋战国时期，苗族先民曾在湖北大冶的铜绿山和湖南辰溪、麻阳的交界处进行大规模的古铜矿开采。《苗族古歌·运金运银》就以拟人化的手法形象生动地描述了苗族先民开采、冶炼白银和制作银饰的全过程。如"银在风箱里招手，银在坩埚里招手，金在风箱里吹奏，金用烟火来吹奏，金银相邀来谈情""金银在炉火中烧得通红，钳出来时火星四溅，好似长鬃的狗，将其敲打，弯成薄片。如同歪冠的鸭，将金银打成首饰，成双配对，就如成亲一样。"① 由此可见，很早之时，苗族的先民们便掌握了白银的开采和加工制作技术，并且对白银的特性有较为深入的了解。湘西地区苗族在这一时期就已开始广泛地用金银来装饰器皿了。隋唐时期，史书就载有关于"苗蛮喜饰银器"的内容。从《旧唐书》中关于"东谢"苗族首领谢元深"以金银络额"的描述来看，苗族的银饰生产工艺已趋成熟，并已形成区别于其他民族的银饰特色。不仅如此，此时还出现了佩戴耳饰的记载，如"竹筒三寸，斜穿其耳，贵者饰以珠铛……"②。明代郭子章在《黔记》中描写苗族"富者以金银耳珥，多者至五六如连环"，说明银器在苗族人民社会生活中具有重要地位。苗族人民经过漫长的研究与实践，掌握了精湛的银饰制造工艺。苗族古歌《开天辟地》中有苗族先民运金运银铸造撑天之柱和日月星辰的场景。苗族的各种酒歌、嘎别福歌、情歌、故事与传说等，都与银饰息息相关。

---

① 田爱华. 湘西苗族银饰艺术的审美价值研究 [D]. 金华：浙江师范大学，2009.
② 田爱华. 苗族历史的变迁及银饰的形成 [J]. 美术界，2010 (9)：75.

湘西地区凤凰的苗族银饰享有盛名。它主要分布在凤凰县山江地区的山江、麻冲、千工坪、木里等乡镇，腊尔山地区的禾库、米良、柳薄、两林等地，吉信地区的两头羊、三拱桥、大田等乡，阿拉地区的阿拉、落潮井等乡镇以及凤凰城郊的都里乡。凤凰苗族银饰以山江苗族银饰为代表。①

凤凰山江地区位于凤凰县城西北部，山江镇处于苗疆腹地，离县城20公里，镇内主要为苗族聚居地。因清朝镇压苗民起义，总兵营曾驻扎于此，故又称"总兵营"。明朝为了减少苗民起义，修筑了苗疆边墙，以边墙为界，边墙以内及沿线苗民为熟苗，熟苗在与汉族接触交流的过程中迅速汉化，而边墙以外的苗族被认为是"化外之民"，没有纳入户籍，为生苗。边墙限制了生苗与汉民的接触，因此，凤凰山江、腊尔山的禾库等地区的苗族服饰仍然保持其本民族特色，其原始、古朴的银器造型和服装样式中，叙述着苗族人们的历史记忆与文化信息，成为研究湘西苗族文化的主要载体。

一、凤凰苗族银饰肥沃的文化土壤

根据历史文献记载，苗族祖先蚩尤在与炎黄部落的战争中战败之后，其部族被迫从土地肥沃的东部一直迁徙到南部和西部的崇山峻岭之中。在"隔山听见喊，走路却要大半天"的大山深处，每当生活相对安定、经济有所发展之时，凤凰的苗民们便用山货同汉族人换取银质钱币，再请老银匠、手工艺人给家中女子制作华美富贵的银饰。从相关史料来看，苗族银饰是从明代开始大量出现并普及的，流行于清代，主要有两个原因。其一，从社会背景来看，明代以前，苗族以佩戴铜饰为主，佩戴银饰的较少，饰品款式也相对简单。明代之后，苗族聚居区的经济得到了

---

① 田特平，田茂军，陈启贵，石群勇. 湘西苗族银饰锻制技艺［M］. 长沙：湖南师范大学出版社，2010：6.

一定的发展，以银币作为流通货币慢慢普及，大量白银的涌入为加工银饰提供了充足的材料。银饰佩戴在身上既可以作为装饰，又可以作为财物，方便携带。其二，从锻制技术上看，铜饰与银饰的制作技术大体相同，铜的冶炼工艺为后世金属银的冶炼技术提供了一定的基础。所以会制作铜饰的艺人，也较快就学会了银饰的制作工艺，加上吸收汉族发达的手工艺技术和苗家人对饰物本身的喜爱，苗族的银饰锻制工艺技术得到迅猛的发展。[①]

　　苗族银饰主要用于女性的装饰，银饰种类繁多、品种齐全，可以从头装饰到脚，每件饰品都经过银匠精心设计，具有强烈的美感享受。苗族银饰中还有一种独特的饰物——响铃，不论是项圈还是挂牌、吊牌、围腰吊饰，都常配有响铃，它不仅是一种美丽的饰物，也是一种迁徙的遗风。在响铃声中，苗族人们走过了一道道山水，前呼后应，永不消散。流行于凤凰县的接龙舞就展现了银饰的音韵特性。接龙舞是苗族为保住"龙脉"不断进行的一种"请龙""安龙"的仪式。跳舞时年轻姑娘右手打伞，左手持帕，旋伞起舞，而且必须身穿盛装并摆动身上的银饰使其发出声响。所以，在银饰锻制时都会适当增加响铃以保持碰撞所发出的音律美感。当银饰随着舞者的律动而展现视听之美的时候，也凸显了银饰在佩戴上动静交织的既生动又别致的审美要求，这种追求银饰音、色变化的综合美学特点也让人在心理上得到一种既轻松自信又炫耀美丽的满足感。铃铛佩饰的清脆之声源于苗族"巴代雄"（原始宗教祭师）利用铜铃响声请蚩尤祖师出驾的巫术活动。相传蚩尤始农耕、创宗教、订刑律、制五兵、造铁具，因而人们利用铜铃神秘的响声来唤醒祖神，并请他来镇压鬼怪。同时，追求银饰的声响在一定程度上也具有引人注目的实用功能，产生一种先声夺人的效果，从而达到炫耀的目的。随着人们认识的提高，这种金属的音韵之声逐渐由他者想象的实用功能演化到了纯粹的视听审美享受。[②]

---

① 刘琼，成雪敏. 服饰民俗［M］. 长沙：湖南大学出版社，2020：152.
② 刘琼，成雪敏. 服饰民俗［M］. 长沙：湖南大学出版社，2020：175.

苗族银饰佩戴时既可以全副披挂，也可以有选择地佩戴，视个人不同的需求和喜好而定。每逢节日或赶场，凤凰的苗族少女们满身银饰，随着微风吹拂和少女们的轻盈碎步一起摇曳，叮当作响，别样意绪，引人注目。苗族主要的节庆有赶年场、三月三、赶清明、看龙场、四月八、六月六等。赶年场即苗族人们春节过后的第一次赶集，具体的赶场时间各地皆不相同，由各地人们在长期的社会活动中约定俗成。赶年场时，人们除了采购商品之外，还开展打秋千、舞狮子、玩龙灯、上刀梯、唱苗歌等娱乐活动。苗族群众身着繁复华丽的节日盛装，纷纷赶至场上，青年男女也可以借此相互认识，赶年场是青年交友、恋爱的重要场合。看龙场来源于农耕文化中的劳作禁忌，从阴历三月的谷雨开始计算，以辰日为看龙日，俗称看头龙；次日之后，再遇辰日，就必须休息一天，不能进行农业生产，以免犯忌，因此人们相约集会娱乐，久之便成为湘西苗族同胞的重要节庆。四月八则为了纪念湘西苗族英雄亚宜，人们聚集在凤凰县的龙塘河两岸，吹唢呐、打花鼓、唱苗歌、舞狮子、耍拳棍、上刀梯等，热闹非凡。六月六是凤凰县落潮井一带的人们在勾良山上举

⊙图3-2　麻茂庭（右）接受访谈

行的盛大歌会，为了纪念苗族先祖生了六男六女，使苗族子孙得以发展壮大，同时也寄托了苗族同胞希望自己子孙满堂、儿孙发达的美好愿望。在这些重大的节日和人生中重要的日子，人们会身着盛装，佩戴全套盛装银饰，彰显自己的财富与华丽，也营造了欢快热烈的热闹氛围。

二、麻茂庭的学艺历程

（一）跟父亲学银饰制作

麻茂庭 1953 年出生在专职从事银饰手工技艺的世家。其高祖父麻善友，从 5 岁起开始学艺，后来成为山江苗寨有名的银匠师傅。其曾祖父、祖父、父亲都是世代祖传的银匠师傅。从他的高祖父到麻茂庭一家五代人都是专职从事苗族银饰制作的民间手工艺人，已有 150 余年的历史。

> 我爷爷他们以前是麻冲乡那边的人，大概在清朝的后期，有一位姓龙的银匠来到我们山江，他是个跛子，但是手艺很好。我的高祖麻善友和他兄弟拜龙师傅为师，向他学习银饰制作技术，并把他接到麻冲社田村来供养。那时候家里很穷，为了做手艺，家里人一起在外面到处跑（找活干）。有一次土匪闯进家中，都拿着刀，他们就把银饰都包成一包，赶紧从屋后面逃命。后来我的曾祖麻富强把家搬到了山江，买了房子，然后在山江住了下来，在山江继续做银饰，并把手艺传给了我的爷爷麻喜树。我爷爷眼睛看不清楚，所以我的老爸麻清文 11 岁就随我爷爷学习银饰制作，到 30 多岁的时候，成了我们这一带的名师，一直到 1979 年去世。我爸爸的银饰做得很好，我小的时候，爸爸在做银饰，我就给他帮忙，慢慢地就学会了，到 20 多岁的时候，我就开始自己做银饰了。别人都喜欢我父亲做的东西，我父亲做的东西比别人独特、好看。很多人做的龙头根本不像龙，没有什么立体感，但是我父亲做的龙就很形象，看起来很舒服。后来州里建博物馆，他们需要全套完整的银饰来做展览，很多

领导在这边调查，他们看上了我父亲做的东西，比较好看，所以他们就叫我父亲给他们做一整套展览的银饰。我父亲他们做银饰的时候根本不愁销量，那时候人们很讲究，都需要银饰，大部分都是人家找上门来请我父亲做。很多人说我父亲手脚麻利，做得又好看。1961、1962年的时候，税务局收个人所得税，我父亲交得最多，因为我父亲的手艺最好，卖得最多。我家里现在还有一个项圈，是父亲手上留下来的。以前他们做的银饰也没有什么存品，都是边做就边卖掉了。以前的东西没有什么设计图纸，也没有文字记载，不像现在还可以拍照片，以前都是靠自己的记忆，所有的图案都记在脑子里的。我们苗族人都是凭自己的想象，把一件又一件好看的银器做出来。现在我们村还有一些人家里保存有我父亲当年做的作品，他们都说，我老爸给他们做的东西，做得很好，我就去他们那里借过来，然后把它画下来做个留念。

说起父亲做的银饰，麻茂庭语气中满是自豪与崇敬。

麻茂庭家中世代以打造银饰为业，传至麻茂庭已为第五代。在中国传统社会，家庭是文化遗传的基本单位，子代通过向亲代学习，掌握和习得亲代的认知方式、情感方式、行为方式和评价方式。在家庭氛围和社会环境的熏陶下，麻茂庭四兄弟都顺理成章地跟父亲学习银饰锻造技艺。

我爸爸教我们做银饰，有一点严格，但不会打人。做银饰的程序很多，我们刚开始学的时候，就做比较简单的，就是做手镯。头饰这些程序很多，学会一点了才做。二十三四岁的时候，我加入银器加工厂，就开始独立做银器，一边做保管员一边自己敲打银器，保管员给的补贴比较少，那几年还不准个人做银器，我们没有资格做，只有集体有权利做，到八几年之后才允许个人自己做银器。

1974年高中毕业后，麻茂庭回到家中跟随父亲麻清文学习银饰打造技艺。麻清文在山江是有名的祖传银匠师，一心想把自己精湛的银饰手艺传给麻茂庭。因为从小的耳濡目染，加上在学校的文化熏陶和勤学肯干，麻茂庭跟着父亲学了几年之后，就能够独立操作，完全掌握了祖传一百多年的银器打造工艺。从此，麻茂庭走上了钻研银饰锻制手工艺之路。

（二）艰苦的从艺之路

1. 穷困的家庭

看到我们一行人在采访麻茂庭师傅，他的妻子也坐过来和我们分享他们早年的生活与传承经历：

> 我小时候很穷，是一个孤儿，父亲去世，四个月后母亲改嫁了。我还有一个哥哥，大姐也出嫁了，下面还有两个弟弟，好穷，没有吃的，没有穿的。那时候我和我哥才十多岁，要自己打花边，别人打丝绸的线，我就去买那些丝线，打好了之后，就跟着那些老人家到隔壁一个更穷的地方去赶集，把花带卖掉，早上去，晚上回。我和我大哥自己生活了几年，长大了之后别人就介绍麻师傅给我，我哥就说可以。而且他妈妈，也就是我婆婆，也是我老家的，然后我哥就说，可以，看他还能做点手艺。我哥说好那就好嘛。我是这样想的，那时看他生活也还行，人也勤快，我们就结婚了。那时候我20岁，麻老师已经有28岁了。我们刚认识的时候，他在银器加工厂里面做保管员。后来我们也搞个体经营了，他就回家了，我在家带小孩。他自己在家做银器，每个晚上都要加班。如果明天要赶集了，今天晚上就要加油赶，赶完了才睡觉。有时候他赶不完，我还要帮他一起赶。他家里有四个兄弟，也什么都没有，都是白手起家的，我们现在的房子也是后面我们自己建的。

早年苗族山区的生活非常艰苦，夫妻俩通过别人的介绍，两个一贫如洗的人很快就结婚了。结婚之后，两个人兢兢业业地劳作，终于在这个和平安稳的时代里凭借自己的双手建立起他们自己的家业。

2. 默默支撑丈夫的女人

> 中间有一段时间没有生意，生活很艰难，我就去浙江打工，他在家里照顾小孩子。那时候打工的人很少，才开始打工，不像现在

村子里的人全部出去打工了，那时候一个月就几百块钱，然后和几个朋友一起把钱寄回家。后面小孩子读书了，地方也开始搞旅游了，生意好一些了，我就回来了。儿子长大了之后，我没有事情做了，就到学校帮着煮饭。现在就让老五（麻金企）跟着我们学，2015年他当兵回来，就跟着爸爸学手艺。我跟他说，以前你老爸什么都没有，奶奶什么都没有留下，就只有外面一个楼梯，还有50块钱，都是白手起家，全靠你爸爸勤勤恳恳养家。有时候生意又不好，养他们五个很难的。没办法，我也做生意，我去吉首火车站买别人那些旧衣服，然后山江这边赶集又拿去集市上卖，附近的集市我哪里都跑过，我什么都做过。后面孩子们长大了，我就不做了。我大儿子在我们本地读书，他是一个好学生，他老师说他可以去凤凰读书，我不在家，他爸不让他去读。以前我们没有电话，都是座机，要提前几天约。有一次我们打通电话之后，儿子就哭了，他说爸不让他去凤凰读书，我说家里没有钱，你在山江都是一样的，以后还有机会的，再过一年我就回来了，我回来了你就可以去。高中读完了之后考大学，他没考上，差了三分。他三天都没有回来，我就急死了，又没有电话，那时候有钱的人有一个 bb 机，他什么都没有。他有一个朋友在凤凰，有电话，我给他朋友打电话，终于联系到他。我说你想开点，他说他不想回来，我说你差了三分也不多，还可以复读，我问一下，哪个学校补习比较好，我这样说他就回来了。我们镇上有一个朋友，在永顺教书，我就打他电话联系，他说既然这样，你就让你儿子过来嘛，他过来有我管。我就带儿子到永顺的朋友那里，补习之后就考上大学了，考上了上海政法大学。他现在说妈还是好，我爸只做事，不管我们。他爸就是做自己的事情，天天做银器，孩子读不读书这些他也不管。孩子要做什么事情，这些都是我去。反正他也不出门，只去赶集。

妻子为了挣钱补贴家用，外出打工、倒卖旧衣服、在食堂煮饭、养猪……不管多辛苦，只要能挣钱的活路就去做；孩子求学时，即使有更好的学习机会，为了节约开支，也不得不在离家近的山区上学，因为担心复读考大学的费用，三天三夜不想回家。可见 20 世纪 90 年代山江地区银饰锻造艺人生活的艰难，以及麻茂庭作为父亲和丈夫的无奈，更体现了麻茂庭对传承银饰锻造技艺的执着。

他爸每天做银饰是非常辛苦的。银饰的加工复杂而又耗费体力，其中包括铸炼、捶打、拉丝、搓丝、掐丝、镶嵌加固、洗涤等 30 多道工序，每一道工序都要靠自己一步一步摸索，出不了半点错。他做银饰的所有图案要不就是之前跟他祖辈学的，要不就是自己想出来的，并没有图纸可以做参考，所以银饰做得好不好看，经验非常重要。经验丰富的老师傅，别人跟他说要做成什么样式的，他心里就已经有那个想法了，已经有银饰的样子了。在做的过程中，还要确保力度的准确性，力度要平稳适中，不能用力太大，也不能用力太小，用力太大会把银饰穿透，所有的努力就白费了，而用力太小则出不来效果，做不出形状。这个非常考验师傅的技艺与耐力。

他爸做银饰还要吹，全部都是他一个人搞，我做这些只是帮他的忙。我做农活很辛苦，但没赚钱，庄稼地里的收成只够吃的。他订单多的话，我也和他一起做，难的我不会做，我只做简单的，我可以帮他洗、结链子、剪花，拉丝要用力，只能他自己拉。我总是跟儿子说，一定要好好读书，不要像我这样生活，做事很累，又要养猪、养牛，还要干农活。

麻茂庭妻子平和的言语中，一点一滴都透露苗族银饰锻造技艺传承的艰辛与民间艺人对本民族传统技艺的执着与热爱，也看到一个农村女人对丈夫工作的理解，对家业的勤俭。夫妻二人相互配合、相互支持，终于熬过了最艰难的时候。现在生活水平已逐渐提高，妻子仍不忘以自己的亲身经历和体会教育孩子吃苦耐劳。也正是因为妻子的默默支持、勤勤恳恳劳作、想尽一切办法挣钱养家，麻茂庭才能够挺过 20 世纪 90 年代那段银饰市场最低迷的时期，能够最终坚持下来，继续从事银饰锻造技艺。

3. 跌宕起伏的从艺经历

麻茂庭有记忆以来，苗族银饰经历了跌宕起伏的发展历程。

以前每一个女人都有一套银饰，一般人家都做不起一套完整的银饰，但是凤冠、官刀、项圈等几个主要的银饰还是要有。因为参加活动必须要戴，没有银饰，没有像样的苗服，就不能去参加活动。

苗族作为一个能歌善舞的民族，他们热爱集会，喜欢在盛大节日中身着盛装，成群结队，欢歌笑语。这样的文化背景，也为苗族银饰的传承发展提供了肥沃的文化土壤。

在一九六几年的时候，我和我老爸一起做银饰，还挺忙的，做了两年之后，就开始破"四旧"了，旧的东西都不准搞，谁搞就要抓谁。我老爸做的银饰很好看，在这边名气很大，别人都盯着他，所以他就不敢做了。我老爸的工具也被没收了很多，偷偷做如果被别人看到了，或者听到了声音，反映上去，就会来罚款、没收。

20世纪60年代，山江地区的苗族银饰市场出现了一个短暂的兴隆状态，随后进入集体化时期，购买任何物资都需要票，而每个人能够分到的银票量相当少，且不允许个人开火打制银器，苗族银饰市场进入一个低迷的状态。

"在集体的时候，他不仅打银子，还搞管理，搞染布，别人说，他人老实，走到哪里别人都让他保管东西。"麻茂庭的妻子笑眯眯地和我们说着，说到丈夫身上的闪光点，她脸上洋溢着笑容。妻子的话似乎唤起了麻茂庭脑海中久远的记忆，于是他接过话头：

在生产队的时候，他们建大坝，让我去食堂煮饭，给他们管生活费。后面修公路的时候也要我做保管。那些人就说我是老实人，不会贪就让我管。后面集体做了一个染布厂，也是让我做保管，那时候一个人走路去贵州那边买染料，搞采购。

这一段时间，虽然麻茂庭的银饰打造量远不如之前，但是麻茂庭凭借自己精湛的银饰锻造技艺，仍在集体里负责打制银饰。因为其为人老实本分，广为大家信任，所以又先后被多个单位邀请去做保管员、采购员等，并不影响生计。

麻茂庭接着说：

到1982年的时候，山江这边分产到户，允许有个体户了。那时候又搞改革开放，人们开始做生意，自己生产，手上都有一点钱了，我又开始做银饰了。那几年我的生意也还行，因为国家很多年不准个体做银饰，现在允许个体做银饰了，而且可以出去打工，人们手上有一点余钱，回来的时候就请我去打银饰。

改革开放之后，人们有了置办银饰的自由，经济水平也稍有提高，在山江地区掀起了一阵打制银饰的热潮。

但是1995、1996年那几年又不行了，没有人来请我做银饰。那几年我印象最深刻，连过年都成问题，过年的时候一点余钱都没有。我的生意很差，喜欢银子的人前几年都打好了，后面人们去外面打工，去赶集，都是穿汉族服装了，不需要戴银子了，年轻人也不喜欢这些，就没有人来找我打银子，那几年的生活真的很艰难。

改革开放后，中国乡村社会发生了巨大的变化，原本封闭的乡村社会开始与外界发生联系，很多人外出务工，不仅带回来比农业生产更为丰厚的劳动报酬，还带回来现代设备、生活用品和价值理念，这些强烈地冲击了原始、淳朴、相对封闭的少数民族地区。尤其是随着人口流动而来的现代文化对本民族文化的传承产生了巨大的影响，如山江地区苗族人开始逐渐不穿民族服饰，结婚也不需要整套银饰，使苗族银饰锻造技艺一度失去了传承的社会土壤。

过了那几年之后生意又好一点了，到零几年又好一些，这边开始搞旅游，要做表演服，本地方的人也开始做银饰了，生意又好一点了，又有好多人来找我给他们做银饰。有一些人会拿以前的老银子来让我重新打。结婚做的银饰最多，老人、小孩子的也会做，但是数量没有结婚的那么多。以前生头胎孩子，外婆会送一整套银饰，帽子上的挂饰、手镯等都要做。现在结婚的人来打银饰的也没有零几年那么多了，但是也还可以。政府经常要搞活动，他们要穿民族服装，要来这里做银饰。这几年做得多了，人家都已经有了，来打银饰的人就少了。现在每年都带一两个徒弟，家里小孩已经跟我学了几年了，家里有两男三女，女子以前在家里也学，现在嫁出去了。这几年人们对银饰的需求越来越少，传承也有些困难，一些徒弟来找我学做银器，学会之后做出来的东西买的人很少，得不到相应的报酬，所以徒弟也没有太多心思再学。我以前教了很多徒弟，他们基本上学会了，但是得不到回报，收益不好，他们又想办法做另外的事情去了。

4. 苗族银饰的主要类型

苗族银饰由女性穿戴，可用于全身各个部位的装饰，是苗族人最喜欢、最重要的传统装饰物。根据装饰部位不同，苗族银饰可分为头饰、颈饰、胸背饰、腰饰、脚饰、手饰等。在苗族人的审美观念中，通常以大为美，以重为美，以多为美，多种银饰彼此搭配，形成繁多、隆重、完美的装饰效果。在凤凰苗族银饰中，最常见的头饰有银帽、银花大平帽、头簪、银梳、插头银花等，颈饰和胸饰主要有项圈、银压领、银胸牌、银腰链等。银花大平帽是典型的湘西苗族妇女头饰，它是包头的头帕上的装饰，苗族妇女在参加盛大活动时都会戴出来。银饰主要装饰帽子的正面，中间的银花面积较大，上有各种漂亮的花草、吉祥图案，帽顶还有一支一支竖起的银花束，走动时花束可以随之摇摆。帽檐周围的银链子前短后长，前面有一串短链子，后面是细长的链子，既漂亮又浪漫。银头簪的题材以花、鸟、蝶为主，或单独或成束，繁简疏密造型略为不同。头簪的设计与制作方法也各不相同，既有錾刻技术，能簪出各种花草、太阳图纹，也有用拉丝技艺制成的。苗族耳环种类繁多，有"细

⊕ 图 3-3 湘西苗族银花大平帽背面

圈耳环""联吊耳环""翡翠耳环""滚耳环""棱角耳环""梅花耳环"
"六棱形耳环""银链苞耳环""吊苞耳环"等，还可分为悬吊式、钩状
式、环状式、圆圈状式等。这些耳环都是苗族妇女在喜庆、做客、集会
等活动场合所戴的银饰品。

　　苗族服饰有简装和盛装之分，吉首、凤凰一带的苗族女性盛装上的
银饰繁复美丽，传递出图腾崇拜、民俗民风等信息。主要配件有头饰、
项圈、胸饰、腰饰、挂饰等，具体图纹包括反映图腾崇拜与民俗心理的
蝴蝶，反映自然崇拜与社会现实生活的桐子花、枫叶、喇叭花、藤条等
植物。头饰以桐子花为主，四周插着蝴蝶，通过拉丝连理将喇叭花垂吊
于边缘。项圈多为藤形纹样，通过拉丝锻制而成，上层小，下层大，依
次搭建几层。胸饰、腰饰、挂饰由蝴蝶纹、花卉纹通过拉丝串联而成，
或通过巧妙纺织，非常有序地排列在整个服饰前胸与围裙上面，随着女
性婀娜多姿的身子轻微摆动，发出美妙、悦耳的声音。"清朝道光年间，
湘西苗族妇女……项戴银圈，手戴银镯，耳贯银环三四圈不等……头饰
则以网巾约发，贯以银簪四五支。"[①] 清朝同治年间徐家干的《苗疆见闻
记》记载，"喜饰银器……其项圈之重，或竟多至百两"[②]。银饰成为苗
族人对于吉祥、幸福生活的渴望与向往。

　　　我们去地里干活穿的衣服都很简单，一般都没有银饰，有些喜
　　欢银饰的，就在胸前扣子上挂一个银棋盘，手腕上戴一个手镯。我
　　们只有在过节有活动的时候才穿盛装，盛装上面有很多银饰，有头
　　饰、颈饰、肩饰、胸饰、手镯，有的脚上也有银子，多的有好几斤
　　重。我们三江的接龙帽是很有特色的，主要用在我们湘西这边"接
　　龙"的祭祀活动。接龙帽的帽口直径一般为 6 寸，帽高大概一尺二，
　　有四层，每一层的结构都不一样。第一层是可自由旋转的花球，第
　　二层是固定不能动的花环，第三层是有 4 排装饰的帽体，中间有一
　　面照妖镜，两边是蝶恋花等装饰。帽子的后部有神像、元宝和对鸟、

　　① 《苗族简史》编写组. 苗族简史 ［M］. 贵阳：贵州民族出版社，1985：315.
　　② 朱晓萌. 从苗族银饰的构成艺术探究其内在价值 ［D］. 天津：天津工业大学，2007.

对花图案。帽子的两边，有三块花牌。一般花牌上会刻一些蝴蝶纹、喜鹊纹、狮子纹和凤戏牡丹纹等，为了好看。第四层是花串，每一串穿着蝴蝶、花果和吊铃、吊针，但是现在这类的祭祀活动已经很少了。

　　我们这边衣服和裤子的颜色主要是蓝色，围裙的颜色是黑色的，然后在袖口和胸前、围裙、裤筒下面绣花。披肩上面也要绣花，还要挂很多银饰，看起来很亮，闪闪发光的，很好看。苗族的衣服和土家族的衣服看起来有点相同，主要区别是看衣服上有没有绣花，衣服绣花就是苗族，没绣花就是土家族。土家族衣服素一点，苗族更喜欢绣花，土家族包头的帕子小一点，苗族的更大一点。

服饰是各民族人民在长期的历史生活过程中形成的，苗族服饰作为苗族先民社会历史生活的载体，其图案细节、制作技艺中蕴藏着苗族社会的历史记忆，体现出苗族独特的文化特征、审美理念和民族情感，成为当地区分族群的标志。

当问到山江地区苗族服饰的具体特征时，麻茂庭和其妻子慢慢地向我们介绍道：

　　凤凰苗族银饰和松桃一带差不多，和凯里完全不一样，衣服也不相同。凤凰苗族衣服上面挂了很多银饰：胸前挂的牙扦，有的有二两重，针筒是挂在衣襟上的，针筒下面会挂一些装饰，有的挂的是刀剑，有保身辟邪的意思。小孩子带的铃铛也有讲究的，一只手挂一个印，另一只手挂一个棒槌，是能文能武的寓意。如果不是做这两个形状，那就没有什么意思。做头饰也少不了龙凤，寓意龙凤呈祥。手镯种类很多，轻重也不同，重的有三两，我们平时都只戴一只，只有在有活动的时候才会戴三四只，但是两只手戴的数量要相同。

麻茂庭跟我们介绍了现在这几年苗族服饰发生的一些变化。

　　现在很多苗族裙子都是改良的，以前凤凰、松桃这边都是穿裤子的，现在只有头帕还是以前的款式。凤凰这边的苗族衣服上花样多一点，以前用的都是家织布，都是自己种的棉花，布的颜色都是青色、白色。零几年，有歌舞团来请我做银饰，他们的表演服是设计师设计好之后再让我做的。但以前凤凰的服装不是这样，现在很多凤凰人都是穿贵州服装。也有人说，现在我们自己的服装都不穿了，都穿贵州的服装。以前苗族女人脖子上的项圈一般挂五圈，衣服上银片挂的位置和现在有一点不同，现在他们都是想怎么挂就怎么挂，没按照以前的样式来，很多人裤子上都挂银子，表演服上的银片也是假的。

由此可见，随着旅游业的推进，出现了大量苗族表演服。这些表演服为了追求亮丽夺目的效果，将各地苗族服饰中最闪亮的部分进行拼凑，也借鉴了一些现代汉族服装中的款式，使苗族服饰发生了一些变化，甚至出现混乱的场面。

5. 苗族银饰的锻制技艺

银饰锻制在苗族地区有着非常悠久的历史，很少以集体的方式经营，通常以个体作坊为单位，在特定家族或地区内世代相传。银饰锻制技艺的流程会因地区不同、师傅不同而略有差别。麻茂庭向我们介绍了凤凰山江地区苗族银饰锻制技艺的大致过程。其锻制技艺主要可以分为三个步骤：银器胚胎制作、银器半成品加工和打造、银器半成品的焊接与装饰。

　　打银子的时候，最先是熔解银子、打胚，最辛苦的也是银子的熔解和胚胎制作，要选好要熔解的银子，原料银通常都是大块的，先得将原料银砸碎了放进坩埚，再把坩埚放在风箱炉上熔化。当银开始熔化后，就用长柄钳夹住坩埚把它倒在长条的槽子里浇铸铜模。我们打银器的原材料大都是从贵州松桃那边进过来的，以前我们也从永州那边进货。我们一般接到银器活的订单之后就给原料方打电话，别人就把银子送过来，熔解银子后要吹出杂质，这个最难。

苗族银饰的原材料一般是白银，在打制的过程中，要把凝固的热银敲打紧实，再把四方形长条捶打成直径三毫米左右的细条形圆柱，然后再拉丝和搓丝。在熔银过程中，银经过反复地捶打与烧烤，银饰表面会发黑或沾上杂质。麻茂庭擅长以传统的"吹烧"方法来去除杂质。接着，他给我们描述了"吹烧"这一项传统技艺：

吹的时候，拿一根细小的铁管，把铁管一端咬在嘴上，一端放在火焰中，用钳子把银放在火的前面，吸一口气就对着铁管吹一口气，吹气过后，就会有很多火星子飞出来，就是银浆中的杂质，一般需要持续吹四五分钟。

近年，现代设备逐渐进入民族地区，很多苗族银饰锻制师傅可以用机器来熔解银子，然后制作成胚胎，市场上也有用机器制作好的银片、银条、银砖等半成品卖，师傅去市场上买回来之后，直接加工，打造成自己想要的造型即可。

后面很多人学做银饰，也不学银饰的熔解和胚胎制作了，因为他们可以去集市上买现成的胚胎，而且很便宜，也很方便，现在会熔解银子的师傅也越来越少了。但是这种胚胎都不是纯银，而是掺入了其他东西的，可能三斤的银子，只在外面涂了五克纯银。

现代化设备进入苗族银饰锻制过程中，虽然提高了生产效率，降低了苗族银饰的生产成本，但是对苗族银饰锻制技艺的传承也产生了很大的影响。尽管仍然有人来学银饰锻制技艺，但是，银饰锻制技艺中很重要的技术仍然在消失。

银饰半成品的精加工是使苗族银饰品呈现出多种造型的关键工序，也叫雕花。这道工序包括了锤錾、錾刻、镌镂、花丝编结等工艺，是整个工艺中最关键的步骤。雕花所用的工具是一把小锤和若干支錾子，錾头有尖、圆、平、月牙形、花瓣形等多种，根据需要选用。加工时右手握锤，像画家运笔一样，心手相应，雕出一组组生动的图案。银饰做工优劣，关键就在此。其中，錾刻是苗族银饰锻制工

⊙图 3-4　湘西银饰錾刻银胸牌

艺中主要的艺术表现形式和造型之法。錾刻是运用压、窨、刻、镂等技艺，用锤子在银器上面根据图案造型特征及要求进行捶打，创作出各式各样造型奇特的银饰款型及精美的图案形态，使银饰在艺术形态方面形成多元、饱满、立体的综合模式，拓展银饰的容器特征，升华银饰的形态气质。[①]

> 零件的錾刻打造很重要，零件上每一个花纹，每一个细小的地方都要敲打，要特别小心。特别是刚开始做的时候，每个环节都难，如果不达到一定的熔解浓度就敲打，银饰就会断裂。敲打的时候，也要控制好力度，要是敲得太重，银器会受不住，会损坏、断裂。拉丝也要会敲打，一个大的银条要敲打成一个比较细小的银条，然后再做拉丝。

苗族银饰手工锻制中的拉丝技艺是指银匠师傅们将一根根纤细的银丝经过精心构图、造型、工艺制作等形式的介入手段，使图形等视觉元素形成多元化样式，展示出民族的审美情趣与思想内涵，彰显艺术的魅力与文化意蕴。[②] 看似简单的银饰造型技艺，却凸显了匠师"以一种与艺术家相类似的方法创造一种有意味的形式"[③]。这种有意味的形式突出了银饰设计的审美情感与审美愉悦，创造了银器的本体意蕴，在静谧的器物中传递银饰华丽的内容，以无声的方式交流与传递少数民族银饰手工艺的细腻、精湛。

> 做银器要连续做，中间不能休息，所以从他太爷爷起，他们家都是不吃中饭的，怕耽误做事情。麻茂庭很聪明，很多银饰样式只要看一眼，他就能打出来。他脑子里有上百个银饰上的图案，有时候我想要一个什么样的图案，只要跟他说了，他就能做出那些漂亮的图案来。我脖子上带的这个项链就是他做的，不过他做的花有点

---

① 成雪敏. 银饰手工锻制中的錾刻技艺 [J]. 美术观察, 2013 (9)：112.
② 刘琼, 成雪敏. 探苗族银饰手工锻制中的拉丝艺术 [J]. 艺术与设计, 2014 (11)：176.
③ 阿恩海姆. 艺术与视知觉 [M]. 滕守尧, 朱疆源, 译. 成都：四川人民出版社, 1998：193.

↑图 3-5　湘西拉丝锻制银凤凰

大，我不喜欢，我喜欢比较细的那种花。

谈论到银饰零件的制作，麻茂庭的妻子向我们展示了丈夫为她制作的项链，嘴上说着不喜欢但是嘴角掩饰不住笑意。整个银饰的各个部件都做好之后，就要对这些半成品进行焊接、装饰，随后即可得到一件完整的银饰。

银饰的各个零件打好之后，还要整合起来，师傅要先将银饰整体图案想好，然后根据设计好的图案把零件连接起来。就像凤冠，凤冠的零件有很多种，蝴蝶、龙、凤凰、鱼，还有各种花草，哪个零件安在哪个地方，怎么安，都要事先想好，中间出了差错，帽子做出来就不好看了，甚至整个帽子都要重新做。

除了帮村里的人做银饰，这边大多数做银饰的师傅也会把银饰做好之后拿去山江镇的集市上卖。

整件银饰都制作好之后，就等着预定的客人来家里取，如果很长一段时候没有收到订单，银匠也会变被动为主动，自己打一些最常用的银饰，然后拿到集市上去卖。

6. 常做的银饰

生命繁衍是苗族社会延续的关键，苗族人也因此格外重视结婚时女性的银饰佩戴和小孩子的银饰打制。

以前在我们苗族村里，银匠是很受人尊敬的，因为家家都要找我们做银器，尤其是年轻人定亲、结婚时，披肩、头饰是少不了的，我们最主要的是做年轻人的和小孩子的。1990年以前，人们结婚一般要提前两三个月做银饰。女性戴的项圈，重量有八九两、十两等。按凤凰山江的习俗，结婚时女人戴的银饰，都是男方准备的，男女双方定亲时，男方要送给女方五件套定情信物，包括一项银凤冠、两个银项圈、一副银手镯、一根银胸链、一副银耳环。有些人家有三个儿子，没有这么多钱一次为他们准备那么多银饰，就在儿子十多岁的时候开始陆陆续续准备，今年有一件的钱，就买一件，再穷的家庭订婚也要做半套，另外一半等过门了必须补上。

为小孩子做的银饰很多，帽子上的银饰就有好多种，有双龙抢宝、八仙、观音菩萨、罗汉、福禄寿喜、太阳、桃子心、长命富贵、龙凤虎等，还有大帽盘、小帽盘、帽链、银包、手镯、铃铛。大人带的有大花帽、凤冠、关刀，项圈上面还有雕花。小孩子戴的银锁，上面很多是八宝花，意思是把小孩子当作宝贝，大的有一百多克。我们苗族不太喜欢戴锁，汉族那边喜欢戴锁，因为他们说戴锁，就是把小孩子锁住了。苗族小孩子一般戴银包包，像个大桃子一样。

结婚时打银饰和小孩子满岁打银饰是山江地区最主要的银饰市场，而为老人去世准备的则很少："一般就是买三个蝴蝶，一个项链。"反映了苗族人对生命繁衍的祈求憧憬和对死亡的淡然豁达。

三、苗银锻制技艺的传承现状

随着现代文化观念和审美理念的变化，一套完整的银饰不再是苗族女性必备的盛装，银饰质量和锻制技艺不再作为人们社会地位的参考标准。苗族人对银饰的置办更加随意，市场上出现了大量模具浇铸的银饰和半成品银饰。这些半成品银饰很多都掺入了大量杂质，但是价格实惠，打银者可以直接购买半成品进行加工，省去传统银饰打造技艺中熔解银子、制作胚胎的工序；模具浇铸的银饰将熔解的银水灌入模具中，直接缩短了制作银饰的周期。这些方法虽然极大地提高了银饰生产效率，降低生产成本，扩大了苗族银饰的市场，使人们能够轻松地置办一整套银饰，但是因为银饰质量降低，也在某种程度上对传统苗族手工银饰造成了伤害，使苗族银饰失去本身的收藏价值。

我不喜欢机器做的银饰。这些年我们做银饰的利润已经非常低了，由模具浇铸的银饰，和半成品银饰对银匠的冲击很大。相对于机器生产的银饰，我更担心市场上假冒伪劣的银饰商品。很多旅游纪念品店的银饰质量参差不齐，一些不良商家把不纯的银饰当纯银卖，把用模具灌的银饰号称手工打的卖，而大部分的顾客不懂行，没有专业的分辨能力，花了很高的价钱把这些银饰买回家才发现上当。银器市场不规范、管理不到位，容易让顾客对我们这边的苗族银饰产生不好的印象。银饰掺杂质压低市场价格，打压了我们这些老老实实用纯银做银饰的工匠，这些才是对我们苗族银饰最大的损害。

现代文化的冲击，使苗族银饰的功能、需求等发生了变化。苗族传统服饰的拥有数量和人们的年龄成正比。年龄阶段越高，拥有的苗族传统服饰越多；年龄阶段越低，拥有的苗族传统服饰越少。年轻一代穿着传统苗族服饰，多是为了追求新鲜感，苗族银饰市场需求越来越少。20世纪90年代，山江镇的苗族人已不再崇尚以银饰作为彩礼，银饰锻造逐渐失去市场，大批银匠失业。麻茂庭的兄弟都相继改行，只有麻茂庭仍然坚守这祖辈传承下来的技艺。

1980年以前，我们几兄弟都打银饰，到九几年的时候，我们这里的服饰全部都汉化了，来找我们打银饰的人很少了，他们都改行了，我大哥去当干部了，两个弟弟去学了木匠，只有我一个人还做银饰。

虽然大多数传承人仍然热爱本民族文化，并拥有传承本民族文化的热情，但是因为银饰锻制已经失去了市场，迫于生计，他们不得不将大量精力放在其他谋生方式上。外出务工门槛低且回报大，已经成为人们认可与向往的谋生方式，很多传承人在手中技艺受到现代文化冲击已难以保障生活时，不得不放弃手中技艺外出务工。

> 我的几个徒弟八几年之后就改行了，起初我的儿女都不愿意跟我学做银饰，只有我老婆帮我做一些，现在我的小儿子麻金企还在跟我学做银饰。以前有两个已经出师的徒弟，一个去凤凰那边了，还有一个是我们自己家族里面的，他前几年死了，他儿子没有接他的手艺，去外面打工了，他生病的时候就委托我，等他儿子打工回来，让我一定教他。

麻茂庭言语之中，无不充溢着民间艺人对本民族文化深厚的情感和传承现状的无奈。

21世纪初期，旅游业浪潮席卷而来，少数民族地区成为旅游业发展的重要阵地。2000年，凤凰县委、县政府确立"旅游带动"发展战略，2000年南长城被发现，2001年国家历史文化名城申报成功，凤凰县的旅游业得到快速发展，一跃成为国内旅游的一张名片。在开发旅游的过程中，政府投入大量资金和政策扶持，对土家族、苗族古村落进行规划保护，也为苗族银饰锻制技艺传承营造了良好的社会氛围。在政府的帮助下，麻茂庭成立了"苗族银饰传承基地"，他的银饰锻制生意也呈现回升状态。为了让银饰锻制这门手艺能够继续传承下去，2021年1月麻茂庭和小儿子麻金企创立了银饰品牌——"百年麻记"，并且在吉首乾州古城开了一个门店，实现了从家庭式的银饰小作坊到银饰品牌的商业模式探索，也让苗族传统银饰之美被越来越多的人了解和喜爱。

> 我一度也扛不住了，我在外打工的时候还是时时想起做银饰的手艺，我不想祖辈们传了几代的手艺在我这一辈失传。现在旅游业兴起了，银饰锻制这个项目也被评上了国家级的项目，我也成为国家级的传承人，党和政府对我们这些手艺人这么重视，这是我祖辈

一百多年来都没有碰到过的。我现在大部分时间在山江镇的家里，要是有人找我打银饰，我就在家里做一些，有时间的话也会在吉首的店里待一段时间。我现在年纪大了，眼睛也越来越差了，但是只要还有客人找我打银子，我还能打得动，我就继续打下去，只要还有人找我学手艺，我就继续带徒弟，把这门手艺传承下去。

第四章

雕花蜜饯制作技艺

指尖上的美味：易明珍

　　易明珍，女，苗族，1969 年 11 月出生于湖南省怀化市靖州苗族侗族自治县艮山口乡黎明村，湖南省非物质文化遗产项目雕花蜜饯制作技艺代表性传承人。易明珍 7 岁时跟着外婆和母亲学习雕花蜜饯制作技艺，13 岁就成了村里小有名气的雕花能手，凡是她经手的蜜饯成品白如瑞雪、绿如翡翠、甜度可口、硬度适中、形质兼美。经过多年摸索，她在蜜饯雕刻技艺上形成了构思严谨简朴、做工精巧别致、行刀

⬆图 4-1　作者黄嘉曦（左一）、成雪敏（右三）与龙景平（左三，苗族歌鼟传承人）、易明珍（右二）合影

恣肆奔放、气韵神韵兼备的特点。易明珍说，她将继续努力，奋力前行，尽自己所能推动雕花蜜饯制作技艺的传承传播，让更多的人知晓并喜欢这门美丽的技艺。

一、靖州雕花蜜饯的历史背景

　　靖州苗族侗族自治县位于湖南省怀化市的西南边陲。自古以来，这里就是少数民族居住的地方，有侗族、苗族、回族、土家族等十几个少数民族，其中苗族和侗族占多数。蜜饯是当地苗族、侗族特有的民间特产。在靖州，只要村里的人嫁娶，或举行生日宴会时，必须提供雕刻的蜜饯供宾客食用。因此，在过去，加工雕刻蜜饯成为当地苗族和侗族村庄成年妇女的日常家庭活动之一，它与传统针织活动具有同等重要的地位，是当地苗族、侗族女性智慧的结晶。

　　靖州苗族侗族自治县的雕花蜜饯是当地传统的民间工艺美术食品，是湖南省非物质文化遗产之一。制作雕花蜜饯以当地各种瓜果为原料

⊙图 4-2　靖州雕花蜜饯（靖州非遗办　提供）

（一般选用青柚），将青柚除去粗糙的表皮，切成条状，苗族、侗族妇女用特制的柳叶刀精心雕琢龙、凤、虾、鱼、花、鸟、昆虫和叶子的图案，或用专用刀把柚子切成薄片后雕琢，用水冲洗干净再放上一夜，等青柚泛出浅浅的经刀后的锈黄色，再把它们和明矾、铜一起放在锅里煮。煮青柚得用清冽的山泉或井水，直到把柚片煮得片片晶莹透明才行。煮好的雕花柚片还不能吃，有苦涩的味道，为了除味需要用井水浸泡一天，直到雕花青柚和柚片变得晶莹如翠，这时的青柚已经淡而无味，只有隐隐的柚香了。接下来的工序是炒蜜饯，炒蜜饯是将浸泡漂洗好的雕花柚片、雕花青柚整齐地码放在盆里，按照1：1的比例放入白糖，加热翻炒，等白糖完全溶化之后，用大勺子把糖水浇在雕花柚片和青柚上，可以反复多浇几遍糖水，直到每一片雕花柚片都吸饱了糖汁，炒糖这道工序才算完成。最后一道工序就是晒蜜饯。选择大太阳天，将吸饱了糖分的透明青柚或柚片，一片一片摆在晒簟上，晒上几天，让雕花柚片水分散去，渐渐干燥，由晶莹透明变回雪白或翠绿的本色，最终变成蜜饯。独特的加工工艺使熟制的雕花柚片保持绿柚固有的色泽，果皮绿色，内芯洁白。雕花蜜饯的形状和颜色都很独特，美如玉琢、形质兼美，图案取材于日常生活，是饮食文化与民族文化完美结合的民间艺术珍品。雕花蜜饯的所有加工工艺和过程都是由女性完成的，是中国传统女工文化的重要组成部分，具有浓郁的民族和地域色彩，已成为靖州地区特有的少数民族特产。因此，研究靖州青柚蜜饯的雕刻艺术，对我国的饮食文化、民族文化都具有重要的现实意义。

靖州雕花蜜饯起源于东周时期，发展于五代末年，经过一代又一代的传承发展，最后成为靖州民间历代上贡朝廷的御品，是美食工艺与苗侗民族文化完美结合的"指尖上的美味"。靖州雕花蜜饯制作技艺主要流传在渠阳镇及周边一带。过去，湘西地区人们喜欢在屋前栽种柚子树，一些柚树由于结了太多柚果导致果子长不大，这些尚未成熟的小果味道苦涩，不能直接食用，扔了又非常可惜，于是人们就把多出来的小果子摘下来，村里心灵手巧的姑嫂们就把它们镌刻成一个又一个精美的图案，制作成美味而又好看的食物。

↑图4-3　雕花蜜饯原料：未成熟的青柚切片（靖州非遗办　提供）

↑图4-4　刚雕成的有"金鱼戏水"图案的蜜饯（靖州非遗办　提供）

↑图4-5　经铜锅煮过的蜜饯呈晶莹剔透状（靖州非遗办　提供）

↑图4-6　蜜饯的合糖酿晒（靖州非遗办　提供）

易明珍跟笔者讲了一个关于雕花蜜饯起源的故事：

在很久以前，有一年，靖州一连下了三天三夜的大雨，下的雨直接淹了我们的靖州城，城里的老百姓全都跑到北坡去避难。过了一段时间，人们把带来的食物都吃光了，没有办法，为了活下去，他们就只能靠着北坡

↑图4-7　雕花蜜饯成品（靖州非遗办　提供）

上的野果、野茶、树根等来填饱肚子。这时有一个叫甜姐的人，是个侗家媳妇，她在一棵树下找到了一个还没有成熟的柚子，由于实在太饿她就咬了一口，味道特别苦涩。甜姐想，这柚片这么苦，如果将柚片蘸点蜂蜜会不会好吃一些呢？于是，甜姐试着把未成熟的柚子切成片放在蜂蜜中浸泡，当柚片吸满了蜂蜜，味道变得又甜又香，于是甜姐就制作出了蜜饯。再往后啊，我们这边心灵手巧的侗家姑娘们将仔柚切成一片一片的薄片，再往上面雕刻上各种各样的精美图案，制成雕花蜜饯。最后经过不断改进，雕花蜜饯成为靖州知名土特产。

易明珍从小就非常爱好雕刻技艺，7 岁拜当地蜜饯雕花名匠——自己的外婆为师，13 岁成了黎明村小有名气的蜜饯雕匠。易明珍积极参加各类传承实践活动，向各界展示雕花蜜饯艺术，曾参加贵州锦屏举行的"湘黔四十八寨歌节"开幕式非遗展演活动、湖南省文化厅在湘潭韶山举行的"多彩潇湘——2015 年文化遗产日湖南非物质文化遗产展演"活动，参加了"让非遗融入现代生活——益阳市首届非物质文化遗产博览会"和中国湖南（第七届）旅游产业博览会。2017 年 7 月，易明珍还参加了湖南卫视在地笋苗寨进行的靖州宣传片的拍摄。她常年致力于雕花蜜饯制作技艺的传帮带工作，收徒传艺，桃李满园。

二、易明珍的学艺历程

（一）外婆的雕花蜜饯

易明珍的雕花蜜饯手艺是自小从外婆那里学来的。易明珍有五个兄弟姐妹，除了她从小学雕花蜜饯，她的两个姐姐也学。那时候雕花蜜饯主要是作为招待客人的茶点。当时，如果哪家来了贵客没有雕花蜜饯去接待是很丢脸的，于是雕花蜜饯作为女性的一门基本手艺在家族中传承。

易明珍有一个阿姨，是远近闻名的雕花蜜饯好手，她雕的主要是花、鸟、鱼、鸭等动植物题材。阿姨每每雕好蜜饯，都能吸引邻里间羡慕钦佩的眼光。

我们这里雕的蜜饯也不卖，就是自用和练习。雕花蜜饯是一代一代地传承下来的，它主要用来招待客人。如果来了贵客，我们就用蜜饯泡茶给他们喝，这是我们这边的习俗。有的人家不会做蜜饯，来了客人，主人家就会去别人家借蜜饯给客人泡蜜饯茶喝。交情好的会借给你，如果碰到别人不愿意借给你，那你就不能给客人泡蜜饯茶了，这是对客人招待不周，是非常丢脸的。我们家里当时也没有说开店什么的，做雕花蜜饯纯粹是为了招待客人的需要。

1976年，易明珍7岁，每天都要外出放牛，说起阿姨的雕花蜜饯手艺，易明珍便不自觉地扬起嘴角，她回忆道：

我那个姨，蜜饯上的花、鸟、鱼、鸭图案，雕得特别好。有一天，我在田埂上放牛的时候，姨背着一个竹子编的小背篓在旁边雕蜜饯。我当时可好奇了，就凑过去看她雕。光是看了一眼，我就被惊到了，心里就感叹：哎呀，怎么雕得这么好，这么栩栩如生！看看她手里正在雕的，又望望她小背篓里已经雕好的，好奇心一下就被激起来了，心想：这要怎么雕呢？脑子里充满了问号。我当时7岁，连柳叶刀都不会拿，更谈不上会用了。但是我还是很有上进心的，我越看越入迷，便想向姨要一朵去研究，姨又舍不得啊，但我不死心，就悄悄地拿了她的一片柚子和一片刀去田埂旁学着雕。我光有工具在手，雕刻技巧几乎为零，即使拿着刀在柚子上比了又比、划了又划，还是不成形。我就问姨："这要怎么雕呀？"姨没有告诉我雕刻的细节，只是说："你就看着我雕嘛。"可光看着姨雕，学来学去还是不会。

这点困难没能阻挡易明珍对雕花蜜饯的兴趣，田埂边的雕花仿佛为易明珍打开了一扇新世界的大门。

回到家中，易明珍还是心心念念想着雕花蜜饯，于是去翻找家里存放着的蜜饯，想去看个究竟。突然间她发现，外婆的雕花蜜饯做得也非常出色。易明珍便缠着外婆给她演示雕花，她发现外婆在青柚上雕花时不用事先画图，只要一只手拿好青柚，另一只手拿起刀，不出五分钟，一幅鱼儿戏水的雕花图案就展现在她眼前。易明珍当时佩服得五体投地，觉得外婆特别厉害，她冲到外婆面前，非要跟她学雕花。外婆看着只有7岁的易明珍，小小的人儿，眼睛却透着那么坚韧的目光，于是外婆便正式收易明珍为徒。

后来我才知道，外婆的雕花手艺是我们家里祖祖辈辈传下来的。不光外婆雕得好，外婆的妈妈、外婆的外婆也非常厉害。外婆不仅雕花厉害，画国画也是一把好手，像荷叶这些自然景物，她能够画得活灵活现。现在想来，她画国画也给她雕蜜饯打下了很好的美术基础。我当时看到外婆会雕，也愿意教我，甭提多高兴了。不过刚开始的时候外婆觉得我是小孩心性，图新鲜，过一段时间新鲜感一过去就不肯学了，她总是说我："你这么小的小屁孩就要学这样的东西！"但是我总是跟她说："我好喜欢的嘞，你做的蜜饯上那些雕的鸟像活的一样！"当外婆向我反复确认我是真的喜欢、真的愿意学的时候，她就从房间里找出三根香、三把纸钱和一对蜡烛对我说："那你就正式拜我为师吧，我就收了你这个小徒弟！"当我听到外婆说要收我为徒的时候，开心了一整天，一直笑得合不拢嘴："那从今天开始我就是您的徒弟了！"外婆听到我这么说，她也非常高兴，难得我这么积极主动地想学雕花蜜饯。第二天外婆就开始教我基础知识，慢慢地，在外婆的悉心教导下，起初连刀都拿不稳的我，知道了如何握刀，从什么角度能雕出怎样的线条来等，从雕洞到雕叶子，再到雕花、鸟、虫、鱼等。

到了13岁的时候，易明珍基本上掌握了蜜饯上雕花的技艺，她用刀如笔、制柚如纸，创作了无数个惟妙惟肖的吉祥图案。

当年外婆雕花的时候，根本不用去画，也不用打草稿，她的脑子里好像直接有图，想雕什么就雕什么。有时候我叫外婆雕一些平时不常见的雕花图案给我看，外婆也能雕得出来，好像没有什么是可以难倒外婆的。小时候学雕花的日子是很快乐的，住在团寨，大人们出工去了，我们小孩就要在家照看鸭子、鹅这些家禽，大人们交代要时时刻刻地守着，不能让这些家禽去祸害别人的庄稼和菜田。我那会儿一日不雕手就痒，常常拿着一个小篮子装着柚子，坐在屋前一笔一画慢慢地雕，乡里邻居看着我篮子里面雕好的蜜饯很是好看，好多人就围着我，想让我教她们大家一起雕。

易明珍说，过去在靖州，阳光灿烂的六月里，等村里的柚树结出的柚子渐渐长成拳头大的时候，巧手的姑娘婆姨们就要开始筹划着雕花蜜饯的活儿了。尤其是准备嫁闺女的人家更是要精心雕制十几二十斤雕花蜜饯，以备不时之需。那时候一家有喜事，全村都会过来帮忙做雕花蜜饯。

靖州人对于新媳妇的第一印象是从雕花蜜饯开始的。因为按照靖州的习俗，婚礼前一天，要请舅舅家喝蜜饯茶，新媳妇会把自己做好的雕花蜜饯摆在桌上让舅舅家欣赏。喜宴开席前，新媳妇要给婆家每位亲戚朋友敬杯雕花蜜饯茶，杯子里要有两朵白胜雪、绿似翠，造型逼真的花朵或龙凤鱼虾的雕花蜜饯，配上两颗红枣，

⊕图4-8　贵客喜临门，请喝蜜饯茶

（靖州非遗办　提供）

让婆家人看到新媳妇的心灵手巧。没有嫁娶喜事的人家，也喜欢制雕花蜜饯，家里来了体面贵客，也少不了端上蜜饯茶，因此，靖州的女子都会做雕花蜜饯，在出嫁的那天，蜜饯也成了嫁妆的一部分。

20世纪80年代，我哥哥结婚的时候，团寨里的人都来哥哥家帮忙做雕花蜜饯。为了让哥哥的婚礼更体面、更特别，我想给哥哥雕一些不一样的蜜饯。我冥思苦想了好几天，最终决定以"龙凤呈祥"为主题。到了婚礼那天，我把雕好的"龙凤呈祥"再加上一对对雕好的鱼、老虎、鹅、喜鹊等预示吉庆的动物蜜饯用盘子装好，摆放在堂屋的八仙桌上，供舅舅、舅爷等前来贺喜的亲戚观赏，亲戚们围着这些蜜饯看了好久，都称赞我雕得好，那时候我可骄傲极了。

在学习雕花蜜饯制作的过程中，也不免会受伤，经常因为握刀不稳，被刀划破手指。据易明珍回忆：

柚子皮上的水可能对伤口有一定的治愈作用，以前不小心把手划破了，就把伤口在柚子皮上磨两下，一下子就恢复了。这个妙招还是外婆教我的呢。

初学雕花蜜饯制作时，即使因为不会握刀，受伤流了很多血，易明珍也不放弃，每次看到自己雕的图案一个比一个好看，就有了继续学习雕花蜜饯制作的动力，有信心一直坚持学下去。

小的时候我妈妈她们也雕蜜饯，夏天雕柚子，秋季以后冬瓜出来了就雕冬瓜蜜饯。我们这边有红白喜事的人家都会找我们去给他们雕蜜饯。今年我帮助我们这里有婚庆的那家人雕蜜饯，正好是结柚子的时节，我就给他们用柚子雕。要提前雕好这些蜜饯，最好是选在结柚子的季节就开始雕，否则过了这季节就没法雕了，所以雕花蜜饯也是一个季节性的东西。红白喜事使用的蜜饯也是有区别的，一般结婚就在蜜饯上雕上"喜"字和一些成对的吉祥图案，泡蜜饯茶时往茶里面放两粒红枣；如果是白事就是普通的蜜饯，用这种小小的一朵一朵的蜜饯，不需要雕什么图案；生日的蜜饯就雕上"寿"和"福"；还有建房、上梁也是用团团蜜饯，就是一团一团的蜜饯，再摆上盘子，一般摆六个，六六大顺嘛。雕花蜜饯的使用场合还是有区别的，看你怎么用蜜饯、倒蜜饯、泡蜜饯茶给客人吃。

当年，13岁的易明珍就痴迷于雕花蜜饯，立志要将蜜饯雕花这门手艺作为工作，并将它传承下去。

19岁的易明珍在粮食局上班。上班的空闲时间，易明珍的手上永远都拿着一柄刀、一个柚子在练习雕花，旁边还有一个桶子，装着柚子和浸泡的水，就坐在办公室雕花。同事们看到易明珍刀起刀落间，一幅惟妙惟肖的龙凤呈祥图案便在青色的柚子皮上呼之欲出，一个个瞪大了眼睛，直直地盯着易明珍那双因常年握刀摸柚而圆实的手，心想，这刀怎么在易明珍的手上，只要一撇一划，无论是花草树木，还是鸟兽虫鱼，都能变得如此鲜活呢？一个个问号，激得他们看得越发认真，可是看来看去，仍是没把易明珍雕刻的诀窍给整明白。

　　她们有的人就继续盯着我的手看，好像一定要从我的手上看出点儿花样来；有的胆大的就拉着我的胳膊，笑着说："哎哟，易明珍你还有这一手啊！雕得也太好看了！要不，教教我们吧，下回我们家来客人了，那得多体面呀！"站在一旁的那几个人也说："对呀，对呀，教教我们吧，我们真的很感兴趣。"那个时候我比较害羞，别人一夸我就脸上通红通红的哟，我就说："好呀，我教你们嘛！"她们一听到这个话，都开心得不得了，生怕我改口，一个劲地谢谢我，当时把我搞得很不好意思的。

这天起，易明珍在单位上出名了，几乎人人都知道，粮食局有一个易明珍，雕蜜饯是一把好手。也从这天起，易明珍上班又添了一大乐趣——教同事们做雕花蜜饯，而易明珍也乐在其中。

　　那个时候反正我没事的时候就教她们雕蜜饯，大家一起雕氛围也蛮好的。

易明珍和丈夫认识是经人介绍的。当年两人还处在了解阶段，有一天路过粮食局的男友，恰巧看见了正坐在办公室雕花的易明珍，他惊喜地赞叹道："原来你还有这个手艺！"当看到她竟然能雕刻出栩栩如生的蜜饯来时，心里不由得对易明珍又多了几分好感和敬佩。

我们刚认识的时候，他不知道我会雕蜜饯，他只知道我妈妈会雕蜜饯。我记得很清楚那是 1989 年，我还在粮站上班，我刚上班的时候刚好是产柚子的时候，我就拿起一只铁桶过去。那天我在那里雕燕子，他看到了就走过来说："这燕子雕得太好看了，看起来都稀奇。"我就很不好意思，我就说"你太过奖了。"他拿起那个燕子看来看去，说："我还没看到过雕得这么好看的燕子嘞，你太心灵手巧了！"他就觉得蛮意外的，因为一开始他不知道我会雕嘛，后面我就雕了其他的，鱼、花啊什么的，他就说："你真的好厉害啊，雕得栩栩如生！"我就把刀放下来说："你不要看着我，我脸都通红的。"他还问我从什么时候开始学的，我说我是 7 岁的时候学的，小时候村里的大户人家经常在雕这些，我就跑过去看，觉得稀奇就学了。

我结婚以后，一些同事还是跟着我学雕蜜饯，会到我家里面学，她们清楚我上班的时间也知道我休息的时间，只要在我休息、不忙的时候，她们就拿着柚子出现在我家。我教给她们最基本的雕花方法，告诉她们制蜜饯的一些诀窍。有时候学的人多了也不是每一个人都学得会，有些人就问我雕的蜜饯卖不卖，因为我自己做的雕花蜜饯比较多，教别人做蜜饯的时候又多做出很多，家里人也吃不完，就同意卖。她们听了也挺高兴的，一边跟我学习雕花，一边又买我雕好的蜜饯，我也是很高兴的。

一路以来，易明珍的丈夫都非常支持妻子从事雕花蜜饯，也正是因为丈夫在背后的默许与鼓励，让易明珍坚持了下来，让她能把蜜饯雕花这门技艺传承下去。在生活上易明珍根本不需要操心什么，她只需要专注于她的蜜饯雕刻事业，一心一意地教学生，其余的事情她丈夫都会帮她打点好，甚至连生活费都不用操心，丈夫每月的工资都会如数地上交给她。这样，丈夫给她创造了一个良好的钻研手艺的环境。

有一阵，易明珍的丈夫发现她雕蜜饯的刀因用得太久都已经很旧了，就叫她去铁匠铺打个新的。易明珍她们以前雕柚子的刀片都是铁制的，雕起来一点都不顺滑，又不锋利，还很容易生锈。有时候刀的两侧都是红的，雕完之后手上都会沾有锈迹。易明珍知道丈夫是心疼自己，想让自己换一把好点的刀，雕花的时候顺手一些，雕起来省点力，但是那会儿去铁匠铺打不锈钢刀还是有点贵，易明珍舍不得。

其实不是我不想换，我也知道铁刀子不好用，尤其是每次雕完柚子来不及擦干的话很快就会生锈了。但是我们之前祖祖辈辈都是用这样的刀子，当初我跟我外婆学雕花的时候也是用的这种铁刀子，再不好用但也慢慢习惯了。我不想换刀子还有一个重要原因是不锈钢刀太贵了。不像现在想要哪种样子的刀子都能想办法买到，实在不行也可以在网上定制，非常方便。那会儿我们雕花的小刀市面上是没有卖的，想要雕花的刀子只能去铁匠铺叫铁匠帮忙打，但是不锈钢贵啊，我舍不得。

易明珍的丈夫看出了妻子心疼钱，于是背着她把刀子做好。

我用了他给我打的不锈钢刀子，嘴上说着用不着，其实心里可高兴了。我用新刀子在柚子上试雕了一下，发现比以前的铁刀子好用多了，雕起花来也确实快很多。

在细心的丈夫的帮助下，更新了装备的易明珍雕起花来更加得心应手。

我在家只要闲着，就做蜜饯，家里的经济收入主要靠我丈夫，他每个月都会定期给我生活费，让我不用为钱发愁。孩子小的时候，我主要带小孩，跟他相比我好像也没有为家里做出过什么特别大的贡献。后来，我把季节性的柚子一做，开始尝试着卖雕花蜜饯，我在家也可以做一点赚钱的东西了。我的雕花蜜饯很是抢手，经常一做好就被周围的朋友买走，有些还卖到店子里去。在产柚子的季节，我能多做一点雕花蜜饯就多做点，希望能贴补一点家用。这么多年，我能够坚持雕蜜饯，完全是靠我丈夫的支持，我们的家庭就是这么靠他撑起来的，也是很不容易的。丈夫给我的生活费只能用这么多，剩下的钱我自己还攒了一点。我在用钱方面比较理智，不会大手大脚地用钱，不必要的钱我不会花，但是必须花的钱我一定会花。

易明珍的丈夫对于易明珍沉迷于雕花蜜饯这件事从来都没有过多地干涉，相反他十分理解易明珍既要带孩子又要传承雕花手艺的不易，他对于易明珍更多的是心疼和爱护，他知道这是易明珍的事业也是她生命中不可或缺的部分，当初喜欢上易明珍也是因为看中了她的心灵手巧和对雕刻技艺的执着。

然而由于对雕花的过于投入，也留下了让易明珍懊悔不已的遗憾。小孩两岁时，易明珍一心忙于与其他同事讨论雕花，没及时看护好孩子，导致小孩玩火，烫到了眼睛下方并且留了疤。

我丈夫是军人，经常不在家，我通常是一个人在家带小孩。那些来找我学雕花蜜饯的朋友很多，她们来学的时候，我一边要教，一边还要看孩子。那一天，跟我学雕花的人也带着她们的小孩来，她们就喊我雕蜜饯，想让我教她们雕。她们这个围着我，那个也围着我，全部围成了一圈，那几个小朋友，就跑到一边自己玩去了。我雕蜜饯雕得太入迷了，没注意到我的小孩，他当时在桌子旁边放鞭炮，桌子上放了一个容器，里面刚好放了一些高弹布，他把鞭炮一点扔到那个容器里面，高弹布着了火倒下来正好烫到他的脸上，当时就起了好大一个泡，孩子痛得哇哇直哭，我被吓了一跳。我到现在都还在后怕，幸好那天还算幸运，那火要是烧到眼睛可怎么办，那眼睛不就瞎掉了吗？我小孩到现在脸上还有痕迹，我真是好后悔，也算是老天爷保佑，还是没出什么大事。后来我老公回到家看到孩子脸上的疤，我只能把这件事情一五一十地跟他说了。他既没有骂我，也没有讲我。但是他越没讲我，我就越难过，越愧疚，我教雕花蜜饯又不收学费，都是免费地教大家，都是在做义务奉献，我再怎么教别人雕花也还是要把我的孩子照顾好的。

丈夫的宽容大度让易明珍非常感动，每每提到孩子受伤这件事易明珍心里除了对孩子的愧疚也含有对丈夫的感谢，感谢丈夫用无声的语言一直默默地支持着她。

自从孩子受伤以后，她在教学时更加注意了。

孩子受伤之后，我带着孩子在家教别人雕花，会特别注意孩子，经常看一眼柚子看一眼孩子，雕一下柚子喊一下孩子，生怕孩子离开我的视线范围。还好那段时间，跟我学的人已经把基础雕花学会了，虽然雕的时候我还是要指导她们，但是也可以顺带看着孩子了。我有时候还利用小孩睡午觉的时间雕花，用我的业余时间去教学，实在忙不过来的时候就叫家人过来帮忙看孩子。现在想想，那段时间也还是蛮艰难的，小孩子在家没有人管，我这又是纯义务的，但是她们都到我家里面来学，又这么尽心尽力地学，我真的不忍心拒绝，所以我也是很尽心地教。

后来我的小孩读书了，我的婆婆那个时候50多岁了，没读过什么书，小孩的学习和教育还得靠我自己，我就没有太多时间去做拿来卖的蜜饯了，但是我的教学并没有因此停止。我的孩子过了那几年，大一点了，能够自己做作业了，我就一边带着别人雕花，一边守着他做作业了，两头都不耽误。在我这学雕花蜜饯的人还是很多，我不断地教她们做蜜饯，一批一批的，到现在都没有停过。

易明珍回忆起当年在家里教雕花蜜饯的场景，她努力协调着照顾家庭和传授雕花这两件事情的平衡。那段时间虽然过得辛苦，但是她从中找到了生活的乐趣——一种徜徉在雕花蜜饯世界中的快乐。

（二）无私的非遗传承者

2003年，粮食局改制，易明珍无奈下岗。在社区里，易明珍也不闲着，大家都来找她学雕蜜饯，一起探讨雕花技艺，一起钻研新图案。

那个时候她们都是自己跑到我家里来学的，一大堆人就围在我这里，我就教她们雕蜜饯。我们有时候也会凑在一起讨论图案，谁要是在哪里看到好看的图案或者花样就会带过来，大家一起试着雕，有时候谁有什么好的想法也会来问我看能不能雕得成，谁雕了新作品也会拿过来一起看。我们之间的关系像师徒，更像是朋友，家里每天都充满着欢声笑语。

雕制蜜饯最重要的是解决原材料的问题，需要很多可供练习的青柚。

柚子成熟的时候在十月份左右，我们就在七八月份雕柚子，各自把自己家里的小柚子带过来学雕柚子皮。我家附近有很多的柚子树，周围的邻居知道我们在一起雕柚子，也很支持我们。有时候我们的柚子雕完了，我就问邻居们要一些柚子，他们很大方地表示，只要我们需要可以随时去树上摘。

有了邻居们的支持，易明珍不用到处去找柚子了，做起雕花蜜饯来更有热情了。

蜜饯雕花要想雕得好看，选材就要好，蜜饯雕花一开始就要做好蜜饯选果工作，选出来的柚子一定是端正的，要圆要光滑。那种扁平的、虫蛀的都是不要的。那种有疤的还是可以用的，只要把有疤的部分去掉就行，其他的部分没有影响。沙田柚也要那种柚心很小的，就是一般水果店进货不要的那种，皮厚肉少的。如果想要雕那种圆盘的，因为柚子很小，就需要用蜜饯钩子把中间的部分慢慢钩出来挖空，利用周边雕花，把外皮留下来雕。雕好柚子后，我把熬糖的方法教给她们，她们就回去自己熬。

制作蜜饯的整个过程要保持干净，在雕的过程中如果你的手出了汗，把汗水蹭到柚子上了那后面你再怎么弄都弄不好的，它就变黄了。不懂的人看到别人在我这里雕的蜜饯，颜色什么的都非常好看，觉得很容易做，回去学着我的样，也拿一个柚子雕，想做成蜜饯，结果捏两下柚子就黄了。所以制作蜜饯这中间是很讲究的。再比方，蒸煮柚子的水也有很大的讲究，如果是城里面的自来水就不行，必须是井水，而且是含矿物质多的，效果会更好。煮的容器必须是铜的，铁的、铝的、陶瓷的绝对不行，那煮出来的蜜饯不是黄的就是灰的，保不住青色。柚子下锅前必须将水烧开；一般煮个十来分钟，变成青色就捞上来，沥干水。有的人雕蜜饯雕出来就是没有卖相的，又发黑又发黄，看着都没有食欲，要想好吃又好看还是比较讲究的。熬糖时，把蜜饯煮好，用清水漂过之后就放在篮子里面沥干水，然后用一比一的比例放糖腌制，糖可以防腐，也可以"养青"。腌制就是把篮子放在盆里面，把白糖直接撒上去，差不多半个小时糖就溶了，这个时候水分也就沥干了，溶化了你就可以放在太阳底下晒嘛，没有太阳就烤嘛，一般在50~60摄氏度的温度中晒或烤，温度过高皮色变黄，温度过低蜜饯不干。这一工序也可说是"护青"，这样蜜饯就可以了。要想蜜饯做得好，这里面还有很多制作细节是有讲究的，别人一般是不知道的。比如怎么让蜜饯一直保持这个绿色，为什么一般的人做着做着就变成黄黄的了？如何保持这个美感呢？这就要注意好（几个环节）。一个是雕的过程，一个是漂的过程以及烤的过程，每一个环节我都有绝招，这些都属于"商业机密"，哈哈哈！

易明珍向我们细数着做雕花蜜饯的步骤，开玩笑说那些是她的"商业机密"。

当然，整个雕花蜜饯里最难掌握的环节就是雕花，怎么用刀，怎么下刀，怎么在柚子上面反转，都有方法。有的时候你雕一下又雕不好看，没有办法雕得细腻，深浅度、边缘均匀度掌握不好。说实话我教她们也只能教她们一些方法，做一些示范，让她们按着这个脉络慢慢雕出来，但想要雕得好还是要靠自己勤加练习，只有你熟悉了怎么使用雕刀，脑海里有图案才知道怎么雕。

2009年3月，靖州雕花蜜饯制作技艺被列为第二批湖南省级非物质文化遗产项目，2016年，易明珍被评为省级代表性传承人。

自从成为雕花蜜饯制作技艺的省级传承人后，易明珍越发觉得，雕花蜜饯应该被更多人看到。随着国家和政府对非遗保护力度的加强，雕花蜜饯进课堂活动逐渐开展起来。易明珍受邀到小学、职中等学校去开展非遗传承教学活动。

一步一步地就传到学校了，其实学校传承是最难的，刚开始在学校开展非遗项目的教学时遇到了很多困难，因为现在很多学生学习任务比较重，平时娱乐活动也多，放假的时候手机、平板都玩不过来了，很多人就不想学这个东西，也不愿意花时间在这个方面。职校的学生只想着早点毕业马上参加工作，想学的东西是要能够马上赚钱的，一个月有几千块钱就知足了。但是雕花蜜饯想学好雕花就得好几年，还得日日雕、月月雕，隔一段时间不做手就生了，学生娃娃很少能吃得了这个苦。上了班的年轻人就更没有时间学啦。本地人还知道雕花蜜饯是什么，多多少少了解一些它的文化，有些人小的时候还吃过，或者看家里面的大人做过，对蜜饯有个人情感在里头，外地人很多看见雕花蜜饯都不知道是什么东西，更不用提来学习了。我们就只有找学生传承了。

虽然摆在面前的困难很多，易明珍还是坚持每年去学校讲课、开展活动，给学生介绍雕花蜜饯，教感兴趣的学生制作雕花蜜饯。她觉得哪怕学生雕不好或者是不喜欢雕，只要他们通过她的课程能够认识雕花蜜饯，能够了解到雕花蜜饯背后所蕴含的地域文化、民族文化，这就够了。

只要是学生们感兴趣，愿意来学，我都不会保密的。如果面对学生都还要有所保留，不真心真意地教，那还当什么传承人呢？其实我在选上传承人之前，也是乐于教别人的，我没有这个私心。只要有人想跟我学雕花蜜饯，我就会毫无保留地去教，这门技术就不会失传。

对于非遗传承这种工作，易明珍的丈夫也非常支持，他是易明珍的有力后盾。只要有时间，他就开车送易明珍去学校，用一个大簸箕装二十多把柳叶刀、一些雕花蜜饯的半成品、雕花蜜饯的原材料去学校教学。进了教室，丈夫帮易明珍把沉甸甸的簸箕搬到讲台上，把这些东西从里面一个一个地拿出来，学生们一下子就围了过来。学生们看到这些雕花柚片都感觉到十分新奇，一双双亮闪闪的眼睛望着易明珍，仿佛易明珍的身上散发着金光。

我都是自愿免费去教的，一分钱都没要，小学、中学都一样。柚子多的时候课就比较多，柚子少的时候课就比较少。有柚子就好教一点啦，有弹性，没有柚子的季节拿南瓜也一样教。但是南瓜的皮就比较厚，不好雕。这些学校都是我自己主动联系的。还有学生雕花用的刀子、半成品材料什么的也是我自己带过去的。

易明珍的雕花蜜饯教学能够教授学生们书本里学不到的知识，让学生接触课堂之外的世界，学校里的领导和老师们都非常支持。刚开始学生们不太感兴趣，主动来学雕花的学生很少，易明珍不放弃，一次又一次地来学校上课，手把手地教，学生慢慢地在学习的过程中找到了乐趣，主动来的学生也越来越多了。从最开始的易明珍到学校毛遂自荐，到后来学校的主动邀请，慢慢地易明珍的雕花蜜饯课名气越来越大，隔壁县市的一些学校也主动过来邀请她去上课。

我上课的时间不固定，但只要我一有时间我就会去学校，很多时候我也会选择学生们中午休息的时间、课外活动的时间给他们上课。雕花蜜饯教学主要是教四年级以上的小学生和初中生，低年级的学生因为年纪太小掌握不好刀具，容易在学习的过程中划伤自己。于是每次给高年级的学生上课时，低年级的小朋友就会跑到高年级教室门口或是趴在窗户前看，羡慕得不得了。高年级的学生雕完蜜饯就放进书包里高高兴兴地带回家，一路上都是他们的欢声笑语。

易明珍每到一所新学校，掏出她大簸箕里的那些"宝贝"的时候都会引起一阵轰动。

那些学生啊，一看到就高兴极了，看到我把簸箕里那些罐罐里的成品、半成品拿出来都不停地感叹。半成品就是切的柚子片，是拿给学生雕的，很多半成品我已经雕好了基础图案。学生们看到了也会问："哇，好漂亮啊，这是你雕的啊？"我说："是的，你们想不想学啊？"他们就说想学，因为他们平时吃的蜜饯都是一块块、一坨坨的，很少在上面雕花、草、龙、凤这些，所以觉得很新奇。当他们想把讲台上放着的柚片拿到手里看时，我就会喊几个学生上来举起给他们看。当我看到学生们的好奇和兴趣被我激发出来了，这时我就拿出事先装备好的刀子说："我教你们雕，你们愿不愿意学啊？"那些学生就蛮好奇的，喊着"老师，给我一个刀子""给我个柚子"，甚至有些男同学都积极地找我要，我就逗他们说这个是传女不传男的，男孩子们就会哄堂大笑，吵着跟我要刀子，特别踊跃。但是给学生用刀子我会特别注意，尤其是男孩子，上课的时候如果打打闹闹会非常危险，所以在教他们用刀的时候都会一再叮嘱，再三告诉他们刀子是很锋利的，一定要小心。一个班四五十个人，我一般只带二十把刀子分给他们用，雕的时候让他们坐在座位上，两三个人一组，共用刀子，这样也更安全。学生一边学一边会问我很多问题，每次上课，看着教室里有很多有好奇心的学生真的特别高兴，全班一起雕花的氛围我也特别喜欢。有些学生对自己要求高，看到一下子雕不好有些着急，我就告诉他们不要着急，先从最基本的学起，把最基础的学好，雕得多了慢慢就能够越雕越好了。

万事开头难，只有掌握了规律和最基本的知识，手才不会被划伤。五根手指，如何握柳叶刀才能不被划伤，对于老手来说，是一件再简单不过的事儿了，但对于学生们来说，很难把握其中的奥秘。柳叶刀虽小巧，但锋利无比，一不小心，手便很有可能被划伤。有时学生们在练习雕蜜饯的时候也曾不小心被柳叶刀割伤手出血了，易明珍叫他们休息几天暂时不要雕了，但是学生们一点也不娇气，随手包扎一下对她说："老师，没有关系的，我还可以雕，我一定要把它学会。"然后再继续学习。

还有一次，一个学生拿起刀子一下子没拿稳，把手指头割了，出血了他都没放弃，我说这有点痛嘞，他说没关系，就拿纸擦了一下又继续学了。他说："老师，我一定要跟你学。"我说好，我就教了他们四十五分钟，过几天又过来教他们。我跟他们说："我不收你们一分钱，不像别个要收钱，我是一个手艺传承人，这是我的一个责任和义务。"我是很乐意教他们的，他们觉得一节课的时间蛮短，我也觉得时间蛮短，但是蛮有意思的，这个过程。

我每次去，学生看到我都好高兴的，都说："老师，你今天教我们雕什么啊？你看看我前面雕得好看不好看？"然后就一窝蜂地全部跑过来了。看到这么多学生都喜欢学这个，说实话我当时心里蛮感动的，我觉得我做的这些还是有意义的，看到他们对雕花蜜饯有这么大的兴趣，我肯定高兴的啦。

孩子们对雕花蜜饯的学习热情，成为易明珍一次又一次踏进学校课堂的动力。

除了来交流雕花蜜饯的朋友，易明珍也正式收了些徒弟。雕花蜜饯是个细工慢活，短时间内是学不会的，需要三到五年才能掌握基本知识。想要雕什么图案，要先观察手中柚子的大小和模样，然后在大脑中构图，形成清晰的图案模型，甚至要预想到，雕完后的成品会是怎样的。

易明珍说："雕之前，心里要先有个底，头脑要特别清晰，才能下刀。"易明珍带的徒弟中，有的已经雕得特别好了，但并不是个个在雕蜜饯上都有天赋的。有的时候，易明珍遇到那些心里没底又急于求成的徒弟，就告诉他们："你们的大脑里没有形成雕刻的思维，没有在大脑中预想图案，才感觉难学。"遇到这种情况，易明珍就先从洞、叶子、花这些简单的图案教起，并一再强调，雕花蜜饯需要时间和经验的积累，一夜之间就掌握雕花蜜饯的全部技巧是不可能的事，不要想着可以一步登天。

主要还是教女孩子，有几个男孩子也学。教他们我还是高兴的，他们也很愿意学，每次看到他们学着雕蜜饯的场景我就会想起当年我跟外婆学雕花的场景。外婆总是微笑着，很耐心地一点一点地教我，一些有难度的图案，我没雕好她也不生气，她总是对我说："明珍，不要急，雕花急不得，慢慢来总会学会的。"我觉得学艺不是去井里打一桶水，一下子就能打上来，它不是这么简单也不是这么容易的，这个得慢工出细活，像学雕花蜜饯，学一两年只是略懂皮毛，雕的技巧需要个三五年才学得会。除了练手头功夫，还要锻炼构思图案，脑子里有要雕的对象。假设我要雕一个鸟，你就要在脑海里想好这个鸟的形状，怎么雕，哪些细节要注意，雕的时候比例要怎么控制，好几个动植物要怎样摆在一起才好看。这个时候，思维是需要特别清晰的，所以这真的就是需要头脑灵活的。

易明珍明白，雕花蜜饯这门手艺不可能一蹴而就，需要慢慢磨炼，而在多年带徒弟的过程中，她也遇到过各种资质的徒弟，她总是充满耐心，除非是徒弟自己不想学了，不然她不会放弃每一个学雕花的人。

　　我也带过一些徒弟啊，有的就聪明一点。有的就"笨"一点，那聪明的徒弟，看到你雕过一遍，他就能雕得出来；有些"笨"的嘞，再怎么教，都教不会，他那个握刀的手他就握不住，用力不均匀嘛，就特别难教，所以教起来也会有不耐烦的时候。但是我都要调整好自己的心态，多给他们一点点耐心。对有些"笨"的徒弟我就对他们要求低一点，雕一个大概就可以了，也不用那么细致。对聪明一点的徒弟则要他们雕得更细腻，更要求质量。有天赋的我会慢慢地带着他们学，这里怎么雕那里怎么雕都会要求得比较具体。遇到有难度的，比如雕碗，柳叶刀是弯的是斜的，就需要他们仔细地看着我的刀是怎么动的，要怎么慢慢地手腕发力。有的徒弟学着学着觉得太难了，没信心了就学不下去了，也有的徒弟跟我学了几年，出师了都还常常拿着雕好的作品来请教我，但是不管聪明的"笨"的我都耐心地教。

易明珍一边教学一边总结经验，多年的教学也让她琢磨出自己的一套教学方法来。

　　我教徒弟一般都是以鼓励为主，他们雕得好，我会表扬他们，就算他们雕得不好我也说："哎呀，有进步，比上次好，有进步，再加一把油。"我不会打击他们的积极性，有些徒弟本来就雕得不好，如果再打击他就更没得信心，更没有积极性啦！我通过鼓励增强他们的信心。

在易明珍的"激励教学法"鼓励下，一些天赋欠佳的学生也不会气馁，跟着师傅用心学习，取得一点一点的进步。

三、传承路上的困惑

　　雕花蜜饯的季节性较强，只有每年七八月份，柚子生长的季节才有材料做，因此并不是时时刻刻都能买到雕花蜜饯的。雕花蜜饯市场需求大，售价却低，因为雕花蜜饯只被按照食品价格来出售，而不被看作工艺品。近几年，团寨里的人都出去打工了，易明珍的雕花蜜饯教学活动就比较难开展了。寨子里大多年轻人都想走出大山，去大城市找能赚钱且稳定的工作，剩下仍坚守着这门手艺的，大多都是雕了一辈子蜜饯的老人。

　　寨子里的好多年轻人都出去打工，年轻劳动力流失严重，对雕花蜜饯的传承也造成一定的影响。说实话，在外面打工还是赚得多一点。就像我们，如果留在这里专门雕这个，平常也赚不了多少钱，年轻人也很少愿意学这个，都想去外面看看大城市，在城市里面赚钱。我们村子里做蜜饯的也没有很多，做得好的就价格高点，卖得好点。现在卖这蜜饯，效益还是有限，没有形成雕花蜜饯的稳定市场，只有像我们这种年纪大的人在家里做蜜饯然后卖到市场上面。雕花蜜饯投入的时间成本高，回报却很小，比如说像雕的那种简单的小鸟蜜饯，就算以市场价二十多块钱一斤来定价，也很少有人买。

　　对于目前雕花蜜饯的传承现状，易明珍也很苦恼，她希望雕花蜜饯能像工艺品那样走入市场，体现出手工艺人的价值，但她知道，雕花蜜饯最难的是要解决它作为工艺品的保存时间短的问题。

　　雕花蜜饯跟别的项目不同，因为可以食用，目前一直是归为食品类管理的，但如果是以食品的价格来论斤卖，我们花了那么多时间在蜜饯上雕花哪里划算。雕花蜜饯都是纯手工的，只能小批量生产。我们在雕花蜜饯里面花的时间和功夫就跟工艺品一样，工艺品怎么可能按斤来卖呢？但如果按工艺品来算，雕花蜜饯又有保存期。即便不食用，在密封条件下，雕花蜜饯最长也只能保存两年左右，不能像其他工艺品那样作为摆件保存太长时间，这也是雕花蜜饯最终不能卖上工艺品价格的一个重要原因。

　　因为提不起价，不能靠着这门手艺养活自己，所以好多年轻人都放弃了学习雕花蜜饯。

随着工业化进程的加速，团寨中外出打过工的年轻人纷纷将外面的现代化生活带入传统村寨中，冲击着村寨里保留了上千年的传统习俗和生活方式。

我身边人的儿子媳妇全部在外面打工，留在村里的都是在家带孙子的奶奶爷爷辈，现在村里只有他们还在做蜜饯，一边带孙子孙女，一边细工慢活地做一点点，年轻人根本没有人做。

社会在变，市场需求在变，产品产业化的进程也在变。随着国家优惠政策的出台，雕花蜜饯的销路越来越好。因为做的人较少，所以往往供不应求，一般都将这些卖给开店的人，还有一些旅游景点。

做蜜饯的时候，要依靠季节，主要就是七月到八月份那两个月，时间很短，如果时间再长一点，这些媳妇都有事情做，那说不定也能留下来。其实现在雕花蜜饯做好了还是有前途的，作为我们靖州的地方特色礼品，蜜饯供不应求，做多少就能卖多少。两个月就可以得到五千到八千块钱的收入，只是能做的季节太短了。我们现在每次做蜜饯也不是为了赚钱，主要就是好玩，把它作为一个艺术品来做。做蜜饯时，大家围坐在一起有说有笑，叽叽喳喳，相互交流。我的好多徒弟都是奶奶辈、爷爷辈的。有的照顾完孙子就跑过来，有时候连中饭都不吃了，其实也挺不容易的。年纪大了，眼睛不是很好了，在雕花的时候她们一直喊看不见。很可惜啊，能看见的年轻人都不愿意做。

这些年政府一直在努力推广雕花蜜饯，提升它的知名度，靖州的雕花蜜饯就卖到了凤凰等其他旅游景点。

一般就卖给开店的人，那些来收雕花蜜饯的人，必须提前预订好，否则不一定买得到现成的货，实在是供不应求。因为做蜜饯的人少，要蜜饯的人多，现在都是我们做多少他们收多少，但是我们雕不出来太多，现在蜜饯这个销路是一点都不愁。

易明珍明显感受到随着政策越来越好，国家对非遗项目越来越重视。地方政府部门经常举办一些活动，将靖州当地的非物质文化遗产展示给全国人民，帮他们打广告提高销量。

政府隔几年就会在当地搞活动，将我们的非物质文化遗产展示给老百姓，但是还是没有市场价。市级的活动比较容易，但是像县级的一些活动承办就比较困难。政府虽然在政策上采取多种措施，但是想要持续性地解决这个问题，还必须靠我们自己，如何转型进入市场，这是我们要考虑的问题。虽然这是目前雕花蜜饯传承的困境，但是还是有一批人热爱这个东西，坚持去做。

易明珍的丈夫认为雕花蜜饯是一个传统的手工技艺，如果一直没有市场回报，仅靠非遗传承人的默默奉献是很难传承下来的。但他也能理解，为什么国家花那么多钱传承保护非物质文化遗产，其实就是因为它在市场上的前景不是很广阔，正面临着失传，所以需要这么一批了解雕花蜜饯、热爱雕花蜜饯的人把它传下去，这是一种民族文化、民族精神的传承。所以这么多年来，他一直默默支持易明珍。他说：

> 如果我没有到这个地方来，没有在靖州深切地感受到靖州人对于雕花蜜饯的情感，我是不会这么支持她的。雕花蜜饯既是一门手艺、一门技术，更是一门艺术。我也有自己对艺术的理解，我自己对艺术也比较执着，所以我肯定支持她们搞艺术。但是我还是希望她能够照顾好身体，把做雕花蜜饯的时间把握好。她经常每天都雕到两三点钟才睡觉。我觉得她什么时候把时间把握好一点，每天到十点、十一点钟就睡觉，第二天早一点起来雕就更好了。我总觉得非遗传承人有把我们非遗技艺传承下去的义务，也有保证自己有一副健康身体的责任。我刚认识她的时候就知道她是真真切切地喜欢雕蜜饯的，我会一直支持她雕下去。

从一片叶子，到鸟、鸡、鱼、鸭等，雕花蜜饯的图案越来越丰富。从过去招待客人的茶饮甜点，到现在的礼品、旅游纪念品，雕花蜜饯的价值越来越被社会认可。如今，雕花蜜饯被看作一种艺术品，这是时代的变化，更是社会大众对非遗认识的变化。

近年来，易明珍积极授徒传艺，进学校开展课堂教学，深入贫困村举办"传承非遗、助力扶贫雕花蜜饯制作技艺培训班"。她帮助贫困户较为熟练地掌握雕花蜜饯制作技艺，指导他们就近就业，生产销售蜜饯产品稳固脱贫。

我也没有什么太多的想法，就是真心实意地希望我的这个雕花手艺可以传承下去，从我外婆的手上传到我手上，那么我也希望在我的手上发扬光大。

易明珍如是说。

第五章

凤凰扎染技艺

巧手生花：向云芳

向云芳，女，苗族，1949 年生于湖南省湘西土家族苗族自治州凤凰县沱江镇。1981 年跟随扎染师傅刘大炮学习印染技艺，后又随贵州省印江县木黄乡黄富贵学习用土靛发缸染布技术，1993 年随湖南轻纺研究所代平义老师学习彩色扎染技术。2018 年，向云芳被评为湖南省非物质文化遗产项目凤凰扎染技艺代表性传承人。

⊙图 5-1　作者刘琼（右）与向云芳（左）

一、凤凰扎染技艺

在我国湖南省湘西土家族苗族自治州内有一座美丽的古城——凤凰古城。凤凰历史悠久，有着深厚的文化底蕴。春秋时属楚，唐设渭阳县，清改凤凰厅，民国初定名为凤凰县。它曾被新西兰著名作家路易·艾黎称赞为中国最美丽的小城。这里与吉首的德夯苗寨、永顺的猛洞河、贵州的梵净山相毗邻，曾经是怀化、吉首、贵州铜仁三地之间往来的必经之路。

凤凰古城建筑风貌古朴，天人合一，古城规划、城防设置和街巷布局，不仅具有鲜明的军事特征，更具有浓郁的民族特色。官宅、祠庙、吊脚楼群，依山走势，临水造型，妙手天成，实现了自然景观、建筑风貌和人文观念的和谐统一。她风景瑰丽隽秀，引人入胜：南华山国家森林公园倚城而栖，凝碧泻翠；沱江河清澈透明，渔歌唱晚……她民风淳厚，苗族习俗热烈浓郁："椎牛祭祖"惊险刺激，赶"边边场"情意绵长，"跳花跳月"活跃欢畅。还有原汁原味的楚巫文化，独具一格的苗族服饰，酸辣咸适的苗家菜肴，古老神秘的"傩堂戏"，带着泥土芳香的"文茶灯"……构成了古城文化的重要元素。[①] 扎染，古称绞缬、扎缬、染缬和夹缬。关于扎染起源于什么时候，目前并没有一个准确的结论。文献《二仪实录》记载染缬："秦汉间始有，陈梁间贵贱通服之。隋文帝宫中者，多与流俗不同。次有文缬小花，以为衫子。炀帝诏内外宫亲侍者许服之。"历史中最早的扎染制品是出土于新疆地区 408 年东晋时期的作品。由此可以说明扎染这种工艺最早在东晋已相当兴盛。自唐代扎染工艺进入繁荣时期，即使是普通的老百姓也可穿上花色简单质朴的扎染服饰，新疆阿斯塔纳北区 117 号墓出土的唐代"棕色绞缬菱花绢"就是当时绞缬纺织品中的佳作。

扎染是一种古老的防染印花工艺，主要以丝、带状物进行手工缝制

---

① 李显福，梁先学. 湖南苗族风情［M］. 长沙：岳麓书社，2012.

及捆扎，对织物进行染色的一种方法。扎染以线为防染媒介，用针对织物进行扎、缝、缚、缀、夹等制作后染色。在染色过程中，染液根据捆扎的紧密程度逐渐渗透到布料中。扎染起源于缬草染色法，其原理是用针、钩等金属工具穿蜡线，并根据图案要求按压织物的某些部位，以避免染色。染色后，将其松开。与染料没有接触的地方就没有图案，而与染料接触的地方会形成各种不同的图案。这里的"缬"比蜡染更接近扎染。扎染生产条件简单，只要有针线。扎染不仅可以在很多地方进行，而且可以多次进行。通过不同部位的多次套扎和缝纫，可以染上多种颜色，皱纹痕迹也可以改变，但套扎时不能绑得太紧，否则图案与图案之间的线条清晰，颜色不能很好地自然转移和染色。原来的扎染图案只有蓝白效果，且缝线单一，多为大小花。

"纤纤静女，经之络之"，"动摇多容，俯仰生姿"。扎染这门复杂烦琐的工艺是防染工艺中最为特别的，是刺绣与印花工艺的高度结合，就扎花技法原理来说和刺绣类似，却又大有不同。其利用针线、纱、绳等工具在织物之上进行缝合绑扎、铰接来达到印花防染的效果。布料花纹

①图5-2　向云芳（右）接受访谈

处绑合得越严密，扎染出来的防染效果也就越好。在我国，扎染是汉族、彝族、白族、苗族等多民族的传统技艺，分布于云南、四川、湖南、新疆等地。除此之外，日本、印度的扎染工艺同样久负盛名。西方人也会利用这一技术来染制图案简单的服饰，曾经有秘鲁人利用扎染技艺制作出了一些简单的圆形和线性设计。

湖南的扎染技术以凤凰扎染闻名。凤凰县的扎染在明清时期已兴盛。《凤凰县志》记载："清代以前……男女头戴各式包头帕，有方格花帕、横格花帕、青丝帕、狗脚印花帕等。"[①] 由此可见，凤凰扎染服饰历史悠久，图案多样。

二、向云芳的从艺历程

（一）拜师学艺

在 20 世纪七八十年代，凤凰县轻工业局开了一个综合厂，综合厂里涵盖了多种工业品种，包括制布、裁衣、印花、扎染、造纸、打棉絮等工艺。当时这种综合厂非常流行，仅扎染厂就开了20 余家，向云芳和刘大炮就是综合厂中凤凰民族印染厂的员工。向云芳负责扎花，扎好的布则交由同事刘大炮负责的印染坊进行上色。

很早之前就是家家户户都会染布嘞，清朝之前都是自己家里面弄的。新中国成立后，布就慢慢很少

⊙图5-3　刘大炮（《刘大炮：凤凰染布匠》，汤素兰著）

① 凤凰县志编纂委员会. 凤凰县志［M］. 长沙：湖南人民出版社，1988.

有人自己做了，都是买的。像我妈就是自己搞的布，拿去纺纱啊，贼（浸）啊，然后就拿去染呐，像我们那个时候是自己做的，那是50年代。50年代后做的人都不多了，（后来）哪个时候最多嘞，记得是1972年，那个时候周恩来总理提出发展民族文化，发展民族手工业。

当时厂中负责扎染布的工人有20余人，都是本地妇人与姑娘。在这20多人中，向云芳的扎花工艺最精，名声也最响。她扎花的技艺来源于母亲手把手的传授。工作之余，她常常研究扎花的图案与技巧，她表示对于扎花这项手艺的兴趣从来都不是因为工作需要，而是源于实打实的热爱。

随着国家民族工业的兴起和对外开放政策的实施，综合厂慢慢地把销售的眼光对准了国外，开始走出口贸易，而向云芳和师傅刘大炮的师徒关系正是先从综合厂的同事关系开始建立起来的。

后面嘞，就发展综合厂啦，加工、扎染花布，出口贸易，（大概是）1978年那个时候。但是，扎染出口的销售量不是很稳定。厂中生意好的时候扎染布销售情况非常好，对外出口的数量也很高，但生意不好的时候厂中员工的日子也很难过。

那个时候嘞，刘大炮就找到我，就叫我负责扎，他就负责染。当时我做那个扎花最多，扎花嘞就是要出口嘛，出口到广交会去嘛。我们那个年代搞广交会那是神气得很的啦，我们一个厂就安排两三个人，在广交会现场推销，那个时候好艰苦的。广交会就是一个大棚，男男女女都在那里面。

在综合厂建立之后，刘大炮和向云芳二人被招聘到综合厂。起初，向云芳只负责扎花，因为扎的花别具匠心，总被领导拿去给别人打样，而扎好了的布则交由年纪40有余的染匠刘大炮浸染。在刘大炮的手中，这些扎好的布要经过加盐染色、凉水清洗和浸泡。等待浸泡的时间里，刘大炮会根据布匹图案所需要的颜色深浅程度，或再次冷水加染料浸泡，或再次将布与染料放入锅中翻煮，想要将布染成什么样的成色，全凭刘大炮多年对染料的调配运用和扎布浸泡与翻煮时辰的把控。向云芳和刘大炮最喜欢的便是一起等待扎染布最后晾干，这样的等待就像是等待种植已久的果子成熟落地，向云芳说每每到那个时候她的心都会按捺不住的激动。

刘大炮跟着我爸学染布，是我爸爸的徒弟。七八十年代的时候，我们成搭档啦。

在进入综合厂前，向云芳为了补贴家用，经常会把缝好的布拿到染匠铺去染，扎染成品完成后，再趁着赶集时拿到市场上去卖。

那个时候我扎花的手艺是跟着我妈学的。1949 年前家家户户都会扎花手艺，就像我们以前做米豆腐、擀饺子皮，那是家家户户都会的，就是一个道理。我妈会，然后她就教我缝，以前叫缝，现在叫染，染了布之后做成衣服就自己穿，家家户户都会的。那个扎花布嘞就是要自个儿去缝，缝了之后再去染，那个印花布嘞就是家家户户都要有的。

在综合厂与染匠刘大炮多次合作后，向云芳渐渐地对印染的技术有所了解。作为一名爱拼、爱干的新潮女子，向云芳便按照记忆中刘大炮印染的方法开始自己试着染印一些小物品，但总是染不出刘大炮印染出的颜色。为了能够独立完成扎染的全过程，向云芳便生出了拜刘大炮为师的想法。一有了这个想法，向云芳紧接着就找到刘大炮，提出想拜他为师。厂里做扎染的人有很多，但刘大炮一眼就看中了向云芳做的扎花。两人多次合作，刘大炮发现向云芳不仅做事非常的认真负责，其扎花的技艺也是非常出色，便收其为徒。

那个时候我扎布嘞，每次扎出来我都会自己研究，就是我想要做得出色一点点，所以当时我就是厂里面扎花的骨干力量，因为我比别人都做得多。从那个时候一直都没有放弃过，就一直坚持到现在，我就想做一些新奇的花样出来，以前做的都是那种很简单的针法，现在都到了 20 多种针法嘞。

我喜欢自己钻研一些新花样，想要做得好一点，所以那个时候领导都特别信任我。

1. 凤凰的师傅——刘大炮

向云芳的第一位师傅是刘大炮。

> 刘大炮师傅讲话直，但做事特别讲究，要求严格，对我从来没有红过脸，很多高校的老师都对他非常的尊重。

> 刘大炮当时也在我们厂里负责染布，我们是同事，他那个时候是我们厂里面的染布师傅，他那时也40多岁了。

说起大炮师傅的传奇故事，向云芳的脸上就抑制不住流露出骄傲，最让她印象深刻的是大炮师傅和好友黄永玉先生为凤凰县政府买下第一辆面包车的故事。对当时还处于偏远地区的凤凰县人民来说，一辆面包车的到来，引起了不小的轰动。

20世纪70年代只有向云芳所在的凤凰民族印染厂还在继续染布。

> 那个时候他和黄永玉是老街坊，黄永玉就住在我师傅家的对门嘛。后来黄永玉回来了看到刘大炮染布，就好喜欢嘞，当时印花布没有人染啦，就剩我们厂里染布啦。后来呢两个人就走得比较近，两个人玩得好嘛，就经常一起研究这个染布，染布的各种染料。有一天黄永玉就跟刘大炮说，哎呀我用这个纸浆来画，画几张出来，你来染好不啦？刘大炮就说我试一下嘛。后来呢，黄永玉就来我们厂画了20多幅纸浆画，刘大炮就染，染了之后嘞，就放到我们老桅县那里，就是在我们凤凰县那块老牌坊那里，很大的一块地方，那个地方关起门来就是我们的老县委。后面嘞就好简单啦，就是用梭子牵起，牵到那个县委门口，用夹子夹起，当时他差不多是搞了20幅嘛，全部是染出来的黄永玉的画，黄永玉的画刘大炮印染出来还是有难度，因为黄永玉画的那个纸浆跟我们印染画布的纸浆有所不同嘛，画的纸浆是那个石灰做的嘛，就是石灰浆。刘大炮调石灰浆，就把石灰浆调和，然后黄永玉就弄到画布上面，就是通过在画布上的印染画画啦，进行一种突破或者说创新啦，运用到印染上面。

黄永玉看到刘大炮在从事染布工作，非常感兴趣，便时常去刘大炮家做客。本来就是邻居的二人，在黄永玉多次拜访后，一来二熟，你来我往，很快成了好友。

两人还试图打造新的花样与颜色，想尝试运用新的染料染布，便一起研究石浆画。黄永玉对刘大炮说："我来画几张画，你来染，可以吗？"话不多的刘大炮当时并没有十足把握，只是沉沉地回答："我试一试。"黄永玉和刘大炮一起来到印染厂，刘大炮调打底浆，黄永玉便用调好的打底浆在布上作画。黄永玉大概画了20幅印染纸浆画，画好后交由刘大炮来染。二人创新式地将绘画艺术运用于印染上。染好后，两人把扎染画用梭子和绳子牵在架子上抬到了老县委门口，让大家欣赏。那是20世纪70年代末80年代初，黄永玉和刘大炮两人合作，凭借独创的石浆画，挣了4万多元，给凤凰县政府买了凤凰的第一辆面包车。

> 20世纪70年代末期，那个时候也没有什么钱，当时凤凰县政府买了第一辆汽车，面包车，就是黄永玉和刘大炮合作画的纸浆画，卖了钱，就买了第一辆汽车。那个时候没有什么小车啊，就是面包车，那个时候还是轰动全县的一件大事嘞，好多人去县政府去看那个车子。凤凰没有过这种车子，县政府都没有这种车子。之后黄永玉又给我们厂里画了三幅画，有两幅水仙花，还有一幅我忘记了，记不大清。他们的合作推动了我们这个染布创新，还有凤凰县的经济发展。

刘大炮是家里的老大，家庭负担重，话不多，性子犟，正是他的固执成就了他做事严谨、认真负责、对自己要求严格的态度。刘大炮的固执化成了他对染布的执着。不论染布的生意是好还是坏，刘大炮都一直坚守着他的染缸，坚守着作为染匠对染布的执着与热爱。

> 刘大炮，他不怎么爱说话，不像我，别人叫我扎布啊我就跟他说要怎么扎怎么扎。刘大炮他做事情认真负责，手艺好。我当时找他，我就说，刘师傅我不会染布，你看你染布染得这么好，你可不可以教一下子我，帮我看一下？你不帮我看看，我这布染不好。我当时是真的想学，但是就是说学东西，你自己要认真，要好学，跟你讲话就不要呛师傅。刘大炮他真的是好尊重人，也是很有耐心的。当时我们厂里有好几个扎染的，因为要出口啊，靠一个人是做不起

来的，之后也还是看上我的东西了，觉得我做得不错，我做东西对自己要求还是比较高的。

向云芳和刘大炮师徒二人共事了十余年。向云芳后来被调到公路局，她白天上班，晚上回去就泡在家里的作坊做扎染，扎染好的成品就会拿去店里面卖，这些扎染品每天都能卖出 5 元左右。

我跟他共事十多年了，他在染布这方面一直都是精益求精，讲究高标准，手法很精湛，对于这个行业也十分坚持，一直到现在。我当时也是被他这种精神感染到了，一心想要学好，学点东西嘛。虽然后面我调到公路局去了，但我也是白天上班，晚上回来就搞扎染。扎染得好，就是好看的，我就托人帮我拿到店子里面去卖，卖完了再上。那个时候一天还可以挣个五块钱，五块钱在当时也还是算多的了，卖完了我就继续自己染，我家里面有那个染缸，每天下班了我就扎染，又可以赚钱又可以练习。

向云芳的学艺之路并没有拜师这么顺利。第一个难题就摆在了向云芳面前，作为一名女性，与男师傅单独待在一起很容易被人说闲话。为了避嫌，向云芳只能选择大家伙儿都在厂里时，在师傅旁观摩。这样大大缩短了向云芳学艺的时间，也让向云芳更加珍惜学艺的过程。第二个难题是沟通少。因为大炮师傅不爱说话，与向云芳交流少，向云芳只能每天守着大炮师傅染布，仔细观察师傅如何调制染料，记录染布时长，然后自己慢慢琢磨钻研。

那个时候学这个扎染真的是好难的，我跟你讲，我跟刘大炮我们毕竟男女有别，因为我毕竟是个妇女，我一直跟着一个男同志这样也不好是吧，所以那个时候我就天天待在染坊，都是好多人在那里的时候，我就在那里守起。我天天看，他在那里染我就在那里看。他也没有什么多话讲，因为他又不好讲我什么，又是徒弟又是同事什么的，他就不好教。所以当时我跟着染了之后就拿回来跟着测，就是试，自己记下来那个时长，自己回去琢磨，看看效果。所以我当时扎染好多东西，是这样的，后面我就是自己慢慢测试了很多。他当时扎染好多都是好漂亮的，我现在都还有他染的东西啦。我发明的双面同彩扎染（就是受他启发），因为他当时那个印花就是双面同彩的嘛。我就想呢那我这个扎染是不是也可以这么做？我就经常想经常想，有时候我做梦都梦到这个成功了嘞，做梦都做出来了，好漂亮好好看。后面我就在 1995 年发明了这个双面同彩扎染，这个从 80 年代我就开始想起，搞了十年我才发明出来。

刘大炮对染料的调配有自己的一套心法，他可以随心所欲地调配染料。调制好染料后，他会将手直接伸进染缸，仅靠观察从掌中落下的水珠颜色，就能够判断制出的染料是否达到所需要的标准。

正因为这样，一旁默默观看的向云芳是丈二和尚摸不着头脑。"师傅，你要来帮我看看，你不帮我看，我都染不好了。"刘大炮闻言，缓缓抬头，眼神定定地看着一脸无奈又着急的向云芳。向云芳看着师傅严肃中又有些呆愣的表情，快速从怀里拿出自己精心制作的扎花，捧到师父面前说："我来扎花，给你染，染好就送你啦，我就在旁边看着你染，我染的时候，你帮我看看。"刘大炮用他厚重的嗓音说了声"好"，便来到向云芳的染缸旁，看着向云芳一步一步地操作，看到做得不对或有偏差的地方就直接点出来，一点一点地教向云芳如何去调制染料以及怎么辨别染料的成色。

　　我当时学的时候真的觉得又艰难又辛苦，刘大炮他调那个染料有他自己的法子，就是凭他自己的心法感觉来。当时他把那个染料调好了之后就把个人（自己）的手放进去，看那个水珠，就是那个染料从巴掌心流下来的时候，看水滴子的那个颜色，他就能看出来这个染料有没有调配好，合不合格，就是说基本上都是靠他多年来的经验。我当时学的时候是好恼火呀，因为我没得那个经验，我判断不出来，它到底是好了还是没好呀，我着急的，我当时就说，师傅师傅你快点来帮我看看这到底是得不得行。后面我就学聪明了，我把我自己扎的那个花布拿给他，我说，师傅师傅，我来负责扎花你来染，你看可不可以，你染的时候我就在旁边学起，然后跟着你学，我要是哪里做得不好或者哪里做错了你就直接告诉我，不然我学着真的会恼火。后面慢慢地我就学会了，就是也积累出来经验，怎么判断啊，自己心里面就差不多有个数了。

当时有一位日本客户拿了自己设计的图案到综合厂来预定一批窗帘，厂里需要做一套打样品，便安排向云芳来扎花。向云芳扎了两块布，厂里其他人准备染料，黄永玉和刘大炮则负责染这两块布。出人意料的是，这两块布染得非常靓丽，蓝色部分呈深蓝色，却又不带一点黑灰色调，白色部分白得亮眼，整体搭配色彩分明，恰到好处，这让众人心里都十分欢喜。

1985 年，向云芳和刘大炮合作，做了很多扎染品，拿到日本去展览，作品受到了极高的称赞。刘大炮这次随湘西民间工艺代表团出访日本代表的不仅是个人，更代表中国的手工艺。他看向云芳的扎花技术很是不错，便对向云芳说："你做的东西，拿到日本，要是送了人家，人家要返回么子东西，我就把返回的东西拿回来送给你。要是没东西，我就拿钱回来送给你。"因为去日本展览是代表湘西艺术团，好多项手艺都参加了。向云芳非常重视这次展览，她明白这不仅代表着湘西的手工艺艺术，还代表着中国的传统工艺艺术，于是，向云芳开始夜以继日、加班加点、精雕细琢地准备着展览需要的扎染品。

> 20 世纪 80 年代，刘大炮要把我的东西拿到日本去展览，我就每天加班加点地搞，因为这次去日本他是代表湘西艺术团，也是代表我们中国的传统手工艺，不光是我的手艺作品，还有我们这边好几个人的手艺作品都参加了的。他回来的时候，我就问他怎么样了，他就给了我一张纸。那个纸当时我们这里没有，事实上它是复印件的那种，就是个图案，叫什么中国宋代绞丝图案，是日语啊还是英语我认不得，后面找了别人给我翻译的。因为我当时不知道，我也不知道他当时在日本到底是什么情况，就是给我带回来一个这个，我也不晓得他是不是卖出去了，我也不清楚，当时他说是那么说，人家给了什么就给我返什么。

回来时，刘大炮送了一张复印的日语版"中国宋代绞丝图案"给向云芳。研究所派刘大炮去省里汇报，刘大炮便拿着向云芳的一件作品去做汇报，这件作品得到了省里相关专家的认可和称赞，获得了一笔研究费。这给了向云芳莫大的鼓励，更加下定决心钻研扎染技术，她明白这是对于他们扎染工作的一种极大的肯定，也会在一定程度上带动凤凰县经济的发展。

你们看这本书，里面用的是我的资料，这些图片都是我扎的东西，就是这本书《民间印染花布图形》，湖南美术出版社出版，里面的作品是我负责扎，他负责染的。他拿去省里的这几件东西啊，都是得到了省里面很多领导认可了的，后面我就想更好，我就跟刘大炮师傅说，我来仔细研究一下你给我的这张纸的图案，看能不能把这个图案做出来呢。后来我就拿着这张纸，按照这个纸做出来扎染的图案，好漂亮的。这本书里面有些是他的作品也有些是我的作品，这些图案都是有配文的。我后来还专门到长沙轻纺研究所找代平义老师学习彩色扎染。

向云芳认真地说。

2. 贵州的师傅——杨富贵

20 世纪 80 年代的乡下，妇女们每天大都守着自己家的一亩三分地，很少出远门。向云芳却是个例外。她学艺的愿望越来越强烈，无论任何困难都阻挡不了向云芳追求前进的步伐。

我师傅不止刘大炮一人，但我以他为主。我还到贵州木黄镇学习了当时几乎要失传的靛蓝染布工艺，七八十年代那个时候都没有人搞这个。后来我就投师杨富贵，我当时买了一大块肉还有两瓶酒，我就到他屋里去。我就跟他说，我说师傅，我想跟你学染布，学靛蓝染布。当时他说你又认不到我，我为啥子要接待你，你又是个女的，我怎么收你当徒弟。因为当时我们农村都主要种田，妇女都是在乡下搞生产，好少有妇女出门来，当时就肯定会有人在背后讲啊，一个妇女你说你学染布，当时哪个人相信，没有什么人相信。

向云芳只身一人来到贵州印江木黄镇，四处打听这地儿的染匠铺在哪里。

"师傅，我想跟着您学靛蓝染土布!"突然到访的向云芳，让杨富贵不知所措，以为向云芳也只是玩笑话，他便随口说了声"好"。向云芳看杨师傅不相信的样子，连忙跑到集市给师傅买了两壶好酒和一大块肉。看着手里提着酒和肉、脸上笑吟吟的向云芳，杨师傅这才知道，原来姑娘是来真的。看着向云芳认真和诚恳的模样，杨师傅便留下她吃晚饭，以此作为对她的回应。第二天清晨，二人吃完早饭，76岁的富贵师傅扛着锄头，带着向云芳就往山上走，挖了三根草药——土靛。下山时，向云芳问杨富贵："师傅，这些草药，药铺里买得到吗？"杨师傅头也不抬，继续往前走，只开口说："你可以在药铺买得到，但是药店的药都是干的，你晓得要找的是哪一根药草？"回家之后，杨师傅把染布的方法一一告诉了向云芳。向云芳拿着三根草药，回家按照师傅教的方法：脱靛、发缸，但染出来的效果并没有达到向云芳想要的那种靛蓝。为了找到这种染料重新染布，向云芳来到市场，询问有没有土靛卖。摆地摊的老板看到她急切的样子，拉住她，指了指前面的那堆人："旁边那几个人好像是乡里的，你跟他们走，他们那儿有。"在路上，好几个同路都指着向云芳议论："她哪是出来找土靛的，肯定是和家里吵架了，离家出走了呀！"30出头的向云芳一点也不害怕自己被骗，跟着这群人走了20多里的路程才到达那个乡村。

正是春耕期间，当时，路上的农夫都已经赶着牛，准备回家了，天色渐渐暗了下去，却依旧没有阻止向云芳前进的脚步。

望着黑黝黝的山坳，向云芳停下了继续往山里头走的脚步，打算今天先找个地方借住一晚，便往回走，寻找当地的公社。到达公社时，公社里刚好在开会，开会的全是男生！向云芳踌躇了一下，回头看了看身后漆黑的村寨，又瞧了瞧眼前接待她的负责人，伸手从怀里拿出自己的介绍信给他们看。接着又开口介绍自己从哪里来，来这儿想找土靛这种药材，看能否借住一个晚上。公社负责人将向云芳手中的介绍信拿了过来，借着橘黄的灯光仔细地看了看，看完随手翻了翻信的背面，抬头上下打量了一下向云芳问："吃过晚饭了没有？"向云芳摇摇头："还没有。"负责人想了想："我们这儿只有米饭了……好像还有点炒佛手瓜，可以吗？"向云芳立马点头说："可以，可以，可以。"

对于徒步行走了一天山路的向云芳来说，佛手瓜就着白米饭简直是人间美味。安排住宿时，公社当时只有一位广播员是女性，还带着一个小孩，她的宿舍只有一张一米二的小床。向云芳侧着身子，靠着床沿就这样眯了一个晚上。清晨，向云芳来到公社，询问来公社开会的人员："这儿有土靛草药吗？"公社里的人都说："我们这儿早就没有人种了。"这句话，对向云芳来说可谓是当头一棒。着急、失望、心酸，一下子涌上了向云芳的心头。她只能拖着步子往回走，又是20多里！

所有的苦和累我都不怕，我不知道什么是困难，那些困难都难不住我，我全都扛得住！就算困难找上了我，我肯定尽全力去解决它。找不到需要的制作材料，才最让我害怕。

我记得好清楚，那个时候我到了一个寨子前面，要过一条沟，那个沟前面是公社。我过了那个沟后，那个时候天已经黑了，我看到在那边犁地的人都赶牛回家了，我不知道还要往前面走多久，到什么地方。我当时就想是走还是不走，后面我就回来，我想要到哪里去住呢？我看到那个公社，我就去了，我进去人家都已经吃过晚饭在烤火了。那天公社正好在开会，开干部会。我就说我是哪里来的，来干什么的，因为天太黑了我不敢往前走了，我想在你们这里借住一晚。人家开会的干部都是男的，就只有一个广播员是女的，那个时候她有一间房，那个床板就只有一米二宽，她又带了一个小孩，那怎么办，那你只有跟她挤一个晚上。吃饭怎么办，人家都已经吃完了，就只剩点米饭，炒佛手瓜，我说好，不要紧。那个时候都是圆筒饭，就是那个木桶，煮一大桶饭，然后放到那个木桶里面，就是那个大锅饭，炒了就直接倒在那个桶子里面，你要吃就给你舀出来，里面还剩一点佛手瓜，还剩一点点。我说可以可以，我就吃了一餐饭，住了一个晚上。我那个时候怎么睡的？就是挨着那个墙壁，侧着睡，动都不动的。

到了第二天，我就问人家开会的干部，你们这里哪里有这个草药，完了人家就告诉我，我们这里早就不种这个了，好久都没人种了。那怎么办，我如果走回去又要走20多里，后面走到那个车站，我开始舍不得那个钱，但是到后面我实在不想走了，我就还是坐车回去了，好心酸啊。

其实我这个扎染做到这个程度，做扎染这个过程，真的可以拍一个电视剧了。不容易啊，一个妇女到处跑，但是我当时也是年轻胆子大，就是觉得没有什么困难的，心里只有扎染这门手艺，真的是现在想起来蛮那个的，但是回忆起来怎么说呢，也是苦中有乐。

3. 长沙的师傅——代平义

扎染的颜色单一，向云芳便想突破单一的颜色，创作彩色的凤凰扎染，便去长沙拜了代平义为师。一日为师，终身为父。1998 年，95 岁的代平义老师离世。听到这个噩耗，向云芳连夜赶到长沙，急切的步子在靠近代平义师傅灵柩时变得越来越沉重，看着高台上师傅黑白色的照片，无尽的悲痛瞬间席卷了向云芳的心，眼泪啪嗒啪嗒落了下来。致辞时，她回忆起师父的谆谆教导，几次哽咽，视线开始慢慢变得模糊。不愿离去的向云芳，在追悼会现场陪着师傅度过了最后一夜。第二天清晨，向云芳和代平义的家人一起送他上山，直到最后一抔黄土撒在师傅的棺材上，这一抔黄土也把向云芳的悲痛永远地封在了自己的心中。

那个时候我想突破啊，我还是想做好看一点的扎染，我觉得那个颜色太单一啦，我就想怎么搞出那个彩色扎染，我就特意去了长沙的那个轻纺研究所找代平义师傅学彩色扎染。代平义是个蛮好的人，他教我彩色扎染方法的情景，非常耐心，给我讲解怎么把颜色的比例调配好，有什么诀窍。代平义师傅就跟我讲啊，你不仅要用眼睛看还要用心记，记到什么程度，就是眼睛像一把尺，要一看就知道配比行不行。1998 年的时候，代平义师傅去世了，我当时听到这个消息心里面真的好难受，我连夜就赶到长沙去了，坐车的时候我就想着之前代师傅教我扎染的情景，我那个时候心真的就是揪起了，他真的是个好师傅，没得他我现在也不可能技术越来越高，我当时到了灵堂我就忍不住了，我那个泪水就流下来了。后面第二天的清晨，我就跟他家里人一起把他送上了山。

（二）必须是真功夫

精工细作的艺术品，耗时长、成本高，几乎赚不到钱。但我师傅认为染布就是一门艺术，艺术必须要精益求精，追求高标准、高要求，染得不好的布，哪怕有人上门来买，也不卖。

⬆ 图5-4　向云芳的扎染作品

说起扎花，向云芳的手就不自觉地拿起桌上的白布和针线。一双布满岁月痕迹的手，穿针、引线、编花，再次抬眸，花已成，只待放入染缸，静候蓝靛溶液的浸染。

向云芳拿了她的一本作品集给我们看，入眼的是一幅幅扎染画，一针一线穿插的是向云芳几十年如一日的手法。黄永玉给向云芳写了两幅字、一幅画，评价向云芳双面扎染门帘《福寿平安》："不讲不知道，一讲吓一跳，最艰难的手工艺术，最复杂的制作过程。"

我一直都有一个想法，就是想把这个项目变成国家级的。我自己本身现在是省级传承人，我女儿是县级传承人，我一直就在努力地钻研这个扎染的颜色、图案、针法等，我就想让它怎么变得更好，这样子也让更多的人知道我们这门手艺，更多人来学，让它更好地传承下去。我就是真真切切地希望这个东西，被更多的人看到、了解到。说实在的，我已经60多岁了，其实没有什么必要这么拼命了，我是为了什么呢，就是为了这个东西能够更好更长远地传承下去，让更多的年轻人看到我们这个工艺，不要让它就这样消失了。我经常对我女儿说，教人的时候要认真教，要让他们知道我们这个东西的诀窍，要一代一代地传承下去。

说实在的，也肯定是有点私心，这么好的扎染，这么好的技术，做了这么多年，又不比其他别的什么人差，为什么凤凰县不能把它申报成国家级呢，我在这个事业中做出了这么多的贡献，为什么不能更好呢。

三、传艺与授艺

很多学校都想请向云芳去教授她的六种平串针法：平串一、平串二、平串三、平串四、平串五、平串六。向云芳将平串二取名为蜈蚣花，平串四取名为狗牙齿花。平串一的做法是像逢衣服一样走直线串联，即按照所画的直线，在一层布中串联，串联一圈则拉紧一次，再重复多遍，平串一的成效是单线条。从平串一到平串六，每增加一串，则增加一层布料，折叠的层数逐步增加。

扎染的扎花花样有许多，若做比较复杂的艺术扎染，如运用平串一和平串二的针法，反面缝合，从正面看，则扎出来的效果又是另一番风景。

黄永玉先生非常欣赏向云芳的扎染，而他画的画与有些人的画不同，有时画的画是反面的，这也给了向云芳很大的启示。

向云芳常做各种花样的小物件扎染品当作教材，用于对学生的教学指导，如头巾、抱枕、手帕等。学校邀请向云芳去做授课老师，向云芳会拿这些小的扎染品给学生们看，先让学生自行观摩和欣赏这些花样，再详细介绍每一种扎花属于哪些类别，并手把手、一步一步地带领学生学习扎花和印染。向云芳对扎染的针法做了长时间的研究，她将针法分为传统针法和可变针法两类，传统针法的图案是固定的，而可变针法的图案是可以根据手艺人自己的喜好和设计的图案进行创作的。在向云芳的手中，一块扎布，能将狗脚花衍生变换出 18 种意象图案，并且还可以继续变换设计。

　　向云芳介绍，凤凰的扎染不似云贵地区只有蓝、白色的扎染，而是呈现蓝、白、灰三种颜色的扎染。向云芳学到扎染技术后，带着自己的家人，开了一家属于自己的扎染店。为了让扎染走进人们的实际生活，她采取了一些适应时代的变动，如尝试一些年轻人喜欢的渐变色，通过调整花色、花样的方式来吸引更多青年人对扎染的喜爱，对传统技艺传承的关注。

⊙图 5-5　向云芳开在凤凰古城的扎染店

　　向云芳十分注重扎染技艺的传承，一直坚持"扎染的发展不能忘记初心，在传统的演变中，要根据人们生活的需要去发展"。她的儿子在她日复一日地熏陶下，也开始自己试着扎染，主动走进扎染的世界，令向云芳感到非常的喜悦与欣慰。儿子的作品被向云芳小心翼翼地收藏至今。

这些作品不仅是儿子学习扎染成长的轨迹，也诠释着年轻一代对扎染的重新解读。

扎染的技艺全是功夫。向云芳自己开店后才知道，不根据现代人的喜好去生产的话，销售额跟不上销售的成本；单纯的扎染艺术品，由于价格昂贵，不易被人们接受。于是，扎染被向云芳分成两类：一类是工艺品，一类是艺术品。

向云芳独创了双面同彩扎染法，这一独创的扎染法来源于向云芳对印花布的观察，她发现印花布可以做到双面同彩，又联想到自己做的扎染，便产生了将双面同彩运用到扎染上的灵感。这一想法一经产生，向云芳每天都泡在染坊研究双面同彩的扎染方法。经常做梦梦到自己做出双面同彩的扎染效果，便按照梦里的法子去尝试。经过 7 年不辞辛苦地反复钻研与实验，在 1995 年，向云芳终于成功地做出了第一件双面同彩扎染作品——《双凤牡丹》。在中国工艺美术学会民间工艺美术专业委员会第十二届年会来临之际，向云芳带着这件独一无二的作品，踏上了年会的征程。

1989 年，向云芳从综合厂调到公路局。调工作需要上交国家工龄费 2700 元，但公路局的工资一个月只有 66 元，家里还有三个小孩需要照顾，这笔费用对向云芳的家庭来说根本承受不起。向云芳说："就算三年不吃不喝，也交不起。"于是，向云芳和家里商量，决定去贷款还账。

向云芳的工资全部用于还债。沉重的债务使得向云芳只能白天在公路局上班，晚上回家路上就买上几匹布，一到家就马不停蹄地去做扎染，时常连晚饭都要爱人做。晚上，所有人家都睡了，可向云芳的家还亮着一盏小灯，有时深夜还能在河边看到向云芳洗布的身影。对于熬夜做扎染布的辛苦，向云芳一点都不在乎，她最担心的是扎染布卖不出去，害怕扎染布变卖不了钱，不能补贴家用。当时工业化大多代替了手工劳动，用扎染的人已经不多了，这就意味着向云芳的销售群体随着时代的发展反而慢慢缩小，购买向云芳扎染布的人大多是院校的老师和学生。他们来凤凰写生时，看到向云芳家里挂着的扎染布，很是喜悦与感叹，便买下来收藏，当时市面上基本无人做扎染布。改革开放后，专门卖扎染布的公司大部分是百货企业和纺织品公司,向云芳找到一家纺织品公司,与他们合作,自己提供扎染布,请他们来销售。纺织品供销科科长答应向云芳,帮助她售卖扎染布,这样的合作持续了几年。之后,向云芳又拿着自己的扎染作品到长沙友谊商场去卖。

随着时代的进步,国家对民间工艺的重视程度越来越高,社会对这方面的关注度也随之提高,不少年轻人开始主动地了解和传承。近年来,来凤凰写生的老师和学生越来越多,向云芳的吊脚楼里每年都能接待几百名大大小小的来访者。有的是慕名而来,有的来凤凰调研,无意中发现了向云芳这块民间宝玉。湖南师范大学的学生谭伟,在凤凰写生时与向云芳结识。30年后,谭伟还专程来凤凰看望向云芳。

向云芳给谭伟一把家里的钥匙,帮他买了被子,铺了床,平时遇到他便喊他一起吃饭。谭伟对向云芳说:"我到你家白吃白住,我心里过意不去。"于是,谭伟邀请向云芳把她的作品放到湖南省工艺美术馆展览三个月,还邀请了中南大学的很多艺术老师和学生来欣赏向云芳的扎染作品。

> 所以说我当时为什么害怕,就是怕做出来的东西没人要,因为当时我要养家啦,靠我的那点工资家里人过不下去,像端午节想吃顿好的,吃肉啊、买点肉包粽子,都要精打细算,所以说我就想方设法把它卖出去,变成钱。后来谭老师跟我熟了,就年年都带学生来写生,年年来看我。以前这里有个水池,那是个染缸,染缸旁边就是挂的那个布。好多学生围在那里写生,在那里观察那个染料,因为他们好奇嘛。后来也跟他们有感情了,越来越多的人看到我的扎染布了,心里还是蛮高兴的。

有一年,眼看端午节马上就要到了,向云芳在路上走着,正愁家里没有过节的东西,碰巧遇上一位姓刘的老师在河边画画。向云芳马上跑回店铺,拿了一块5米乘1.5米的扎染印花布,走到刘老师旁边的河里清洗。正在作画的刘老师注意到了向云芳,便询问她:"大姐,您这是自己染的布吗?"向云芳连忙抬头,提了提手上的布:"是我自己染的。""大姐,我看您的布染得蛮有特色的,您卖吗?"向云芳等的就是这句话,一边说"卖的，卖的"，一边把手里的布递给刘老师看。刘老师接过这块扎染布，低头细细地欣赏布中的图案，手指小心翼翼地抚摸扎染上的印花，一时被这精美的做工所吸引，晃过神来才开口问："那多少钱呢？""12元。""您便宜点，我有20多个学生，就住在县政府的招待所里……您染得这么好，我若买了，他们肯定也要来买的。"向云芳抿了抿嘴，眼珠子一转："好……！那我算你8块，你的学生要来买，我算他们12块，好不好？""好！"刘老师毫不犹豫地同意了。当天下午，铺子里就来了二三十名学生。他们要求扎染的花样各不相同，每人便分别挑选了一条别致而独具特色的扎染印花布，预定后天来取货。仅仅这一天，向云芳就挣到了240元。对于每月只有66元工资的向云芳来说，240元都快抵得上她4个月的工资了，可以够一家人吃好久！

> 我记得以前，那个刘老师他就在那边画，我就在这边扎染。他有时候看到了就问我，阿芳这个布是你染的布啊，我说是的，是我刚刚自己染的。他就说那你卖不啦，我心里面就是想卖，但是我不能当着他面这么说是吧，以前就是想赚钱，我就说我卖。他说他想要五米长的，他觉得这个布染得真的好漂亮，我说可以。他就问多少钱，我就说12块钱，当时12块钱好便宜的。他就说你便宜点卖给我，我有二三十个学生，他们就住在政府招待所。我说你人多我就8块钱卖给你，要是学生买我就卖12块钱，好吗？我就比较爽快嘛。后面下午就来了二三十名学生，看到我的布了就说哎呀这么漂亮的布呀，我也要买我也要买。哈哈哈，当时热闹得很嘛。

当时向云芳正为家里没钱做粽子过端午节发愁。初四中午交货后，向云芳就赶忙去集市买做粽子的糯米和鸭子。之后，刘老师年年带着学生来看望向云芳，刘老师成为向云芳家的常客。

有一天，湖南省美术馆的馆长带着一名来自哈佛大学的外国学生来到了凤凰。这名学生看到向云芳精美的扎染，便让馆长做翻译，告诉向云芳自己想用一支钢笔和她换一张扎染。向云芳想都没想，直接同馆长说："馆长，你和他说，我不要他的钢笔，我想和他照一张相，就用这张照片和他换。"

馆长将向云芳的话转述给外国学生。外国学生听了很是震惊，赶忙和馆长再次确认，得到肯定的答复后，连连让馆长表达他对向云芳的感激。收到照片的那一天，向云芳满心欢喜，带着照片往回家的路上走。路上的街坊邻居看到向云芳的照片，惊奇地感叹道："向大姐和外国人照相了哟！"

我当时看到他这么喜欢我这个扎染布，说实话我心里真的好欣慰的，就说明我做的东西有人看，外国人都喜欢我做的扎染。他当时就对着我这个扎染看，看了好久，我就看得出来他是真的喜欢我这个扎染布，当时他就想要我这个扎染，说要给我他的这支钢笔来跟我换。我当时也就想，外国人都想要我的扎染布，我一定要把它纪念下来。我当时就跟我们馆长说，馆长你跟他讲，我不要他的钢笔，我想跟他照个相片做个纪念，我把扎染布送给他。馆长就翻译给他听嘛，当时他也是蛮震惊，我不要他的钢笔，要跟他照相。想起来也是好笑，然后我就跟他照了相，把这个扎染布送给了他，那还是我第一次跟外国人照相嘞。我们村里面的人就调侃我，说哎哟向大姐和洋人合照了，也算是走上了国际市场了嘛。

真的就是，不管你学任何东西，你自己都要有点目标有点想法，不然是学不好的。我之所以这么努力就是因为我真真实实地想把这个变成国家级的项目，我想成为国家级的传承人，扩大这个扎染的影响力。说实话这么好的东西，大家不知道是不是就可惜了，我就想继续把它发扬光大。

不说其他人的功夫怎么样，但我的功夫绝对是扎扎实实的，我都是实打实地找师傅学的。

1. 带头发展凤凰旅游业

凤凰发展旅游业，需要到古城里去做生意……县里领导到我家来找了我三次，劝我出来做生意，带动凤凰县发展旅游业。

1999 年 4 月 17 日，向云芳用板车拖着一车子的扎染作品，在凤凰古城东城街 35 号门面正式营业，黄永玉题名"扎染店"。店里卖的扎染种类繁多：扎染的壁画、衣服、门帘、方巾、手帕及扎染布等。县里其他人看到向云芳铺子里的生意如此红火，便也纷纷效仿。扎染铺子就在这条街上一家又一家地开张，整条街几乎都被扎染铺子给占据了。2000 年的 12 月份，县里请向云芳做旅游带头人，准备打造旅游行业一条街。2001 年的 4 月份，县里又组织一部分人做旅游发展。向云芳被邀请去由县委政府组织的凤凰县旅游发展动员大会做演讲，向云芳短短五分钟的演讲，引起了全场人员三次雷鸣般的掌声，不仅深深地感染了在场 3000 多名参会人员，也激发了全县人民对文旅发展的渴望和信心，让凤凰县的手艺人们再次看到了民族手工艺得以发扬传承的希望。这次大会激起了全县人民投身发展旅游业的热潮，手艺人攒了好几年的劲儿，终于有地儿迸发了。凤凰县旅游业发展的 20 年间，向云芳作为扎染的领头人，带领大家发展本地的扎染产业，开发扎染新的图案和工艺，获得了很多人的追捧，有的甚至千里迢迢慕名而来只为求取一件向云芳做的扎染作品。

然而旅游业的发展，并没有让扎染艺术的荣光持续多久。现代化产品的冲击，让扎染的光辉慢慢开始褪色，老手工艺的销售市场一点一点地被当代商业产品侵占。向云芳原本红火的扎染生意，慢慢冷落，顾客也日渐稀少。

我们这儿做起来了，就介入了很多外地人到我们这儿做生意，那味道就不同了……麻阳、辰溪等地这样或那样的产品多了，又把我们扎染给淘汰下去了。

发现这个问题后，向云芳便开始观察和调查顾客的喜好，寻找转机。向云芳发现，自己的爱人和儿子做的银饰精妙绝伦，于是向云芳和家里人商量，给扎染店做个转型，通过创新开发新产品来引流客源。为了迎合当代顾客对少数民族特色银饰的喜爱，向云芳和儿子结合扎染的图案和银饰小、精、巧的特点，一起讨论设计款式新颖的银饰，再由爱人和儿子潜心打造。经过一段时间的辛苦准备，扎染店推出了一系列特色民族工艺银饰。这些别具一格的银饰博得了顾客们的好评，铺子里又恢复了往日门庭若市的景观，向云芳的店铺也因此被评为旅游商品优秀商店。

向云芳被评为非物质文化遗产代表性项目"凤凰扎染技艺"省级代表性传承人、湖南省工艺美术大师、凤凰县道德品质模范、凤凰县旅游行业商会购物分会会长、凤凰县工商业联合会总商会副会长和凤凰县第十六届人民代表大会代表。她的家人也积极参与扎染制作，其女儿还是县级扎染传承人。向云芳既要顾家，也要照顾生意，为带动凤凰特色行业发展，还特意去一家一户搜集凤凰特色手艺。

2. "哪儿有困难，我就去哪儿！"

2007 年 8 月 13 日，刚建成但还没有投入使用的凤凰县堤溪公路大桥发生了垮塌，123 名施工人员近半数遇难。向云芳立即组织商会的会员去现场送衣服、毛巾、矿泉水、快餐等急需品，为救援工作做好后勤保障。2014 年，持续四天强降雨，致使沱江水位急速上升并超过警戒水位，凤凰古城内涝十分严重，全城断电，处于底层的商铺和客栈已被淹没。向云芳再次发动紧急戒备，组织商会成员赶往一线救助困难群众，将矿泉水和消毒液送到每家每户。说起向云芳，县里的人对她都是连连赞赏，十分敬佩。

> 扎染，我们追求专业，追求发展，相当讲究，扎染的技艺不能只停留在过去，要往前走……现在，我们主要在做传播，我用自己的知识总结理论，不能让扎染手艺失传了！

凤凰扎染陪伴了向云芳一辈子，她一直为凤凰扎染没能成为国家级非遗项目而遗憾。向云芳正向着成为国家级扎染非遗传承人而努力。她坚定的眼神里，散发着那一股拼搏的干劲。

> 哪怕自己评不上国家级非遗传承人，也要把凤凰扎染的艺术推广到全国，让凤凰扎染的魅力走向世界。

随着时代的前进，历史环境也发生了变化，不变的是凤凰扎染技艺所留下的返璞归真的精神，它处处启发着我们对生命本质的思考。凤凰扎染技艺汲取了中华民族两千多年的养分，具有深刻的人文精神和文化涵养。只有对扎染技艺尽可能原汁原味地传承，我们才能充分感受它朴素的精神品格。

凤凰扎染技艺个性鲜明，源远流长，它质朴的美感时刻体现着劳动人民真善美的人文品质，给予世界美的视觉冲击和心灵震撼。因此我们更应该让更多的人领悟到这一手工艺术的自然之美，并共同致力于凤凰扎染技艺这一非物质文化遗产的传承和发展。扎染技艺还有很多未被了解的工艺、风格和精神，所以传承和发展扎染技艺之路，任重道远。

第六章 苗 画

苗绘异彩：梁德颂

　　梁德颂，男，苗族，1964 年出生于湖南省保靖县水田河镇，国家级非物质文化遗产项目苗画代表性传承人。20 世纪 70 年代跟随父亲学习苗画。他在长期绘制苗画的艺术实践中积累了丰富的经验，先后多次参加对外文化交流活动，对宣传推动苗画的发展做出了很大贡献。他利用家族传承，举办苗画传习所，传授苗画技艺、培育后继人才，履行了传承人职责。他在当地同行中拥有很高的声望，在社会各界也产生了很大的影响。

⊕图 6-1　梁德颂（中）与作者团队合影

一、苗画概况

（一）苗画的历史背景

湘西土家族苗族自治州位于东部平原与西部云贵高原的交界之处、湘川咽喉之地，约有155万苗族人。湘西以山地为主，由于山多地少，其农业必须采用"刀耕火种"的生产方式，所以长期以来湘西生产力较为落后。湘西苗族古时多居住于偏僻的山区村寨，直到近现代才逐渐迁往城市，与湘西其他各民族形成大杂居、小聚居的状态。苗族最开始以农耕文化为主，在苗族几千年不断的迁移中其文化逐渐转化为介于农耕文化与游牧文化之间的文化。[①] 湘西土家族苗族自治州境域文化遗址丰富，有国家历史文化名城——凤凰，中国历史文化名镇——龙山县里耶镇、永顺县芙蓉镇，国家考古遗址公园老司城等十三个全国重点文物保护单位。湘西苗画，主要分布于湖南省湘西土家族苗族自治州保靖县。该地位于云贵高原东侧，武陵山脉中段，湖南省西部，地势地貌类型复杂多样，境内群山起伏。苗画作为湘西苗族文化的代表之一，对研究苗族的历史文化、生产生活、商品贸易、民间信仰和民间美术等方面有着十分重要的价值。2011年5月23日，经国务院批准，苗画被列入国家级第三批非物质文化遗产名录。

大山深处的苗族人民自古崇尚神灵文化，向往和追求美好的生活。湘西苗族的苗服、银饰、苗歌、苗舞作为苗族传统文化的重要载体，隐藏着苗族人民的信仰与追求。千百年来，勤劳善良的苗族人民用自己的智慧创造了许多吉祥的苗族民间图案，这些图案的产生与苗族绘画的出现密切相关。最早的苗族图案是由剪纸来完成的，这种剪纸被当地人称

---

① 袁晓昀. 浅析湖南湘西苗族苗画［J］. 大众文艺，2016.

为锉本，后面人们开始逐渐在布面上创造图案，取代了古代的锉本。

苗族绘画的出现，创造了一个更加丰富多彩和复杂神秘的世界，为人们提供了更繁复多样的图案纹饰和绘画风格。除了这些作用外，苗族绘画还有很大的观赏价值。苗族绘画的线条比刺绣的线条更细腻、生动，可以表现更精细的色彩和细节，从而更生动、更深刻地展现苗族人的内心世界。

苗画是苗族人根据自己的生活方式和审美意识创造出来的一种古老、质朴、装饰性极强的艺术形式。苗画起源于古代濮人的雕题文身，《礼·玉制》："东方曰夷，披发文身……南方曰蛮，雕题交趾……"雕，谓刻也；题，谓额也；雕题，指以丹青纹刻其额。

周代，苗民对美的生活要求越来越高，开始有了凿花。凿花为绣花提供绣模，绣花又促成凿花花样不断创新。苗家妇女一般是先将构思好的花样剪铰出来，贴在要绣的布面上，再依样穿针刺绣。这部分拓剪工作后来渐渐成为一个工种，从绣花流程中分离出来，一些专门凿剪绣花底样的剪纸艺人也就随之出现了。与单纯使用剪刀铰花相比，凿花效率更高。剪纸花匠为追求效益，利用刻刀进行小批量加工复制的凿花工艺应运而生。随着花样题材不断丰富，着色也逐渐成为一种需求，这为凿工们提出了改进工艺的要求。同时，因为凿花花费的时间太多，也容易在凿的过程中出现偏差，且不能凿出颜色来。于是，便有艺人大胆将"凿"改为了"画"，直接在纸上把花样画出来，供人织绣。这样不但减少了时间，节约了成本，而且艺人们直接在花样上加了颜色，使之逐渐成为一种独立的装饰品，"亦画亦绣"，美化了人们的生活。

（二）苗画的艺术特色

其一，湘西苗画所表现的主题，通常反映着人寿年丰、喜庆吉祥等美好的祝福。湘西苗画以花草鱼虫、龙凤、竹木等作为主要的表现内容，再配以氏族图腾崇拜图案，把反映古老先民的部族迁徙与自然界的山川河流、云彩日月、人物建筑以及传说中的神话故事、巫傩神物和当地民族文化特色等很好地结合起来。虽然苗画取材广泛，但大多数都不是题材实物的再现或者写生，而是采用写实与抽象、夸张与变形、自由与严谨相结合的表现手法，赋予材料以象征比喻意义。画师们通常会将写生转化为写意，意取"似与不似之间"的微妙处，轻取"貌"而重取"神"，再融入自己的内心世界和思想感情，使苗画既有古朴原始的气韵格调，又有热情奔放的风格特征和浪漫梦幻的表现语言，达到真、善、美的和谐统一，体现了传统艺术与现代艺术高度融合的审美追求，凸现出独具特色的审美价值，形成一种独特生存环境下的苗族文化符号题材的民俗化。

其二，大自然丰富多彩的物质世界为艺术家的创作提供了取之不尽用之不竭的源泉。苗画中自由活泼、轻松大胆的绘画语言以及淳朴、张扬的艺术表现力，通过丰富的自然题材例如日月星辰、山川河流、花鸟虫鱼等得以呈现。苗画画家将天真无邪、夸张浪漫的绘画理念与当地纯真质朴、积极健康的生活理念相结合，用富有个性的绘画把生活的本质属性表现出来，反映出了人与自然、人与社会、人与人之间和谐相处的状态，以艺术的途径来表达对生活的赞美与歌颂。

其三，湘西苗画的图形形成离不开对物质世界的认识和实践。苗画将生活中的真实场景表现出来，不仅可以反映衣食住行、婚姻嫁娶、节日庆典以及农耕、渔猎等生产劳作，日月星辰的交替、人世间的悲欢祸福都可以成为表现的主题，突出彰显了艺术与生活紧密相连的关系。

其四，湘西苗画保留了自然崇拜、祖宗崇拜、图腾崇拜，甚至是生殖崇拜等上古时期遗存的元素符号，具有丰厚的文化艺术价值，为研究民族学、美学工艺、人类学等提供了弥足珍贵的参考资料，成为一份古老且值得保护和传承发展的非物质文化遗产。

热情聪明的苗族人民喜欢通过苗画、苗绣来表达对美好生活的向往。以前的苗家姑娘人人都要学会绣花，苗族村寨也多有画匠，他们经常下乡去帮村民画绣稿。保靖县水田河镇白合村的私塾先生梁求瑞就曾是当地颇负盛名的画匠。他继承了苗画传统，创作了许多线描稿苗画，主要是为绣女们提供绣样，充当着传统意义上"锉本"的作用。苗族女性服饰好装饰，常常在衣领、袖口和裤脚边等处绣上花鸟图案，登门求画者络绎不绝。梁求瑞的儿子梁永福继承家传并成为苗寨的专职画师，以画苗画为生。他一方面延续了父辈的线描稿传统，为绣女提供绣样，求画者的范围覆盖周边花垣、古丈、吉首以及贵州松桃等县市；另一方面他恢复"以画代绣"，创作彩绘苗画，被认定为苗画省级传承人，代表作《龙凤呈祥》和《丹凤朝阳》被中国工艺美术馆收藏。其子梁德颂 1964年出生，从 7 岁开始学苗画，从小在祖父和父亲的指导下当学徒，从事一些基础工作，诸如打底色和填色等，到 14 岁时开始独立创作苗画。

二、梁德颂的从艺历程

（一）热爱苗画

梁德颂出生于苗画世家，从小就看着父亲在布上作画，为苗绣提供底稿，在祖父及父亲的耳濡目染下，梁德颂从小就对苗画充满了极大的兴趣。起初梁德颂只是在自家的院子里拿着能显色的黑炭在地面上对着各种花、鸟图案绘形，在脑海里记下它们的形状样子。7 岁时，梁德颂也拿起画笔，跟着父亲学了起来。花草、鸟虫、龙凤、麒麟，反复练习。在这些五彩斑斓的图案的陪伴下，梁德颂度过了他的青少年时期。

> 我从小喜欢画画，我的苗画是从我爷爷那里学来的，我爷爷名字叫梁求瑞，后将苗画传到我父亲梁永福手上。我爷爷是私塾先生，但他不是专门画苗画的，只是利用业余时间帮苗家姑娘画一些绣花样稿，苗画那个时候就是苗族刺绣的一个底稿。但是我的父亲就是专门画苗画的了。我从小就受到我爷爷的影响，也喜欢上了苗画。

因为那个时候在我家，天天有苗族绣花姑娘来求绣花样稿，然后我爸爸就跟我说，你也学一点，家里忙不赢的时候，也可以帮忙。所以我也就跟他学画了一些底稿。

到14岁时，梁德颂已经可以独立创作苗画了。因为当时的苗画大多是用作女性绣花的底稿，所以如果妇女们需要绣制衣服、门帘、被面等，都需要去集市上找会画画的先生替她们绘制绣稿，不同的年龄所用的图案也有不同的讲究，男女老少之间各有不同。到十七八岁时，梁德颂在家庭长辈的培育下，苗画技艺已经十分出色，在当地的名气也是数一数二的，村里不少的妇女都会主动找到他来绘制绣稿，同时他也会在赶集时接一些单子，到了下次赶集时再将画好的绣稿交还给妇人们。

不同的年龄阶段的这种图案颜色选择不一样，婚前婚后的人（所穿服饰图案）是不同的，因为我们苗族是很讲究的。如果你年纪很大了还绣那些颜色大红大绿、造型比较夸张的鸟类图案是不行的，别人看到了就会说你。一般来说，20多岁没结婚的女性，会用一些喜鹊、凤凰图案。凤凰代表着至高无上的地位，穿了凤凰图案的衣服，寓意着今后的日子红红火火、大富大贵。

过去我们画苗画主要是画衣服上的花边。每次在赶集的时候，苗家姑娘就买一块布，用这块布做衣袖边、裤脚边。她们回到家里就把布剪成一块一块两寸宽的样子，然后找我们画绣花底稿。我们通常是五天赶一场集，五天过后逢赶集，又到这个集市上把画好图案的布送还给她们。我们当时画的画基本上都很少上色的。她们把布买好放到我这来，会把边边都裁好，我们只要负责把轮廓和线描勾好就行，她们拿回去会根据画师画好的线条再自己绣花，所以是她们自己来配色，图案的位置也是她们自己配的。因为我从小就比较有名气，所以，从十几岁我就开始赶集，卖那些绣稿，集市上很多人都认识我。

当时梁德颂还会专门下乡去给苗族村里人画绣样，一去就是好几个月。

我们画画的时候一直没有带过样品，因为没有必要带。苗族妇女要绣花，她们懂得肯定没有我多，我这些纹样，是根据客人的年龄来决定画什么的，每一样都有它讲究的搭配。颜色搭配上也是这样，也是根据年龄来配色的。最忙的时候，家家户户都会备好材料等着你过去，有些时候你在上一家都没画完，下一家就会来请你去，这时候上一家就会挽留，说画不完不要紧，哪怕画简单一点。

有时候光在一户人家家里画绣样就要待上十天半个月，大家围着梁德颂，都请他到自己家里去画绣样，还发生过邻居家为了争梁德颂先给自己家画绣稿而拌嘴的情况。经常有人会说，"在你家画了那么久，也该到我家来画咧，本来先生待的时间就不长"。

那个时候走了很多地方，因为到别人家里画，家里女儿多的，要画几套衣服，她们要绣嫁妆，除了衣服，还要画一些结婚用的门帘窗帘等的图案，所以一家就要画好久。

最初的苗画大多是直接画在做衣服的布面上的，最开始只勾勒形状不上色，这种画法又称白描，到了清末才逐渐开始用土漆上色。梁德颂学苗画时还赶上用油画颜料进行上色的时期，但是那时的颜料没有现在的水彩颜料那么软，干了之后比较僵硬容易变色，比如白色就非常容易变成黄色。梁德颂的苗画多使用传统颜料，一般是用土烧制的土红色块在布料上绘制图案线稿，但这种材料容易脱落掉色，勾完线后要及时刺绣，并且线条粗糙容易影响刺绣精度；油画颜料就要好得多，油画颜料上色比传统颜料细腻，颜色鲜艳，但是价格较贵，干得慢并且画完后颜料很僵硬；之后梁德颂还接触到了水彩颜料，水彩颜料比油画颜料调色方便，但容易褪色；直到后来接触了丙烯颜料和染织颜料，这些问题才最终得以解决，丙烯颜料价格便宜、调色方便、色彩鲜艳，且不易褪色。

在清末时期，颜料中是加了一些矿物原料的。但是矿物原料，也就是以前的那些土漆是有毒的，对身体不太好。但是土漆有很多属于油性的，还有我们苗族乡里的一些桐油也是属于油性的，都可以和油画原料融合。还有一种土漆，它生长在一种有毒的漆树上，加工了以后（仍有高致敏性）。如果是皮肤过敏的就不能弄这个土漆，因为这个是很容易过敏的，毒性很大。

以前我们就纯粹用一些矿物质原料，只是白描，并没有上色。我赶上了我父亲那个时候用一些油画颜料来画苗画，但是这个油画原料它没有像现在的这个水彩这么软，它干了之后是比较僵硬的。它不会掉色，但是白色的部分会变成黄色。不过从我的那个时候基本上就没有用矿物质原料了，用的是油画原料。

梁德颂延续了父辈的线描稿传统，求画者的范围覆盖周边花垣、古丈、吉首以及贵州边界松桃等县市。登门求学者络绎不绝。

我记得有好多人都来我们家，找我爷爷拜干爹、结兄弟，因为我爷爷在当地也算是有名望的。苗画基本上都是由有功底、读过一些书的人来画的，所以那个时候也有很多人来我们家想学苗画。他们有的从保靖县周边过来学画，从我家里学成回去之后，就在自己家那边帮苗家姑娘画样稿。其实以前的苗画，就是刺绣的底稿、样板，现在才慢慢形成一种独立的绘画艺术。

梁德颂说现在苗家姑娘的衣服纹饰，不再需要人去画了，都可以用电脑设计好，模样底稿就出来了，电脑已经完全替代了画师的工作。只要有了苗画的纹样，想要绣什么图案，电脑就完全可以做出来，还可以用电脑绣花机，一次性绣十几件衣服。不过所幸的是，在新的时代苗画并没有灭亡，而是激发了新的生命活力，画师们把它发展成一个专业、独立的绘画类型了。

我画起直线来，不要尺子，也可以画得很顺手，并且画出来很匀称。我每次到学校去上课，学生们都喜欢看我画线条，画得又快又稳，只是上色的时候需要慢慢上色，但慢慢上色也看不出多大的名堂来（看不出上色技巧来）。

说完梁德颂先生还打开一幅前不久刚装裱完的白描作品给我们展示，此作品全部在宣纸上完成，十分考验画画的功力，如果中途有一点错误，就要从头再来。

↑图 6-2　梁德颂的线描作品

难度最大的就是这幅画。这个是在宣纸上画的，一点都不能错，因为错了就不能改了。苗画里喜欢放上一些花瓶，也就是富贵瓶。牡丹花代表着大富大贵，所以它也属于富贵花。它和凤凰在一起，代表着红红火火；这个鱼代表年年有鱼。这个龙凤位置的摆放也是有讲究的，老话说的是左青龙右凤凰。画龙凤画的时候是一点都不能错的，左龙右凤的位置方向要放对，你错了就是倒转权威，是不成立的。

像我们画的这个龙爪，从我爷爷那一代传下来的是五个爪，五爪为龙。我们的凤一般也是五个爪，因为我们人也是五个手指头嘛，也相当于一种交流。我们画五爪，实际上也就是把龙和凤当人看，是人与自然的一种和谐相处之道。

像这个石榴和富贵花组合的就意味着多子多福。那为什么要画这个石榴花？是因为画苗画的时候全部都要打这个十字格，而石字就代表太阳光，也就是我们所说的十全十美，所以就经常把石榴用在这个苗画里面去。

像这个小孩子的图案，有一个这样的故事，叫麒麟送子。以后结婚了，把它挂在床沿，就是希望可以快点得子的意思。

⬆图 6-3 梁德颂讲解苗画作品的内涵

　　从这幅作品不难看出苗民善于把一切美好的东西都赋予生命，描绘的对象往往是自然界中美好的事与物，以及传说故事中诸多神兽灵禽等，如山川日月、花鸟鱼虫、龙飞凤舞等，色调浓重而艳丽。湘西民间艺人尤其喜爱画龙、画凤，因为在人们的观念中，龙和凤最能象征和代表吉祥。很多时候，吉祥的表达需要通过隐喻来实现。这种隐喻不仅在苗画中有，在中国各民族其他艺术类型中也时常出现：蝴蝶和福是谐音，花瓶寓意平安，石榴代表多子，牡丹象征着富贵，鱼类和莲花的搭配象征着年年有余。苗画的造型不仅仅局限于形的写实摹画上，对于形的发散式想象更加鲜明突出。这种丰富的联想技能并非无土之根，千百年来，在面对天灾或人祸时，面朝黄土背朝天的劳动人民往往对此束手无策，因此，他们只能将自己的美好心愿化为可观可感的实物，既求心安，亦求运安。此外，还有一种联想，则靠听觉实现，即谐音联想。例如图中的鱼，既叫鱼，亦谐音"余"，隐喻年年有余，这种十分纯粹的希冀，无不表达了劳动人民的生活心愿。

　　梁德颂的苗画在他祖父和父亲的基础上对图案排版进行了完善，他采用写实与抽象、夸张与变形、自由与严谨相结合的表现手法，再融入自己的思想感情，使苗画既古朴原始，又热情奔放富于浪漫风格，体现出古典艺术与现代艺术审美追求的高度统一，形成了独特生存环境下的苗族文化符号。

通过这些苗画、苗绣可以表达我们苗族人民对美好生活的向往。我们苗家姑娘（从前）都要绣花，如果你不会绣花，外面的人就会说你这姑娘肯定不心灵手巧，不聪明贤惠。

↑图 6-4　梁德颂展示对称构图的苗画作品

苗画，突出的是苗族迁徙途中的风景与故事、历史与传说。因为我们苗族是一个崇拜自然的民族，我们一路迁徙，在大深山里面看见的花鸟鱼虫，都在苗画中体现出来。因为苗画讲究对称，好事成双，所以那些吉祥的图案也都是组合成对称的。

梁德颂的艺术观是要保持苗族文化的传统，图案的造型和寓意要符合苗族人的审美观，即使要创新也不能面目全非，改得不像苗画。苗画的造型和上色要有苗画的内涵讲究，不能失掉苗画的特征。

苗画里的图案讲究对称，勾线要流畅要细腻，比如梁德颂画的凤凰的尾巴，线条十分流畅对称，但是仔细看又会发现它两边的线条并不完全对称，对称之间有相应的变化。

苗画的构图是有讲究的，它不像其他的绘画，喜欢画什么就画什么。我跟我父亲他们画的苗画最大的区别就是构图的对称。因为

⊙图6-5 梁德颂的苗画作品（1）　　　⊙图6-6 梁德颂的苗画作品（2）

　　我在后期跟其他的艺术形式接触得比较多，所以我比他们的布局要好很多，只是我画的功底还没有超过我的父亲。

梁德颂说着哈哈笑了起来。

　　　　因为我父亲也是画了一辈子，从十来岁开始，天赋加苦练，就这样画了一辈子苗画。所以我的功底不及他。

接着梁德颂又向我们展示了他最近正在创作的一幅作品。

梁德颂说因为苗绣大都绣在女性衣服之上，在当时苗族女性地位高于男性，所以凤凰的题材使用得比较多，有些苗画还会把凤凰画在龙之上，而这种情况在汉族绘画中是比较少见的。此幅作品的底下部分体现的是盘古开天辟地的意境。在龙的两边画的一团祥云，中间是南瓜。关于南瓜梁德颂还给我们讲述了苗族的这样一个故事，在远古时期发大水，人类就快灭绝了，正巧两兄妹躲在南瓜里面，后来兄妹成亲繁衍了人类，所以苗族人民十分崇尚南瓜。

苗画的魅力还在于十分独特的色彩搭配。苗族讲究五行，苗画里面的五行色彩就是五行相生。一幅苗画看起来颜色比较多，但其实它就是五个颜色，只要用上这五个颜色互相搭配、掺杂，整幅画它就很艳丽。五行颜色简单来说就是红黄绿蓝白，紫色和蓝色是一个类型。红色，比如凤凰，凤凰它就是代表火，在五行里面它是以红色为主，它是属于火

↑图6-7 梁德颂的苗画作品（3）

凤凰。又比如蓝色和紫色属于水，绿色属于木，黄色属于土，白色属于金。

梁德颂在提到自己创新苗画时说道：

> 我把那些元素重新组合了一下，东西还是那些传统的东西，只是他们以前可能不这么画。但是在这个构图里面，我通过一些美学知识，通过审美判断怎么样能好看，把一些东西组合到了一起。其实之前我的父亲和爷爷虽然画得很好，但在构图上他们可能不这么做。有一些不太工整的地方，比如一个符号，在他们的手上表达不太完美，我就是把它画得完美一点。又比如这个祥云，以前他们也是同样的画，但现在我画的看起来好像要好看一点。

北宋著名画家郭熙在他的《林泉高致》中言"诗是无形画，画是有形诗"，非常传神地阐明了诗与画之间的内在联系。苗画作为苗族传统文化的重要组成部分，犹如一首有形诗般，在图案的挑选、造型的运用，以及色调的搭配上展示着当地民族文化的魅力，记录了这个民族发展的

历史和那些历久弥新的佳话，给苗族人民以心灵的慰藉和灵魂的满足。犹如它所表现的象形几何纹样那样，苗画既追记了苗族的历史变迁，又呈现着本民族崇尚文化的秘迹概貌，成为苗族人精神思想、智慧技能的载体和沟通情感的桥梁，以及获取经济收入的主要来源。

在表现方法上，苗画民间艺人创作讲究站在大局的角度，将对象的各个方面进行全方位的展现，以完整的感性和理性来综合表现对象，力求达到"天人合一"的至高境界。所描绘的对象或写意或具象，都力求真实，且这种真实是客体的真实让位于心灵的真实。经过民间艺人们艺术处理后的苗画是抽象的，它与汉族绘画造型多有不同。苗画中的龙不见了凶猛；龟的脖子往往伸得很长，张开的嘴巴吐出蛇一样的信子；鱼的尾巴夸张翘起，犹如花朵绽放；而太阳，总让人联想到一个完整的扎手的菠萝。尤其独特的是，苗画中大量运用蝴蝶图案。蝴蝶在苗族传统文化中几乎和龙、凤、麒麟等神兽一样重要。在有龙凤的时候往往能见到独飞的大蝴蝶，骄傲地出现在画面的最中央。并且，麒麟、龙的脸部都是蝴蝶的造型，这也是苗画中的龙之所以显得不凶猛的重要缘由。

（二）苗拳好手

梁德颂不仅苗画技艺十分出色，他还会唱苗歌、打苗拳，尤其在苗拳方面颇有造诣。从小爷爷不仅教他画画还教他习武，在他家的院子里有一个280斤重的木桩，他每天对着木桩练习苗拳，有时甚至背着木桩在院子里绕圈，每天清晨都要跑十几公里。梁德颂一度想申报湘西地区苗拳的非遗传承人，但是家人希望他申报苗画项目，将爷爷和父亲手中的画笔传承下去，于是梁德颂选择了申报苗画传承人。不论如何，苗画和苗拳对于梁德颂来说都是他生命中的热爱，同时也正因为常年练习苗拳，他的手腕十分有力，在画苗画时能持笔有力、运笔有神，能够一气呵成，线条十分流畅美观。

我从小就学苗画和苗拳，因为这两个都是我们家祖传的，小时候经常和别人打架，但是我从来没有输过。有人知道我会武术后不服气，还拉了一帮人向我挑战，想要打倒我，但是我还是没有输。他们看我练武好认真，也跟着学了起来，所以我学武的时候在我们村里掀起了一股武术潮。我爷爷那个时候不仅教别人画画也教别人习武，到我们家里来学武的人也有很多，就像开武术馆的一样。我十七八岁的时候经常去别的村里参加各种表演，给他们表演武术。也正是因为我学武，所以我的手腕十分的有力量，在画苗画时，勾那个线条十分流畅，一气呵成。画苗画第一步就是勾线，第二步就是打底色，也就是下面那一层白色打底。第三步就是上颜色，把五个颜色全部上完。第四步就是勾这种细节，很细致地把这些细节勾出来，这个勾出来的部分远看它就像绣的一样，等于就是模仿以前绣线的那个纹理。所以说手腕的力量对于勾线打底是很重要的，一般人没有练个三五年是画不出来的，所以说其实我的苗画画得好跟我练武还有很大关系。

其实我是练武在先的，当初我学武的时候是想长大了以后自己开一个武术馆。当时四面八方的人都来找我爷爷学武，在练武的过程中我学到了很多东西，领悟了很多道理。当时我爷爷就跟我说了，你要是干哪一行你就好好地干，要坚持下去。所以在学苗画的过程中我也遇到过许多困难，一度要放弃苗画了，但我还是坚持了下来。

（三）重拾苗画

起初只是作为刺绣的花样稿，在实践中演变成为独立艺术门类的苗画有着对民间文化兼收并蓄的特点，其中凝聚了画家本身对于民族传统工艺、理念以及历史文化的理解。苗画在题材上兼收并蓄地汲取了当地的种种民间文化形式，从而形成了独具特色的民间艺术形式。绘画构图以圆满为本，追求完整性，"完美（或圆满）不外乎多样性中的统一，部分与整体的调和完善。单个感觉不能构成和谐，所以美的本质是在它的形式里，即多样性中的统一里，但它有客观基础，即它所反映着客观宇宙的完满性"。① 构图以和谐为主，用统一、和谐的造像理念来进行绘画，图案元素丰富，有真实的物象，也有虚拟的形象。创作理念不求形似但求意象，不依赖于物象的真实性，以大胆的想象、夸张来改造现实真实物体形象。色彩浓淡相宜，以鲜艳、热烈、明快为主，粗犷中蕴含细腻，热烈中又不失朴素与淡雅。梁德颂所绘制的苗画造型栩栩如生、线条熟练、构图和谐，酣畅洒脱的线条中透着赏心悦目的视觉感受。

22 岁时，梁德颂为了生计曾一度停止画苗画，外出打工。在外打工期间，梁德颂偶尔也会画一画。"那时觉得很无奈。担心祖传工艺会失传，可是市场又不好。"他说道。他做过种植业，当过水泥匠，直到 2006 年，在外漂泊了 21 年后，为了将梁氏苗画发扬光大，梁德颂终于再次拿起画笔。他一方面担负着养家糊口的责任，另一方面又要承担起继承苗画的责任。由于当时缺乏市场，苗画无法在短时间内获得利益，这也可能耗尽他多年工作的积蓄。梁德颂当时十分纠结，最后，经过激烈的思想斗争和思考，他作为第三代苗族绘画接班人的使命感唤起了他重返家乡、重新继承苗画的决心。回到湘西后，梁德颂毅然为自己制定了一个五年规划：不惜一切代价，用自己所有的积蓄，在五年内一定要把苗画的创作做好，使苗画得到继承和发扬。

当时我们在苗区，因为苗族姑娘个个都要绣花，所以我们那几个县的苗族姑娘常到我家来求画。21 岁之前，我就画了十来年时间，苗族这些纹样全部被我记熟在脑海里面了。22 岁那年，因为改革开放，大部分人都外出打工，市场上卖的一些衣服很便宜，苗家姑娘就很少去绣花了，全部都是改装（穿汉族服饰）的了。从那个时候起我们就停笔了，不再画了，我也出去打工了。我打工出去搞了 20 年，直到我 42 岁才回来重新画苗画。

---

① 宗白华．美学散步［M］．上海：上海人民出版社，1981：207.

因为我从小就喜欢苗画,以前我画过这些类型的苗画像,当作门帘,挂起来都是很漂亮的。因为我还有一种对苗画的热爱,不画了确实可惜了,而且苗画就会从我的手上断掉。如果苗画在我们这一代断掉了,以后就看不见了,会是很大的遗憾的。我回来后政府叫我重新画两幅门帘,县政府和州里一些专家就到我们家来看,看完之后他们觉得我画的苗画确实很漂亮,就把我请到吉首来了。我当时想,来吉首,我肯定会接触到一些美术爱好者,说不定碰到一些对我的苗画感兴趣的老板来买我的画,我可以以此为生,也就同意了。

返乡之后,我就在内心给自己定了一个目标,在未来的五年之内我要怎么样。第一年我决定首先要把苗画重新捡起来,不断练习,不断加深自己的功力,之后我要把苗画的名声打出去,我不能让这么好的文化在我手里就这样断掉了。

因为本身我家里以前也是画苗画的,所以我家里人对我重新画苗画还是很支持的,但是如果没有市场就没有办法。不过我想如果我能够坚持下去,就算是市场很小,但是因为很会画的人也少,只有我一家人画,也可以谋生。

为支持非遗文化传承与发展,湘西土家族苗族自治州政府出台向公众免费开放使用乾州古城门面三年的优惠政策,邀请非遗手工艺人前来参与。梁德颂没有错过这个难得的机会。他果断向政府申请并获得批准后,独自从水田河镇老家驱车,将多年来在家中收藏的苗画连同祖传的绘画工具,悉数搬到了乾州古城的门店,这家店被命名为"梁氏苗画"。

自此,他的苗画创作发展之路便从这间工作室重新扬帆起航。

因为国家逐渐富裕起来了,对于非物质文化遗产也比较重视,我们一家人就到了吉首。在开店之前,我还在博物馆里画过一年的画。一年之后,刚好碰到乾州古城正在搞旅游开发,当时举办了一个工艺美术品大赛,我参加那个比赛得了金奖。

2009 年 5 月，中国文学艺术界联合会主席、中国民间文艺家协会主席、全国非物质文化遗产保护专家冯骥才到湘西土家族苗族自治州进行文化考察，当他看到梁德颂的苗画后，不仅惊叹其画技纯熟、用笔老到、设色考究，还说保靖苗画是湘西的一张名片，应该设法加以保护和传承。其中，冯骥才对梁德颂一幅还未上色的画作《鲤鱼跳龙门》青睐有加、赞不绝口。冯骥才的肯定，让梁德颂更坚定了自己苗画创作的决心，梁德颂说："我的努力没有付之东流，冯骥才就像我的伯乐，给了我莫大的鼓励和勇气。"

　　当时梁德颂也因此时机接触到了很多外面的学者和专家，大家对他创作的苗画赞不绝口，同时也对苗画的传承和发扬提出了不少宝贵的意见，还带他了解相关的优惠政策。冯骥才就说过："无论经济发展多么困难都一定要保护梁氏父子，让他们的苗画继续传承下去。"

　　也就是从那个时候起我画苗画的信心更加坚定了，我告诉自己，我要坚持原来的计划，如果我画到五年还没有成效，我就出去打工做其他的不再坚持了。我把我这五年以来画的、描画的纹样全部都整理出来了，尽管没有市场，我放在那里给子孙后代，他们也可以看到以前爷爷和曾祖父的作品，因为这代表的是苗族的迁徙史，因为我们苗族一路前行是没有文字的。

　　同年 10 月，梁德颂费时一个多月呕心沥血独立完成的《双凤朝阳》作品获得"湘鄂渝黔边区民族民间旅游商品暨民间工艺大师评选大赛"金奖，他本人被授予"民间工艺大师"称号。当时在评选大赛上，有人出资 2 万元购买他的金奖作品《双凤朝阳》，因其不舍最终作罢。

　　《双凤朝阳》以前就有这个图案的，从我爷爷开始就有在画了，我当时想的就是继续把我爷爷他们的画画下去，并且要画得更加完美。这个图案其实是没有本子记录下来的，只能靠我们自己脑海里面记存，总之我的想法就是重现这幅画的风采，再加上我自己本身的一点点创新。我创作这幅作品的时候，适当地加一些元素到这个主题里面，在那些旁边适当地加一点我们苗族流行的纹样。我不需要按照原来的画得一模一样，如果太写实了，也不太好看。

《双凤朝阳》让湘西苗画一时间名声大噪，越来越多的人慕名前来参观梁德颂的画室，只为购买一见倾心的苗画作品。随着苗画的影响力不断扩大，梁德颂并没有因此膨胀，他依旧严格按照从前的作息时间生活：每天 5 点起床，洗漱完毕、吃完早餐后，6 点来到工作室，开始苦思冥想创新画作，整理完毕后就练上几笔，一画就是大半天。梁德颂为苗画的发展壮大之路积极谋划着，他按自己的设想计划，每年都要出去学习交流至少一次，宣传苗画，提升技艺。2012 年，他的苗画作品在台湾展览了三个月时间；2013 年，梁德颂到与吉首市有着友好城市之称的法国蒙达尔纪市进行深度交流学习；2016 年，由湖南省文化厅带队到澳大利亚交流一个月，还给当地中学生上课，梁德颂利用现场进行绘画表演，让异国学子深刻地体会到苗画的博大精深和湘西苗族文化的独特魅力。

前几年我经常去外地或出国交流，省文化部门也经常带我们出去参加文博会之类的活动。我去过澳大利亚、法国、沙特，每到一个地方我都会带上作品，宣传我们湘西的苗画。我们还经常现场展演，在现场给他们画一幅苗画，那些外国学生看见了都好惊讶的，都说哇，好厉害啊，现场就直接画出这么一幅好看的画。我当时就感觉到我们苗族文化算是真正闯出去了，让外国人都看到了我们的苗族文化。

每次出差前，梁德颂都会提前做好功课。他希望能对每一幅苗画上的图案和每一个符号的含义进行清晰的界定和解释，使更多的人能够了解和热爱湘西苗画。如在苗族人审美观念中，牡丹代表着最美丽的花，凤凰代表着好看的鸟，因此彩色苗画多取材于寓意吉祥如意的"凤穿牡丹""龙凤呈祥""喜鹊闹梅"等，来反映喜庆吉祥、人寿年丰。同时，图案的样式讲究成双成对，在对称之中又稍加变化。苗画的图案都是固定的，像葫芦、蝴蝶、石榴、南瓜，这些都是固定的图案，重要的是看怎么把它们组合起来构成更好看的图案，看起来既对称和谐，又灵动活泼、富于变化。

因为国内外存在文化差异，我感觉外国人其实也看不懂，他们就是觉得画得好、很厉害。当初我们到澳大利亚的孔子学院，那些外国的学生也看不懂这些图案，既看不懂也画不好，但是只要他们了解了，就是文化的交流。

三、传承苗画的使命

苗族具有悠久的历史和古老的文化，在长期生产劳动和社会生活中，勤劳勇敢的苗族人民创造了灿烂辉煌的物质和精神财富，形成了一套自己民族的风俗习惯，饮食、服饰、礼仪、婚丧嫁娶、宗教信仰等都有自己独特的传统。苗画的出现，不仅展示了一种风格鲜明的独特绘画种类，也为人们认识、了解苗族悠久历史与灿烂文化打开了一扇艺术之窗。

作为苗画的传承人，梁德颂深知自己肩上的责任十分重大。当年为了养家糊口，不少年轻人都纷纷选择去沿海城市打工，在打工热潮过后已经很少有人能继续将苗画作为自己的一项事业来发展，再加上穿苗服的人也越来越少，更是对苗画传承产生了无形的冲击。

其实现在我自己看到这个情况也很揪心，没有很多人学这个苗画，去认真地钻研它，现在的年轻人真的很少喜欢这种。我其实也在想有没有什么别的路子来更好地宣传苗画，让更多的人知道苗画。

当初跟着梁德颂的爷爷和父亲学画的徒弟们大多也早已封笔，为了生计而四处奔波，正是因为见此情景，更加坚定了梁德颂想要传承和弘扬苗画的决心。

以前每个村都有苗画师，有很多到过我家跟我爷爷、爸爸学苗画的人，当时学苗画的人都是男性，这都是很正常的。到现在坚持下来的已经很少了，我们村也就是唯独我们一家了。我出来到吉首了，在城里接触的人多，市场也大得多，但如果我们没有出来的话，苗画估计还是会失传的。

我爸爸的那些徒弟现在大部分都不画了，还有一个跟我年纪差不多的，现在他也很少画了，虽然没有办法依靠苗画生存，但是现在还是从事这方面的工作，比如有时候也有人请他画一些扎孝堂需要用的东西。

苗画除了做绣花的样本，还可以用在别的地方。有一些雕刻的地方，我也同样用苗画。我们先在板子上画，那些雕工就按照纹样去雕，同时还有画孝堂。现在我很少画这些，因为我们有讲究，如果你专门是画吉祥的，你就不能画白事的。

在梁德颂心里，父亲不仅是父亲，更是自己重要的老师。父亲梁永福当初继承家传并成为苗寨的专职画师，以画苗画为生，被认定为苗画省级传承人，他的言传身教对儿子影响巨大。

我父亲现在身体还很好的，在保靖那边的乡里生活。他年轻的时候找他求画的人有很多，可以说是络绎不绝，他的好几幅画都被湘西州美术馆拿去收藏了，还有他之前画的《龙凤呈祥》和《丹凤朝阳》也被中国工艺美术馆拿去收藏了。

我父亲现在82岁，听力有点差。在人多的地方和他说话他听得不太清楚，在比较安静的地方，像我们在家里说话交流不成问题。他现在不画了，因为他年纪也大了，手也拿画笔不稳了，他稍微停一段时间就画不好了。但是他还是会经常看自己画的那些画，有时候拉着村里面的小孩子就跟他们讲这画上的故事。其实他这一辈子都是在跟苗画打交道，所以他十分希望我能够把苗画继续传承下去。

我现在也是跟我父亲一样的心理，所以我跟我的那些徒弟讲，你要学就要学到心里去，别人看你画得好不好，能看到你的真功夫，其实也是透过你的画看到我们苗族的文化。有些图案我们不能自己乱搞，苗画那肯定是跟我们苗族的历史发展有关的。

梁德颂多年的辛苦研究与创新，终于使得曾经面临失传危机的苗画重获生机。当被问及苗画对他来说意味着什么时，梁德颂说：

苗画是我的生命，它代表着一个民族的精神，是一份宝贵的古代文化遗产，传承苗画，是我作为苗族人的一种文化自觉。

小的时候家里比较穷，没有钱买颜料上色，那些图案也没有绘本对照，我就对着大自然的花、鸟、虫自己临摹。还有我爷爷和我父亲他们教给我的这些故事，什么图案代表什么意思，我希望传给我的女儿和徒弟，让他们一代一代地传下去。因为现在条件也好起来了，颜料、布匹、宣纸都可以买得到，在这么好的条件环境下，我就更不能让这个苗画失传了。

梁德颂在致力于创作的同时，也不忘培养传承人，使民间艺术之花苗画开得更加灿烂。在他的影响下，他的二女儿从小就爱上了绘画。从湖南大学设计艺术学院毕业后，她继承了父亲的衣钵，传承他的苗画创作。梁金翠身为梁德颂的次女，她出生的时候，苗画已不再流行。但家中珍藏的一幅幅美丽的苗画作品以及父亲经年累月对苗画的坚持，还是给她留下深刻的印象，于是她接起了家族的接力棒，成为苗画接续传承的可贵力量。

这几年来，梁德颂陆陆续续收了一些徒弟，但是大部人都是业余爱好，都没有真正地把它当成一份事业来对待，现在跟着他一心一意学的也就是他的二女儿。

这几年，我也陆陆续续收了一些徒弟，但是大部人都是业余爱好，都不是说真正地把它当成一份事业来对待。我有四个小孩，三个是女儿，最小的是儿子，二女儿现在跟着我学这个苗画，儿子现在还在上大一，老三也学了一些，但是她没有在这里做，也没有时间，现在在吉首卖一些和苗族服装相关的衣服。现在一心一意跟着我学的也就是我的二女儿，我现在也把希望放在她的身上了。我二

⊕图 6-8　梁德颂、梁金翠的苗画文创设计作品：手机壳、吊坠

女儿小的时候看到我画画就在我旁边看，对苗画就很感兴趣，像我工作室里现在很多作品其实是她画的。她从小受我和她爷爷的濡染，就一直都在学这个，我四个孩子里面只有她现在一直跟着我传承这个苗画。有时候她也负责一些网络上的经营，年轻人对这个比较了解，像很多时候有一些外面来的老板，都是通过她从网上找过来的。

我女儿现在也准备将我的这些图案收集起来，整理成一个绘本。因为过去我们都是没有什么绘本对照，所有的图案都是凭脑子记的，所以我觉得还是要把图案仔细收集起来，更方便流传下去。我也希望这些能有个归类、有个整理，相当于把我脑子里的东西融合到书本上去，让它更广泛地流传。

梁金翠在梁德颂的悉心教学下逐步掌握了苗画的精髓，为了深入锤炼画技，她就读了湖南大学设计艺术学院，毕业后就加入了父亲的苗画工作室。在钻研苗画技艺的同时，梁金翠还致力于让苗画重新为世人所知。她在家乡保靖县成立了保靖县苗画文化传播有限公司，为推动苗画绝技走向市场做了大量工作。如果说梁德颂的坚持让梁氏苗画得以传承，那女儿的帮助则让苗画有了新的生命。梁金翠建议父亲将苗画与现代物品结合，开发了画有苗画的扇子、笔记本、钱包、手机壳这些文创产品，这也让苗画焕发了一些新的生机。"现在用途也比较广了，以前纯粹就是绣在衣服上面的花边，或者作为一些门帘，有喜事就挂在房门的门边。现在可以做一些文创产品，像这些卷轴小鼓还有一些扇面，都是一些摆件，拿回家可以收藏。"梁德颂的女儿梁金翠向我们说道。

⊙图 6-9　梁德颂、梁金翠的苗画文创设计作品：苗鼓摆件

　　她（梁金翠）是县级传承人，也是搞美术设计的，是湖南大学毕业的，美术设计搞得特别好，对我这个传承苗画，也是有很大的帮助的，可以帮我进行一些创新，还有一个就是从网络方面突破。因为这几年要搞一些宣传，全部从网上搞，这些创新都是她帮我做宣传，一直在坚持我的老传统。在以前画得比较大幅的都是有人定的，但是目前要与旅游市场结合，要我女儿来创新搞这些文创品牌就是个趋势，以前都是不可能做这些的。

　　以前苗画纯粹就是衣服上面的花边，还有作为一些门帘，有喜事挂在房门的门边。现在很多领域都可以应用到，一些文创产品之类的，像这些卷轴小鼓还有一些扇面，都是一些摆件，拿回家还可以把它放起来。

除此之外，为了更好地传承苗画，当有人表现出对苗画极大兴趣并想跟着梁德颂学习时，梁德颂也是毫不犹豫地收他们为徒。只不过大多数人都只是作为一个业余爱好，平常在工作之余来到梁德颂的工作室跟着他学习苗画，从最基本的勾线学起。

要想画好一幅苗画，必须要有足够的耐心并且肯下功夫。

梁德颂在教徒弟时，最先教的就是勾线，画出图案的轮廓，勾线下手要稳，不能歪歪扭扭。其次是上色，要根据相应的图案涂描相应的颜色，比如说凤凰大多色彩鲜艳，代表炙热。为了教好徒弟，梁德颂现在也是日日都守在工作室里。

在吉首这里也有几个徒弟跟我学了四年了，有一个是前年才到我老家那边拜师的，拜师是按照以前那些正规的拜师仪式来做的。他们现在基本上是天天来的，这一幅就是我的徒弟画的，他在上色。他也就是这两年来的，在市政府上班，学这个是出于对苗画的一种兴趣。

现在我还有另外一个徒弟，他也纯粹就是爱好。他是个大学生，没有找什么工作，现在带着两个孩子到这边读书。但是他很有耐心，画起来跟我这个是一模一样的，不过他打轮廓打出来还是没有我这么对称。他上颜色的功夫跟我是差不多的。所以我其实也是蛮看好他的，希望他能学到一些真本事，然后继续传承下去。

近年来得益于国家的各项政策，大力发展各民族非遗项目，主张非遗文化进校园，梁德颂作为苗画的国家级传承人，经常去各个学校演讲、教学，将自己的苗画技艺传递给下一代。湘西的一些中专学校已经将苗画纳入美术课程，经常请梁德颂给学生上课。每次去时梁德颂总是兴致勃勃，想到有机会可以宣传苗画文化，他心里总是抑制不住的高兴。经常有学校邀请梁德颂去给他们做讲座，教学生画苗画，每次去之前梁德颂都会先做好充足的准备，因为每个图案都有相应的寓意，如果一下子教得太多，怕学生吃不消，所以每次梁德颂去的时候都会先教一些简单的图案，给他们讲一些苗族的传统故事，像麒麟送子、鲤鱼跃龙门这些故事，让他们慢慢地吸收。

虽然国家现在大力发展非遗，但时代快速的进步总会让一些优秀的传统文化跟不上脚步。梁德颂说现在学习苗画的徒弟也不多，学得也不精，苗画的传承还面临许多问题，他真心希望能有更多的人看到苗画的美，让苗画走出湘西，走向世界。近年来，梁德颂热衷与青年大学生沟通交流，他与吉首大学几度开展合作进行苗画宣传，希望能让更多的年轻人加入苗画传承事业中，让苗画不仅成为湘西的名片，更要成为湖南的名片、中国的名片。

由于现在学苗画的人少，能画好苗画的人更少，所以有时候面对传承，人少就是一个很大的困难，像我们现在的这些文创产品，目前到不了市场，还没有这么大的产量。

就目前来说，徒弟正儿八经学的人还是有点少，现在我到外面可以接量小的单，如果上百上千的单我就不敢接了，因为这个毕竟是手工的，像这些量大的单根本就做不出来。比如说如果来了一个十几、二十幅画的单，凭我一个人画不出来，需要其他人过来帮忙画，但是现在学苗画的又少，能画好苗画的人更少。

面对这个问题，现在就是老师要多带学生。如果学校能把它作为基础课程，设置美术课来教学生，以后肯定会有一些基础比较好的学生。去年夏天我在我们村办了一次苗画培训，搞了五天时间，最后一天县里面的又到我家里来演出。现在我每年都要回去做一次这样的活动，教村里人画苗画，还有就是要回去看看老人。

如今，苗画的图案正随着时代的发展而变化，尤其是现代文化融合催生出一些新的形态，这种与时俱进的发展创新是非常必要的。近年来，城市化进程加速改变了民族地区的居民结构、生活方式和审美诉求，苗画的传统需求环境也随之改变，非遗传承人势单力薄，苗画的现实脆弱性更加明显。同时，传承人正面临着老龄化和青黄不接的局面，苗画有失传的危机，传统的形式和载体已经无法满足当代人的审美需求。传统文化的活态传承必然需要时代的载体依托，封闭复古的保护与传承将使其固化并失去生机。因此，对苗画的图案进行系统的收集、整理和储存迫在眉睫，对非遗项目的保护、传承、研究与创新利用具有十分重要的意义。

在生活节奏快速变化的环境中，要想苗画产品仍有立足之地，就必须加大力度丰富苗画产品的种类，扩大苗画的人才队伍，增加参与苗画创作的人数，丰富价值类别，才能够打开苗画产品的销售渠道，做好当地具有民族特色的行业，带动少数民族地区经济的发展。

我们有义务保留和记录正存活于当下的优秀传统文化，传承发展各民族文化艺术。作为民间文化的爱好者，我们应该多"走下去"，走到乡土气息浓郁的民间田野，去感受和研究厚重、鲜活的民族民间传统文化。

我们希望能够通过更多精彩的活动以及优秀的宣传让更多的年轻人关注非遗，爱上非遗，从而去保护非遗，而不是任由更多的非遗消失殆尽。

这是梁德颂的愿望，也是新一代年轻人和传承人共同的愿望。

苗族挑花

走在田野的挑花娘子：杨春英、向晓梅

杨春英，女，苗族，1950 年生，湖南省泸溪县潭溪镇下都村人。2017 年，被评定为国家级非物质文化遗产项目挑花（苗族挑花）代表性传承人。杨春英自幼受家族传承，全面掌握了苗族挑花的传统技艺，收集、整理、创新苗族挑花纹样百余种。她不但图案组合运用自如，而且创造性地将五色线运用在挑花图案中，丰富了挑花图案表达意蕴的效果。她还积极拓展苗族挑花在现代生活中的应用，将其应用在时尚装饰用品上，市场反响良好。其作品多次参加市州级、省级的各种展览和比赛并获奖。她积极带徒授艺并配合各媒体的专题采访和报道，为苗族挑花的传承与弘扬做出了贡献。

⬆ 图 7-1　作者与杨春英（左二）、向晓梅（右二）母女合影

向晓梅，女，土家族，1981年出生于泸溪县潭溪镇下都村，系苗族挑花国家级传承人杨春英之女，于2017年被列为苗族挑花县级传承人。向晓梅从小就受到母亲的熏陶，对苗族挑花技艺产生了浓厚的兴趣，她小小年纪便在母亲的指导下拿起针线，有模有样地挑花。向晓梅12岁时，母亲专门为她做了一套针线篮子，从此开启了自己的挑花生涯。

↑图7-2　向晓梅带着大家一起挑花

（向晓梅　提供）

一、苗族挑花的历史背景

　　我国的传统挑花技艺源于刺绣，在全国五十六个民族中有二十多个民族都有本民族特色的挑花工艺。不同民族的挑花制作方法大同小异，但是在图案的设计和颜色的搭配上却有很大的不同。

　　泸溪是"三苗"、盘瓠部落的发祥地，盘瓠文化对苗族人民的生活有着深远的影响。苗族祖先通过图腾、传说和各种民间艺术，来传承本民族古老的文化。湘西苗族大致分为西部和西南两个地区，西部地区主要以吉首和泸溪为主，西南地区则主要包括凤凰和花垣。在漫长的时代发展进程中，泸溪苗族始终坚持着传统的绣花技艺，把意义深远的图案符号挑绣于日常用品和服装上，使其成为湘西苗族特有的象征。

泸溪苗族挑花历史悠久，主要分布在梁家潭、八什坪、浦市、潭溪等地。它结构对称大气，图案神秘、古朴，色彩对比鲜明，有着浓厚的乡土色彩和民族特色，具有极高的艺术和经济价值。

刺绣是传统服装的主要织绣技法，也是苗族妇女最喜爱的手工技艺。刺绣文化的兴盛，使得她们的服装绚丽多姿，风格各异。无论是服饰，还是头饰，制作都很精美。苗族绣品图案种类繁多，如龙、鸟、鱼、铜鼓、花卉、蝴蝶等，记录着苗族的历史文化。刺绣技法大体有十多类，挑花是其中最古老的刺绣方式之一，也是深受历代苗族群众推崇的一种具有地域特色的绣花技艺。

挑花俗称数纱绣，绣时不用事先取样，直接利用布的经纬线挑绣，反挑正取，形成各种简洁的几何纹样及繁杂的图像内容，主要艺术特点是借助色彩和各种几何纹样的搭配，形成多视角多品种的图案，从而达到立体与平面相统一的视觉效果。[①] 挑花图案除几何图形外，还根据《苗族古歌》中的传唱故事设计创造。这些图案色彩古朴，构图明朗，简约大方，具有抽象、天真、鲜活的艺术表现力。苗族挑花朴实而单纯的色彩对比、古老而神秘的几何图形、栩栩如生的仙灵人物图像，具有极高的艺术审美价值和艺术研究价值。

苗族挑花具有传承历史文化的作用，主要表现在数纱刺绣的图案上：每一个挑绣故事图案纹样都反映一段历史或传说，深刻表达着这个古老民族的文化精神内涵，是苗族历史文化的重要载体。苗族挑花的特色是借助色彩的运用、图案的搭配，达到视觉上的多维审美效果。在其他苗族地区，挑花早已被苗锦、苗绣所取代，唯独泸溪县苗族挑花，依然传承着这一古老的少数民族手工技艺。

泸溪县位于沅水和武水的交界处，东临沅陵，南临辰溪、麻阳，西临吉首、凤凰，北接古丈。这里是"三苗"后裔、盘瓠部落的聚居地，也是武陵"五溪蛮"的核心地带，辛女嫁盘瓠的故事就是由此流传开来。

---

① 王任波. 论泸溪苗族数纱（挑花）绣的艺术价值 [J]. 南京艺术学院学报（美术与设计），2017（5）.

2010 年，泸溪县武溪镇发现了一座大型的史前遗迹，从中出土了大量的砍砸器、石针、石斧、刮削器等。这些出土文物表明，在距今 5 万—10 万年以前，这里就已经有远古人类在活动劳作。从遗迹中出土的石针可以推测，远古人类已经开始缝制衣物，这或许也是泸溪苗族挑花手工技艺历史悠久的原因之一。苗族挑花工艺反映了苗族先民对天地万物的一种理解认识。比如数纱的结构形态与古代天圆地方的原始文化理念有一定联系。苗族挑花图案结构大多为米字形，也称为"八分八出图形"；其次是十字形。十字结构起源于上古时代的"立竿测日"，在湘西苗族一带，它是太阳神、光明的象征，是驱鬼避邪的标志。

《泸溪县志》记载："苗族先民是尧、舜、禹时代的三苗、盘瓠部落族。"盘瓠文化和巫傩文化对苗族人民产生了深远的影响，苗族的祖先们会自觉地将图腾崇拜和传说等古老的文化表现在手工编织的图案中。苗族图腾崇拜体现在苗族挑花图案中主要有两种形式：一类是动物图腾，一类是植物图腾。动物图腾以盘瓠（仡狗）为主。泸溪是盘瓠神话传说的发祥地，其 2011 年申报的"盘瓠传说"经国务院批准列入第三批国家级非物质文化遗产名录。因为崇拜盘瓠神犬，在苗族人们的日常用品中，都会出现盘瓠神犬形象。由此，神犬图腾也就成了苗族盘瓠文化的标志。植物图腾主要是花卉，如消灾解难的枫叶蝴蝶花、驱鬼避邪的神手花、五谷丰登的阳球花。苗族人把对美好生活的憧憬寄托在挑花上，把古老神奇的图腾形态运用到独特风格的数纱工艺中，也将苗族人民对自然万物、生命起源的认识和领悟融合在一起，形成了内涵深厚的苗族挑花。

在泸溪民族民间美术珍品中，有三件珍品：挑花、凿花、菊花石雕。苗族挑花艺术是其中最闪亮的珍珠，也是湘西苗族地区历史比较悠久、具有独特风格的艺术奇葩。它既是苗族妇女的勤劳和聪明才智的集中体现，也是苗族几千年来积累的民族智慧的结晶，蕴藏着丰富而深刻的苗族文化。

苗族挑花在织造过程中，按布的经纬线下针进行绣线，一般常用的针法有十字针和游针。所谓十字挑花，就是在刺绣织物上挑出一条斜线，再用一条斜线交叉，形成一种特殊的斜十字形针迹，最终由多个排列整齐的斜十字纹组成图纹样式。十字挑花是湘西苗族地区最具代表性的刺绣工艺之一。

　　苗族挑花以麻布和棉布为底布，这有其历史渊源。湘西苗族自称仡熊仡夷，相传其远祖很早就学会了驯麻织布和挑绣花纹。他们将野生苎麻驯化种出家麻，织成麻布，挑绣时依麻布经纬网格，按照固定纱数作为刺绣的基本单元，织出有一定规则的基本单位纹样，再充分发挥自身的幻想，用这样的一个个单位纹进行扩散组合，形成针脚严谨周密而花纹变化万千的图案。这种初始的刺绣作品，主要有来回的两面针形成的串花和斜十字交叉针形成的挑花，其中挑花又最为常见。随着棉及棉织物的大量出现，家机棉布纱线代替麻布成为挑花底布，苗族同胞用自己纺纱、织造的家织布为面料进行挑花刺绣。家织布质地虽较粗，但面料相对光洁均匀，挑绣效果比麻布更好。目前流行的苗族挑花多以素白色棉布为底，挑出青黑色的图案，形成白底黑花的主流形态。

　　苗族刺绣，依其工艺特点可分为绣、插、捆、洒、点、挑、串、边八种，其中挑、串是刺绣的萌芽形式，亦被学者认为是苗族的一种独特的刺绣技艺。泸溪苗族挑花工艺构图一般采用方格形、十字形、米字形、田字形等结构形式，在空隙中进行填充和修饰。花型以团花、边花、角花、填花为主，其中团花是最常见的构图形式。在数纱线构图中，讲究对称与环形构图是泸溪县苗族挑花技艺的特色。一般以上下对称、左右对称排列，中央为规则的几何形状，或以方形为中心，或以圆为中心，采用四方连续形式；外部则以方形、菱形、圆形为主，采用二方连续形式，整体具有庄重、规整的特点，反映了苗族人对天地的敬畏和崇拜，以及天方地圆的宇宙观念、四时八方等文化观念。①

　　泸溪及吉首丹青一带的苗族挑花品种多、用途广、工艺精，这与其特殊的历史及地域有很大关系。北方文献中把古三苗部落称为"蛮夷"，其后裔包括"长沙蛮""苍梧蛮""零陵蛮"等。舜"放驩兜于崇山"后，同源于濮人的三湘绣艺逐渐分化，相柳一支的湘绣向写实求真的艺术境界发展，而退居古代五溪地区的"武陵蛮""盘瓠蛮"等少数民族的

---

① 李顺良，张龙琳. 泸溪苗族非遗数纱工艺研究［J］. 中国艺术，2018（Z1）.

织绣技艺则向幻想的艺术领域发展。

苗族挑花的纹样达到 70 余种，主要包括图腾、神灵崇拜纹样、驱鬼辟邪纹样、吉祥纹样和文字符号纹样。这些图案既有远古社会的遗风，又蕴含对当下生活的期望，洋溢着大巧若拙的原生态美感。挑花不同于一般刺绣的地方在于它不用事先准备绣花底样，直接依据织布上的经纬线便能形成整齐、对称、均匀、紧密、正反双面的精美图案。最终呈现在我们眼前的这些规范严谨、构图对称的几何图案作品，图样浑厚饱满、造型抽象富于变化，带有浓郁的艺术色彩。而每个图案背后都反映一段历史或传说，所有故事连在一起就是这个少数民族的历史。

中国民间艺术种类繁多，博大精深。湘西苗族挑花作为民间艺术的一种，有着自己的民族特色和深厚的文化底蕴。它在艺术创作上将抽象与具象相结合，艺术形态多种多样，让人惊叹。它的工艺技术精细，纹样活泼，色彩丰富，具有很高的文化和艺术价值。苗族挑花为湘西苗锦、苗绣、花带等工艺的发展与成熟打下了坚实的基础。2011 年，苗族挑花被列入国家级非物质文化遗产名录。

二、杨春英、向晓梅母女的从艺历程

杨春英 10 岁就跟着姑姑学挑花，多年来，她潜心于苗族挑花，刻苦学习，技艺日臻完善，20 岁时就已是著名的挑花高手。一提起挑花，一拿起针线，即使杨春英现在 70 多岁，但她仍然觉得自己还是那个爱美的苗族姑娘。

由于杨春英不太会说普通话，因此本次调研，我们主要对向晓梅进行访谈。向晓梅对我们说道：

在我们苗族，女人长幼都会挑花。女孩子一般在七八岁的时候就会跟着妈妈学习挑花。无论是在田边地角，还是屋前屋后，到处都能看到学习挑花的小姑娘们。苗族姑娘被认为如果不会挑花，会被别人笑话，还会影响自己的婚姻——想找个好的婆家很困难。所

⤒图7-3　杨春英（左三）、向晓梅（左二）接受访谈

以她们为了今后的生活，就会好好学习挑花，勤学苦练。每当闲暇的时候，姑娘们就会从自己的绣花包内掏出针线挑起花来，有时三五成群地凑在一块，互相切磋技艺，你学我的图案，我学你的技法。久而久之，山里的花草树木都变成我们苗家姑娘的挑花图案了，苗家姑娘人人都成了挑花能手！

⤒图7-4　杨春英的苗族挑花作品（1）

⤒图7-5　杨春英的苗族挑花作品（2）

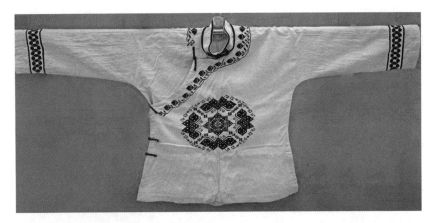

⬆ 图 7-6　杨春英缝制、挑绣的苗族服装

　　杨春英一边教姑娘们挑花技艺，一边教她们纹样名称、含义以及有关本民族的历史、创世纪的神话故事。苗族的挑花工艺既是苗家妇女的教科书，也是苗族妇女的必修课。正因为这样，苗族的挑花技艺得以代代相传，成为苗族妇女美化生活、装扮自己、表达情感、记录历史文化的一种传统技艺。

　　　　我妈妈是苗族，爸爸是土家族，所以她刚嫁过来的时候还戴着苗族姑娘才会戴的那种头巾，别人都笑话她，但她不管，她不仅戴，还会在家里织布挑花。她不仅自己做，还让我们三姐妹也跟着学。她总觉得学挑花是件要紧事，因为她们苗族姑娘有一句话嘛："不会绣花的姑娘是嫁不出去的！"那时家家都穿布鞋，她就叫我们学，说学这个好啊，学会之后也有了个手艺。一放暑假了，她挑花的时候也会给我们一块布，叫我们去看着她那个"本"，以前我们把花样图案范本叫"本"，首先我们要学怎么去看布格，之后自己慢慢去摸索。因为数纱布格是最重要的，家里长辈都跟着她学，我们也就学会了，想要一朵花的话，我们就要自己绣，一直学到十多岁。

　　初中毕业后，由于经济困难，向晓梅离开校园开始寻找谋生道路。当时的向晓梅并未跟随母亲专心做苗族挑花。在向晓梅结婚生孩子之后，于 2014 年才正式跟着母亲杨春英学习苗族挑花。从那时起她便一心一意地学习苗族挑花，一拿起针线，就停不下来，从最早的"母本"到后面的可以脱离母本挑花，再到现在的可以独立创新创作出各式各样新型图

⊙ 图 7-7　杨春英留给后辈们挑花用的"本"（局部）

案，向晓梅对苗族挑花已经着迷了。慢慢地，她的作品在潭溪镇也有了一定的知名度。从那之后，向晓梅正式出师，从事独立创作、研究苗族挑花手工技艺。

苗族的挑花图案之所以绚烂夺目，与其纹饰题材的丰富多样是分不开的。苗族蕴藏着苗族人民数千年前的记忆和对生命的美好追求，在造型和表达方式上，充分体现着苗族人在写实和写意上的高超技艺，纹饰题材内容更是源于对自然环境的写实和对古代历史文化的写意。

一开始我母亲也只会做头帕和围裙，其他什么的都不太会做。后来国家开始重视民间艺术，重视苗族挑花技艺，那个时候只有我妈妈一个人在搞，就找到了我妈妈，她就开始慢慢地做衣服和包包，反正只要有棉麻（棉）、有布格的东西我们都能做出花，当时只要是能挑的，我妈妈基本上都去尝试。我在外面上班，就没有和她一起做，后来结婚生子之后，跟着我妈学了一段时间，但也没有正儿八经去跟她走这个传承之路。但到我女儿出生后，我就开始全职学了。刚开始学的时候，我就去看以前那些画本，一开始全部按以前的画本学挑花，也不太认真，我妈说我老是看手机。看了许多画本，我认为挑花样式都已经看过了，但当我看到我妈挑的那个狗牙齿花纹的时候，完全被震撼了。心里想啊，这个还能这么好看呢，那我一定要学会。从那之后我就很认真地学习，连手机也不看了，我妈说："哎哟！这段时间你怎么乖了，都没看手机了？"现在做多了，接触到的更多了，了解到的也更多了，看到老祖宗那些花纹就越觉得好神奇，我老和我妈妈说："那些老祖宗都好聪明！"不看这些画本，我看什么都不像；看完之后再看这些，真的好形象，她们怎么把这些东西用针线这么形象地表示出来的？我就觉得太震撼了，我那时候还自己设计花，把这个用进去，用自己的一种（艺术）语言表达出来。我妈说做多了，看多了，熟能生巧，心中自然有花。她说一定要多练习多看，心中的花就自然出来了。

（一）教学

说起母亲杨春英的教导，向晓梅的评价就是严格。

从我专心学习苗族挑花开始，妈妈大概是认可了我的努力和认真，从那之后她就再也不看我挑花了。我问我母亲为什么不看了，她说："还有什么好看的，你现在做什么我都放心了。"我比较喜欢自由嘛，我不喜欢被管，但是一开始我做什么她都要看一下，管我拿针的方法、启针的方法，还有针要往哪里去。因为苗族挑花基本上都是几何图形，如果它的针是从中间点起的，结束也在中间点，第一针绣出去，最后一针也要回到第一针的位置。我妈有一个很严格的要求就是一定要按她的方法来拿针，我就和她说不要管我，我怎么顺手怎么拿，绣得好就可以了。我对我的徒弟就没有那么严格的要求，我觉得她怎么顺手就可以怎么拿，只要她不拿反，转过来转过去只能拿一面，倒过去那个纹路就不对了，那个花也会不好。对拿针或者是布的（姿势）那些我没有什么要求，觉得她怎么舒服怎么挑，我觉得年轻人都还是渴望自由一点的。

比起创新，杨春英更想让女儿向晓梅做好传承。从握针、出针到挑的图案，杨春英都要一一过目，甚至要求向晓梅和她的握针方式一模一样。杨春英的严格也成就了现在的向晓梅，向晓梅从一开始需要看母本挑花，到可以脱离母本挑出相同的图案，再到现在的可以自行创作出具有个人色彩结合时代潮流的作品，都离不开母亲杨春英细心严谨的教导。

⊙图 7-8　杨春英母女的彩色挑花作品

泸溪的苗族挑花主要用于头帕，以当地苗族妇女自己纺纱织造的家织布作为原料。手工纺制的棉纱比较粗，其织物纵横分明，经纬清晰，是挑花工艺的上乘原料。有别于一般刺绣，挑花刺绣所有的图案纹样，都是在布料的表面进行的。在生产过程中，由花型的中央开始一针，数三条纱线下一针；然后又是三条细纱，下一条细线，直至花纹成形。挑花的最后一针通常会回到图案纹样的中心（起针处）。挑花的工序极为精细严格，一针一线，一丝一毫都不能漏。如果一条丝线数错了，那么所有的丝线都是错误的，花型也会发生变化。

⊙图 7-9　杨春英展示素色头帕和彩色头帕的佩戴效果

她们心中默念着经三纬四的口诀，在一张张织布上创作出规范严谨的几何图案。这些图案连起来就形成了一个故事，代表这个民族的历史。即使五次迁徙，时空变幻，凭借苗族挑花的经纬线，他们仍然能够在历史的长河之中，确定自己民族的坐标。

对杨春英来说，做挑花最重要的是针法的运用。好的针法，既可以制作家居饰品，也可以制作服装。但针法也是手工计算纱线最耗费时间的一道工序，如果针法使用不当，将会影响到整个挑花的美感。挑花布是由横线向四面八方编织的，沿横向有四根纱线，沿纵向有三根纱线。这是泸溪县人所称的"密纬疏经"或"经三纬四"的针法，也叫数纱法。

数纱法的特点是十字挑花，没有现成的图形作底稿，完全靠数纱人自己的想象力和灵感。为了使数纱织物美观、组合均匀，在数纱时，任何式样都要用"密纬疏经"；针孔与针孔的关系也要妥善安排，针线也不能乱，起针与复针之间的相互影响也要仔细。

苗族挑花是苗族人在特定生态环境、特定文化背景、特定民俗文化中孜孜不倦地培育的结果，它深厚的人文内涵、独特的审美趣味、世世代代的精神追求，是苗族传统文化的重要组成部分，代表着这一方人的文化走向。苗族虽无文字，但苗族祖先却将对生命的热爱、对大自然的敬畏、对美好的追求，都融于这一针一线之中，书写着苗族的历史。

或许是身为传承人的原因，杨春英对于传承这件事格外的执着。在向晓梅三姐妹还小的时候，就开始培养她们。与此同时，杨春英也经常会向村寨里的小姑娘以及向晓梅三姐妹的同学发出邀请，请她们来学习苗族挑花，并给予耐心细致的教导。对于苗族挑花教学，杨春英向来是无私的，她不会局限于教自家人，不管是什么民族，是哪里人，只要你有一颗想要学习并且热爱苗族挑花的心，杨春英都会毫无保留地传授。

他们老叫你多多传徒弟，但是在没有收入的情况下做传承技艺，全部要自己投资，搞不搞得成还是个问题。（对于）经济效益不大的东西，很多人都不愿意来学的。这个东西繁杂又费时，还很费眼睛，所以以前我不跟我妈学，只是自己做。没有做传承老师的时候，有时看到我妈都烦她，我妈就是看见一个人就说"哎哟，你跟我来学咯！"我现在想起来我都好佩服我妈，只要碰到人都是叫别人"哎呀，你来我家学咯，我不收你钱，我教你啊！你要是想在自己穿的衣服上绣个什么花，看起来就高一个档次呢；你们自己做就行，不用求人来帮你绣……"有次我带她去吉首那边玩，她看到我同学，又说起她的这些话了，我都没有勇气对同学们说这些。那时候我和我妹说，我妈看到石头都想绣上花。我妈虽然不识字，但是她很注重挑花的传承，她很怕她这个失传。我们几姐妹最大的感慨就是我们没读很多的书，如果有一定的文化水平就能走到一个更高的点。因为挑花有很多东西，像我们这辈还有图片参考嘛，我妈那时是没有图片参考的，全部是把图案装在脑海里的，然后在挑花的时候不用思考就能挑出来。

数纱对挑花图案的效果起着至关重要的作用。挑纱数线的时候，一根纱线也不能数错，这对于绣娘来说，具有极高的挑战性。刚开始学习的时候，杨春英总是会数错，到了后面，她不得不把它拆开，重新制作。杨春英经历过反反复复地拆拆缝缝，因此她将这个原则牢记于心，在教导徒弟时，她会反复强调一定不要数错纱。

（二）传承与传播

杨春英告诉笔者：

我要多干点活，老了就看不到了，多留给后代一些东西，让他们代代相传。

很久以前，苗寨就广为流行挑花艺术，而现在，湘西苗族地区，把挑花艺术运用到服装和日常用品中的已经是凤毛麟角。在历史的长河中，挑花技艺逐渐被苗锦和苗绣代替，只有泸溪县的苗族人依然坚持自己的传统，坚守着自己的信仰，用挑花技艺把具有象征意义的图案编入头巾、围裙等日常用品中，形成了本地苗族特有的服装标志。

我妈妈对挑花真的十分狂热，因为我爸爸是土家族，我妈妈是苗族，所以她嫁到这边了，把苗族的文化也带了过来。她戴头帕，穿斜领的衣服呀，我们这边都没什么人是这样打扮的。所以在以前周围的人们总是嘲笑我妈妈，说大家都不戴的东西你戴了这么多年，我妈妈从来没有理过他们。从我记事开始，她都是戴着的。她对挑花是真的很执着，但现在我们也庆幸她当初的执着，如果她不坚持挑花，不教我们挑花，那这项传统技艺就要失传了。

⊙图 7-10　杨春英在家带徒弟一起挑花（向晓梅　提供）

　　随着时代的发展，人们的审美观念也在发生着变化。为了跟上时代的发展、审美的变化，杨春英母女开始对苗族挑花作品进行创新，她们将传统的图案重新进行组合，同时将原本传统的黑白配色改成五色线挑花，将传统的麻布也改成了有色麻棉布。在向晓梅看来，传统的苗族挑花技艺一定要传承下来，但在传承的同时也一定要学会创新，与时代接轨，挑花才不会被淘汰、不会失传，才会有越来越多的人关注苗族挑花，喜欢上苗族挑花文化。

　　受母亲杨春英的影响，向晓梅也非常重视挑花传承。和自己小时候一样，向晓梅也从小开始培养女儿学习挑花。在家族的熏陶下，小女儿也渐渐爱上了苗族挑花技艺。虽然年龄尚小还无法数纱，但是在握针的技巧上已展现出她的天赋。

　　　　我女儿现在 6 岁，我开始教她拿针，就让她自己在那个布上随便乱搞。她现在针已经拿得很好了，但是没有（开始挑绣）图形，因为她不会看布格，看布格要到 10 岁左右才能看懂的，这个时候无论你怎么教她，她也学不好的。数纱是一定要会看布格的，所以苗族挑花才叫作数纱。其实挑花只是一个总称，俗称还是数纱。

　　苗族人民利用图文艺术的形式，将自己本民族的文化历史、生活追求和精神追求作为一种素材进行创作，表现出其民族民间工艺美术的历史性和延续性。它承载着古老的文化记忆，承载着纯真的民族情怀，将生命、爱情、吉祥等深厚的人文意蕴，通过一代代的传承，保留了下来，成为这个时代的精神支柱。时至今日，它依然生机勃勃。

随着旅游业的兴起，原本的地域限制被打破，苗族挑花开始受到外界的

⊙图7-11　向晓梅教女儿挑花（向晓梅　提供）

青睐，琳琅满目的创新产品和纹样层出不穷。这门古老的传统手艺，在经过多年沉寂之后，重新焕发荣光，而其中蕴含的历史记忆，也将再次被唤醒。

泸溪苗族挑花的图案纹样多取材日常生活或故事传说，表达了苗族的文化精神，是苗族文化情感的一种传达方式。苗族人民一直以擅长挑花这门手艺为荣，挑花手艺人从小就熟悉这门艺术，通过不断的研习和积累，练就了一门"借物随心"的绝活儿——不用草稿，不去模仿；见山绣山，见水绣水，"想绣什么，就绣什么"。

湘西苗族挑花艺术有着自己的特色，依赖于绣娘在日常思考中对事物的理解，在刺绣挑花的时候，并没有一个固定的草图作为参照，这也是湘西苗族挑花形式多样的原因之一。挑花和十字绣有异曲同工之妙，都是用线条挑出一个十字架，然后根据绣娘的理解，对所观察到的事物进行勾勒。

我妈妈是跟着她的姑姑杨美秀学的苗族挑花，她们那时候没有读过书。我现在学进去了之后，觉得她们真的好聪明，好会想象，叫我们来设计图案，我们可能设计得不会那么形象。我设计出来的东西，我觉得很纯粹。现在时代不一样了，我在学习过程中，最深的感触还是觉得她们好聪明，如果挑花能挑到她们那种境界，那就

真的非常厉害了。但现在可能是时代不同了，可能达到不了。因为她们把很多东西形象化了，而且她能把那些单一看起来不起眼的东西结合起来，设计组合出又好看又不烦琐的图案。因为苗族是没有文字的，她们都是用针线代表文字表达历史。现在和以前又不一样了，现在可能想的是怎么样把图案组合得好看，挑得好看。但这样我们现在的作品就没有当年那种灵魂了。我就觉得如果是像我们设计这种东西，可能百年过后，它们看起来也蛮具灵魂的，每个时代有每个时代的味道，现在的作品和她们以前的作品对比，我觉得我们的作品没有她们的有灵魂。

随着时代的发展，少数民族传统服饰逐渐淡出人们的日常生活，苗族挑花已没有昔日的高利用率。老一辈人上了年纪，无力继续从事挑花刺绣，而年轻人对挑花既没有兴趣也缺乏耐性，加之缺乏宣传、知名度低等诸多问题，使得挑花的发展面临空前的困境，政府落实好挑花保护传承措施，加强新一代的培育是当务之急。

和之前相比，现在苗族挑花技艺受重视多了。以前没有人理解为什么要挑这些，免费教都不愿意学，觉得太难了，学不起来。就算学起来也挣不到几个钱，还不如花这些时间去打麻将。我们这些花样可能要挑好几个星期才能挑出来，卖的钱其实根本抵不上我们的人工成本费，但那些不懂的人还是会觉得这个太贵了。但我们真的挣不到什么钱，挑这些花样，太难也太伤眼睛了。有时候需要重新设计花样，那花的时间就更多了。虽然国家开始重视这些非遗技艺，但我们也不能一直靠政府吃饭，那样太难了。我们也在想办法跟上时代的发展趋势，跟上大众的审美，让更多外面的人了解我们的苗族挑花。

苗族挑花技艺既体现了苗族同胞的聪明才智，也反映了当地人民的审美趣味和精神追求。但这些精妙的图案和纹样不是所有人都能看懂的，所以它也被称为"无字天书"。

这些图案蕴含着深刻的民族智慧，用经纬纱线绣下的是整个民族的文化。苗族挑花历史厚重，是一项古老而珍贵的记忆。在千年的传承之中，挑花不仅是传达少数民族文化情感的一项古老的民族工艺，也是苗族文化的重要组成部分。

苗族挑花通常运用于苗族儿女的日常生活中，其图案很有特点，是当地苗族文化的载体。挑花装饰不仅可以提升服饰的整体美感，丰富日常生活，还蕴含着当地民俗民风及文化底蕴。苗族挑花是一种既具有实用价值又具有装饰性的民族民间艺术，苗族妇女利用自己的针线，在绣品上绣出丰富的装饰花纹，这些花纹代表着苗族深厚的文化传统。①

↑图 7-12　向晓梅展示挑花成品

（向晓梅　提供）

我是土家族人，但我妈妈是苗族，我身上也流着苗家儿女的血液。看着我母亲这么渴望将苗族挑花传承下去，我也想尽我自己的最大努力去学好挑花手艺，并且跟随我的母亲一起将这个技艺传承下去。像我现在，在和我母亲学手艺的同时，我也试着在图案的设计和挑花的载体上进行创新。我身上穿的这条裤子上面的图案，就是我自己挑上去的，因为这条裤子（布料）没有孔，所以它是很难挑的。但我还是尝试着挑出来了，现在来看也还是很好看的。我妹去年结婚，我就给我妹妹绣了一套旗袍，既具有我们民族的特色，又很符合现代人们的审美，大家都说很好看，我妹妹也很喜

① 熊慧玲. 湘西苗族挑花的艺术研究［D］. 湖南科技大学，2020.

欢。我妹夫的西装是我妈妈设计制作的，他那件又好看又日常，平常穿都没问题。所以其实有一门手艺的话，是很好的一件事，只要想就可以自己制作，也很有纪念意义。

我母亲以前只做头帕和围裙，而且做起来也只是给自己穿戴。现在时代不同了，也没有什么人再戴头帕穿围裙了，我们就开始尝试在不同的物品上，像我们的服饰啊，只要是能挑的布，我们都在试着创新——挑花的图样呀，颜色呀，比以前要丰富、鲜艳好多，成品和以前的比起来也要好看很多。但是我们在创新的时候也不能把我们传统的东西给抛掉，我们在继承传统挑花基础上去改进，这样才能更好地把它传承下来。

我妈妈刚开始学数纱的时候，是遵守数纱图纹对称的规则，等她数纱技艺越来越成熟后，发现将数纱图纹对称性的规则稍微打破一下，这反而不失为苗族数纱艺术的另一种风格。她就好像发现了一个新世界，在对称的大前提下，稍改动图案左右两边的布置，比如她在数纱的左边绣人物，右边就绣花鸟，不同图案的组合具有新鲜感且丰富了画面内容。新设计出来的图案，既有时代潮流的美感又保留了苗族传统的特色。从整体上看，数纱的图案便有一种错落有致、生动变化的节奏美感。将我妈妈的作品拿出来和现在那些现代潮流的服饰相比，更显得独具特色。

随着时代的发展，记录苗族历史文化的传统服饰，承载苗族特色的手工挑花，以及人们的艺术审美观念，也在不停发生变化。身为传统民族工艺传承人，在将传统文化传承下来的同时，也要思考如何面对传统非遗手工艺的现状，如何在保留非遗特色的同时，将时代潮流与挑花特色结合起来。

我们做出的衣服和其他文创产品现在最大的问题是面向的市场都很小，欣赏我们产品的人也不多。如果不是在国家和政府的扶持下，我们其实也是很难走下去的。我妈妈这些非遗传承人的一切申报材料都是政府专门人员帮助弄的，自己没有花一分钱。我想要办传承班，但没有人想来学，还需要专门请她们来，她们才愿意，但是没学几天，自己学会了一个图案就又走了。也不是说我们不想教这样的学生，只是说我们更想把这个技艺传承下来，至少不能让它失传了。

随着城市和农村的发展，机械化取代了传统的手工艺，使少数民族的传统工艺发展陷入了困境。牛仔裤和高跟鞋取代了传统的服装，女孩子不再有十年如一日的耐心，与挑花渐行渐远了。如果没有良好的民间文化生态环境，手工艺人就很难创作出好的作品，这无疑是一种遗憾。

更不幸的是，苗族挑花技艺没有可以学习仿照的书籍，没有教师，全凭妈妈和姐妹们的口口相传、言传身教。

因为苗族挑花和一般的技艺不太一样，它没有书籍什么的，我妈妈为了避免失传，专门弄了个"母本"——在布上绣满了传统图案以及她设计的图案，这样也方便后人学习。我妈妈设计的图案和别人相比就是简单又好看，有些人设计的过于复杂了，看不出一个整体感，我妈妈设计的就是简单，但是一眼看过去又非常好看，我也就想学习这样的。我真的很崇拜我妈妈，看着这些图案就会想，怎么会设计出这么有特色的图案呢。

苗族挑花题材丰富，蕴藏着深厚的文化意蕴，体现了"万物有灵"的民族意识，展示了一种独特的智、美、高雅的魅力。无论是针法的运用、题材的内容、整体的构图、色彩的搭配，都十分精细，画面栩栩如生，是苗族传统技艺中的瑰宝。如今，苗族的数纱技艺在历史的长河中逐渐式微，传承者也逐渐老去，为了更好地保护苗族优秀传统文化，必须更加重视、研究和保护苗族挑花这一"非遗"。

目前苗族挑花的消费市场并没有完全打开，了解苗族挑花艺术的消费者还不是很多，挑花作品的需求者少之又少。消费者不了解挑花作品的价值，生产者也无法获取利润，这间接地导致了现在从事苗族挑花手工艺的绣娘越来越少。传承道路困难重重，想要更好地将苗族挑花手工艺保护下来，还需全社会共同努力。

像你们专门研究挑花的，当然是知道这个的价值，也知道我们制作这样一个作品需要的成本；对那些不懂的人，他们只觉得这些挑花作品好看，不知道我们这样挑一朵花需要多久，或者说怎么样的挑花作品算是好的。他们一听到那个价格就只会说："哇，这么贵啊！"但其实算上我们的时间成本和人工费，我们也赚不到什么钱，有时候连生计都维持不住，所以我们想要招徒弟或者去问她们愿不愿意来和我们学的时候，根本没有人愿意。我们又怎么能要求别人和我们一起做这个呢？

民间艺术的承载者与传承者多为民间艺人，民间艺人的后继无人为民族文化的发展留下遗憾。培养喜爱民间文化的接班人，动员有一定技艺的民间艺人来继续传承，是一项紧迫的任务。国家可以从政策上对民间技艺进行适当的指导和扶持，并给予一定的财政补贴，使民间技艺得以世世代代传承下去。同时，要加强民间文化传承者的培养，鼓励民间文化机构与大学结成联盟，培养专业人才。

苗族挑花是几千年来苗族人民集体智慧的结晶。苗族没有自己的文字，人们通过对从自然界获取的动植物知识进行进一步的符号和图像处理，从而形成直观的认知结构，因此诞生了多种记载方式，比如蜡染、刺绣、挑花、凿花、木雕等。这些民间工艺在历史溯源上都存在着共通性，表现出苗族人对自然的热爱和对美好生活的向往。苗族挑花的图式语言并没有"预成图式"或是艺术草稿，恰恰相反，挑花的人会在脑海中勾勒出一个图案，然后用一针一线将自己想要的图案和符号展现出来，这不仅需要极高的挑花技艺，更需要挑花手艺人丰富的生活阅历和知识储备。

在这个快速发展的社会，总有人在默默做着伟大的事情。像杨春英母女，几十年来不言放弃地保护和传承苗族挑花，不求回报地教学传播，避免苗族挑花手工艺的失传。她们期待，能有更多人支持和参与非遗保护，一起将苗族传统挑花技艺更好地传承传播开来。

"80后" 的挑花小伙：张春海

张春海，男，1985年出生于吉首，民盟盟员，湘西土家族苗族自治州非物质文化遗产项目苗族挑花代表性传承人，湘西土家族苗族自治州第十三届政协委员，湘西土家族苗族自治州工艺美术协会吉首市分会理事长。张春海自幼学习苗族挑花，技艺娴熟精湛，在湘西旅游学校创办了春海苗族挑花工作室，带领学生创作了大量的作品。2019年张春海被评为"湖南省优秀非物质文化遗产代表性传承人"，多幅苗族挑花作品被国内外艺术馆收藏。

⊙ 图7-13 作者成雪敏（右一）、刘琼（左一）与张春海合影

一、拜师学艺

张春海从幼时起，便跟随祖母石正菊学习苗族挑花。

我小时候不爱和我同龄的朋友玩，相反很喜欢坐在阿婆和那些邻居婆婆边上，看她们挑花。她们觉得奇怪，"你一个小男孩学什么女孩子挑花女红"，但是我一直坚持待在她们身边，阿婆才教我的。

张春海刚满 16 岁时就展现出对苗族挑花的极大兴趣。不像同龄人青春期时那般活泼好动，他每天都跟随外婆到挑花高手那里，静静地聆听老师傅们给他讲苗族挑花图案背后的故事。从盘瓠图像的"万物有灵"到"蝴蝶妈妈"的始祖崇拜，从"佛手花"的驱鬼辟邪到"珍珠花"等的自然崇拜，苗族挑花文化让他惊叹不已。

用布料、用图案记录一段苗族的历史，这是一种很特殊很特别的方式，当我第一次见到它，我便一见钟情。

张春海对湘西苗族挑花的爱，可不是说说而已。从那以后，他就开始存钱，每到周末，他都会去周边村寨搜罗一些挑花藏品。现在，他把湘黔渝一带的很多珍贵的挑花作品都收藏在自己的博物馆中。

张春海的苗族挑花基本功，得从中学时代说起。

我们一家人从事的职业和别人家正好相反，妈妈跟着我爷爷学做厨师，而我跟着奶奶学习当"绣娘"。

说起与苗族挑花的缘分，张春海有些不好意思，脸上浮现出一丝丝的腼腆。这位沉默寡言的年轻人，一谈到挑花，就变得滔滔不绝。

当时那个年代，家家户户的老奶奶都会挑花，但现在都已经没有了。当时我看着我奶奶做，我觉得还蛮有味道的。她们手中又没有图画稿，又没有图样，就这样一针针连出一个图。我看着这些就觉得有兴趣，我也慢慢地拿着布开始在那里挑花。

要注意的是，你要观察每一件苗族挑花作品，这些收藏品中蕴藏着苗族丰富的历史和文化，不管是八角花、田字纹、蝴蝶，都要弄清楚它们的来龙去脉，才能让它们变得更有创意，才能做出自己的东西来。

在张春海这位"苛刻的绣娘"的眼中，学习挑花，不仅要有精湛的指尖技艺，更要懂得它的文化价值。

挑花千针万线的一字排布，不是机械能完全模仿的。精准的苗族挑花必须精确地估计出布匹的经纬，也就是所谓的数纱，每次下针，都要算出下针的位置、纱的数量和对应的格数。

苗族绣女在织布上依据经纬线的划分，从纵、横、斜三个方向运针，形成十字、田字等基础单元纹样，然后通过象征手法将他们的神话传说、民族历史、日常生活以及天地万物转化成几何化的点阵图案。挑花不同于刺绣的地方在于它不用事先准备绣花底样，而是直接依据织布上的经纬线便能形成整齐对称、均匀紧密、正反双面的精美图案。苗族社会由于在历史上生存环境不佳，并且与外界交往不多，接触较少，致使苗族的文化发展与演化较为迟缓。由于长时期处于较封闭的文化环境之中，湘西苗族挑花具有原创性、多样性、原始性三大特点，洋溢着大巧若拙的原生态美感。苗族挑花的纹样达到70余种，主要包括图腾神灵崇拜纹样、驱鬼辟邪纹样、吉祥纹样和文字符号纹样。从苗族挑花纹样中，我们可以清晰地看到苗族人对传统文化的热爱和信念，这些图案既有远古社会的遗风又蕴含对当下生活的期望，天真质朴，生动活泼。

苗族挑花是根据苗族的祖先对世界的认识，包括它对天地万物、宇宙和一些习俗、文化以及信仰的认知来进行（创作）的。为了让苗族文化传承下去，只有两种方法：一个是口传心授；另一个是用图案来记录。我们挑花的历史非常悠久，也可以说挑花是苗族人在布上创作的一种文字，每一张挑花都是独一无二的。因为每个民族的审美价值观是不相同的，所以我们在创新的时候一定要把传统了解透，这样才能更好地去创新。现在物资也充足，在这么好的环境之下，我们做挑花的工艺也越来越精细化，而且图案色彩也越来越丰富。挑花要想学透还是有难度的，最难的就是它的计算。计算图案也就是计算经纬，所以做挑花的人，他的数学一定要非常好。挑花对我来说不光是一种手艺，更多的是一种回忆，让我想起童年的美好。

经纬线作为地理学概念，用于确定位置与方向。湘西苗族同胞却将它们用在服饰技艺上。在挑花的过程中，对纱线的选择尤为重要。在挑纱数线时，一条纱线都不能数错。一开始，张春海经常会数错，他只能拆开重新再数一遍。张春海在经历了一次又一次的体验后，终于明白了：

苗族挑花图案有朴实而单纯的对比色彩、神秘而古老的风格。要保留住这种特色就必须依循布的经纬线，去把图挑出来。布的经纬插针交叉呈十字形为坐标，对角插针成×形，称为十字花，或作一字形，称为平挑花，都是挑花的基本单位。

湘西苗族挑花艺人在继承传统技艺时，既要保持其传统民族元素、手工技艺和历史情怀，又要在传统和现代的生活中寻找一个平衡点，创造出既体现传统又富有时代气息的民族艺术，这样才葆有传统艺术的生命力。复兴传统手工艺，并不只是为了保存，更要激发其生命活力。唯有如此，传统技艺才能在历史的长河中保持活力，而不会因为时间的推移而消亡。

△ 图 7-14　张春海的挑花作品

"如今能静下心来挑花的人不多了，愿意学苗族挑花的人也越来越少了。"张春海虽然很无奈，但还是对年轻人寄予了很大的期望。他希望挑花能进入大学，让更多的人知道，让更多高学历、高素质的人加入这个行列，把挑花的技艺继承发展下去。

"苗女挑花巧夺天工，湘绣、苏绣比之难以免俗。"这是艺术大师刘海粟对挑花的评价。每一件挑花作品都各有特色，这是由于挑花并无定型的底稿，其创作的灵感来自生活感受，以及绣娘对事物的认识和总结。就像是不同的艺术家，在同样的环境下，创作出来的东西也会有很大的区别。因此，苗族挑花内容丰富多彩，风格变化多样。

由于苗族挑花通常没有草稿，因此挑花完全靠着手工匠人的一门好手艺，按照头脑中构图进行创作，用线条从中间向两侧或四面铺开，构成了一个立体的图案。一件挑花作品的制作，通常要一个多月的时间。

挑花需要精确地计算出每一块布料的经纬，也就是所谓的数纱。每次下针都要算好针的位置、纱线的数目和对应的格子数目，没有坚持不懈的精神是办不到的。

2011 年，苗族挑花入选国家级非物质文化遗产名录，也就在那年，26 岁的张春海，决心以苗族挑花为终生的职业。

二、就业谋生

我一开始考进师范学院学音乐，但后来我从音乐转到了美术，因为比起唱山歌我还是更喜欢挑花。我喜欢画画、挑挑这些图案。我从小父母就把我送到美术培训班，我就开始拿针线去挑花。刚开始做的时候很多人骂我，他们说你一个大男人怎么在做女人该做的东西呢！但我是真的喜欢这个，所以我坚持下来，不管别人说什么，我喜欢是最重要的，我要把我们民族的优秀非遗文化给传承下来。

张春海 2004 年从吉首大学师范学院毕业后，原本分到吉首市马颈坳小学教书，他没有去，选择了拜保靖县文化馆的田茂忠为师，学唱土家山歌。当他把土家山歌基本上学会了、唱好了时，就加入了北漂的队伍，开始在北京中华民族园演唱家乡的山歌。

2011年，张春海打算回到湘西，申报湘西山歌非遗传承人。途经长沙，受邀出席长沙市雨花区非遗馆开幕典礼。张春海参观了许多非遗项目，如湘绣、茶艺、汉服、旗袍等。当他走进苗族挑花展示厅时，看到里面空荡荡的，没有挑花展品，也没有非遗传承人在讲解，张春海心里很不是滋味。面对大家对苗族挑花的询问，张春海主动担负起解答的工作，以自己的知识储备和技能水平，为他们讲解苗族挑花与花瑶挑花的区别。当张春海回过头来看湘西山歌的展厅，里面的热闹与苗族挑花展厅的冷清形成了鲜明的对比。他果断地放弃了山歌的申报，转而从事苗族挑花的工作。

> 我不唱山歌，还会有很多人去唱，苗族挑花如果没有人做，那就是真的失传了。一旦失传，就再也找不到了。

回到吉首，张春海决定不再继续北漂，而是计划筹备传承挑花的事宜。凭着对传承和发展非遗艺术的责任感，张春海继续向奶奶学习，同时也走访各地的民间挑花能手，从他们那里学到了针线的技巧和传统的纹样。2012年，他在向阳街的家中腾出一间屋子，办了一间小小的工作室，开始在家中挑花。2015年，有人上门来找他学习，因为这次机会，他也开始了自己的教学生涯，通过手把手教学，先后培养了20多个徒弟，培训了300多名学生。2017年，他成功申报了苗族挑花的州级非遗传承人。

2017年，吉首市委宣传部为了表达对张春海传承苗族挑花事业的支持，为其在向阳坝文家大院开了一间苗族挑花工作室。后来因那处房屋被规划为危楼，于是在2020年，他筹资在岩板村的山顶上买了一处院子，将自己的家建在了那里，挂着"春海苗族挑花艺术馆"的牌子。

目前，张春海创办的春海苗族挑花艺术馆和春海苗族挑花传习所得到了省、州、市文旅部门的大力扶持。政府针对苗族非遗文化的传承，制定了《武陵山区（湘西）土家族苗族文化生态保护区管理实施办法》，以促进中华民族优秀传统文化的创新发展。同时支持张春海将苗族挑花打造成全国挑花文化品牌，建设湘西非遗传承亮点，让湘西苗族挑花重放光彩。①

张春海除了会制作挑花之外，还喜欢收集挑花。读中学时他就开始攒钱，每到周末，他就会到乡村四处游荡，搜罗苗族挑花的收藏品。从明清到民国，再到 20 世纪七八十年代，每一件挑花藏品都是他的心肝宝贝，他对这些挑花藏品的每个纹路、每个图案都了如指掌。他认为：

↑图7-15　位于岩板村山顶的"春海苗族挑花艺术馆"

从每一个作品中都能看到它的历史，从挑花中能看到人们的生活品质，挑花传承的是上千年的历史。

我从初中那时候就已经非常迷恋挑花，就下乡到周围村子里收集这些明清时期的挑花作品。怎么收集这些的呢？当时有些乡村治安不好，抢东西情况特别严重。我们为了去乡村收集作品，就找那些很烂的衣服穿，戴个长帽拿个棍子，或者背个烂烂的包就这样走。口渴了，就在老百姓家里讨口水喝，他们看你穿得这么破，就以为你没有钱，所以也不会去抢你的东西。乡村里的阿婆人也很好的，看你穿得这么破破烂烂的，就会给你倒杯水让你休息休息。我就问这些阿婆家里有没有留下来以前挑花的衣服，鞋子什么的……从中学时开始一直到现在，每到星期六星期天，我就会背着包走乡串寨去收集这些东西，期待着那些人家把东西卖给我。从早上五六点钟出去，晚上 12 点钟才到家，就是这样一包一包地背回来的。

张春海很爱去乡下"赶场"。春节后的第一次"赶场"，很多穿着苗族服饰的苗家女子，都会背着行囊，在集市上闲逛，如果能在集市中找

---

①　熊慧玲. 湘西苗族挑花的艺术研究［D］. 湖南科技大学，2020.

到自己喜欢的苗族挑花藏品，张春海就会如获珍宝。通过这样的方式，张春海收集到了很多珍贵的挑花和苗绣收藏品。

　　我那时候收这些挑花图案都出了名。我们当地的房子拆迁或者人去世了留下来的挑花藏品，都会送过来问我要不要。我很激动，拿到家里放在我房间柜子里珍藏。但我妈妈觉得这些东西寓意不好，趁我不在家偷偷扔掉。还好那个时候的垃圾都是几天一收拾，等我回来看到我的"宝贝"不见了的时候，我马上跑到垃圾堆里把它们又捡回来，重新藏起来。

泸溪苗族民间有一句俗语："老人不传古，儿孙失了谱。"这句俗谚反映出苗族人民对文化传承的高度重视。他们将对祖先的崇拜和精神寄托诉诸生活的方方面面，挑绣在服饰、头帕、围裙、手帕等衣物上，从而形成了独具特色的民族风格。

　　我最感动的是一次我在家里的时候，有一个老奶奶拿着一块我们苗族背小孩的背裙，说："小伙子你是不是在收这些东西？"我说："是的，我要保护这些东西，你老人家还有这些东西吗？"她说她还有一块背小孩的方巾，我让她拿给我看一下，她说："这是我妈妈给我挑的，我一两岁的时候，我妈妈就用这个背着我。"我问她今年高寿，她说她八十多岁。她说："我拿这些给你是因为我的子女不要这些东西了，我怕我走了之后，就把我这些东西都给烧了。听到你在收集挑花图，那你一定会好好保护着。"这个是从小陪伴她长大的，她珍藏了八十多年，她想给它找一个更好的归宿，能够留下来。我对她说我一定可以保护好这些东西。每次当我们在乡下收集这些作品的时候，都可以看出每一件作品，都是一种情感，这种情感是用语言无法诉说的。我从小就看着老人在没有任何图案参考的情况下，拿着针在布上做出特别特别美的图案。当时我就觉得我们这个民族的这种技艺真是太了不起了！我对挑花的这种情怀从小就根植在心里，我觉得这就是我们民族最宝贵的一种财富。

张春海看着自己艺术馆里的收藏品，回想起这些年里对苗族挑花传承事业的付出。张春海显露出腼腆的笑容，感叹道：

　　那个时候家里经济条件不太好，每次存了一点点钱之后，我就买一些挑花作品收藏，也会卖出去一部分挑花图案，卖的这个钱呢我又去收，就这样慢慢积累起来，再苦再累都还是值得的。我收藏保护了这么多件挑花图案，但是我对家庭的付出却很少很少。这些年来，我花了不少钱去收集这些藏品，我一分钱都没有给家里，甚至有时候还要从家里要钱去买这些藏品，我真的是挺愧对我的家人的。

张春海的妻子也是湘西苗族人，对于张春海一开始只付出没有收获的行为，表现出了强烈的反对。

　　我妻子住在芭蕉坪村，那里是东部挑花的发源地。她在苗区长大，从小就穿着父母挑花的服饰，所以她不理解为什么要花钱去买这些；忙着去收集挑花服饰，传承这些东西，肯定是要到处跑着的，很少花时间在照顾孩子和家庭上。我们经常为了这些吵架，民政局都去了好几次了，但走到门口一想，算了，又回去了。

从求学、寻宝再到教学，张春海在苗族挑花上下的功夫远远比对家庭的关心多。甚至在张春海的妻子看来，或许苗族挑花事业才是他真正的家庭，挑花才是他的妻子。张春海对于苗族挑花的爱远远大于对她的爱，这不免让妻子醋意增生。

随着张春海数十年时间的坚持，他早已从一个默默坚守挑花事业的小辈成长为可以教学传播推广苗族挑花优秀传统非遗文化的大师。多年的艺术历练与积淀让张春海的苗族挑花事业越来越顺利，妻子也从一开始的不理解不支持，慢慢转变为愿意舍弃自己的事业陪伴着张春海一起传播推广苗族挑花技艺了。

　　坚持挑花取得成就后，我觉得任何事情坚持下来成功了，大家就都认可你了。在成功之前，任何人都不会认可你的，所以你认为一件事是对的，你就认真去做。之前妻子老说我："你看人家老老实实去上班，一个月赚个几千块补贴家用。你做这个东西，没有任何收入还付出，做这个干什么。"我和她解释："我们传承挑花发力点是在后面，前期是在打基础，是在保护。我们传承好了，保护好了，就培养了很多好的资源，我们就可以发力了，想短期看到效益这个是不可能的。"做传承这一块，都有付出的财力和人力。包括去乡村里收集都需要很多财力的支撑，我从2004年毕业后，没给家里存过一分钱，挣的钱全部去收这些东西。为了收集这些，我甚至把家里的全部积蓄拿出来了，当时家里人都是反对的状态。但是坚持这么多年，家里人看到了很多希望，现在一家人都在支持做苗族挑花这个事业。像我的爱人，她原来是做美容这方面的工作，她说："我们俩必须有个人舍弃自己喜欢的、想做的事业，也必须要有一个人多付出一点的，现在看来传承传播苗族挑花更重要，更有意义，那我就舍弃我的事业来帮你一起干。"她把店面关了以后跟着我在做。我在古城还有一个挑花的店面，她就负责那个店面。

这是一种非遗的传承，有一代代人的艰辛，有执着，有创新，但更多的是为广大群众所接受。当中国人开始习惯穿着自己的民族服装在大街上行走时，脸上洋溢着自信和骄傲的笑容，这是一种从心底里的认同，一种对自己文化的自信。

虽然传承苗族挑花这条路，张春海走得曲折又艰辛，但现在回过头来看当初走过的路，和现在的苗族挑花事业比起来，都不算什么。对张春海来说，只有长期的坚持，没有短期的效益。当看到人们重新穿起苗衣，穿起传统服饰，当大家开始为本民族的优秀传统文化发自内心地感到骄傲的时候，张春海觉得自己已成功大半，过往走过的路、吵过的架、抹过的眼泪都不值得一提。

三、传承创新

湘西苗族挑花艺术有着自己的特色，而挑花作品的创作灵感大多来自人们的日常思考或是所见所闻，更多地依赖于绣娘对事物的理解与认知。在刺绣的过程中，并没有一个固定的草图作为参照，所以湘西苗族挑花方式多种多样。湘西苗族挑花作品中有许多独特的图案与符号，值得人们去探索研究。因为苗族没有自己的文字，苗族绣娘把她们对生活和爱情的憧憬都用针线绣在了挑花的作品里。苗族绣娘们往往会在定情帕上装饰一些具有吉祥意义的图案，结婚后也会给自己未出生的孩子绣一条背儿带，以表达母亲对子女的关爱。此外，在头帕、围裙、帐帘、被面等苗族日常服饰中也可以看到这种带有特别意义的图案，它们深深地反映了苗族人的思想观念。

精准的针法，也是苗族挑花的一大特点。张春海曾经说过，"从哪里来，就往哪儿走。从哪里开始，就回到哪里去"。这和非遗文化的传承一样，首先要考虑的就是苗族挑花文化的价值。因此张春海教导学生不仅要学会挑花技法，更重要的是要了解图案背后的含义，湘西苗族挑花背后的文化。

⊙图7-16 位于湘西旅游学校的"春海苗族挑花传习所"

在很多人眼中，挑花大师张春海虽然年轻，但也是个老手；虽然新锐却又十分老到。30多岁的年纪，就有了200多个徒弟，而且每一位徒弟都有着自己独特的技艺。对于张春海来说，以前靠手工为生的年代已经一去不复返了，在这个工业化时代，年轻人不能只做生产机器，更重要的是要懂得做这件事情的意义，提升自己作品的文化价值，让自己的作品变得更有名气，能够闯出自己的小天地。

年轻人要明白，一种优秀的文化遗产，做好了就是保护，如果做不好，那就是这个优秀文化遗产的毁灭，对其原有的文化价值的破坏。

张春海说到这里，眼中闪过一丝决然。对苗族挑花传统手工技艺的极度重视，迫使张春海成了一名顽固的大规模生产抵抗者。

> 要学会用各种元素和技巧来表现自己，挑花是我们对民族的一种回忆，也是我们国家优秀文化的一部分。挑花艺术是多变的，不是死板的。我反对对挑花进行定型，反对对挑花进行大规模生产。

张春海对此显得异常地坚定。为了更好地保护和传承苗族挑花技艺，他还坚持免费收徒。从10来岁的小童到80岁的老人，他的弟子不分年龄，遍及全国各地。

> 挑花并不是苗族独有的，土家族、侗族、瑶族、汉族都会挑花，也都有不同的挑花技艺。挑花是我们国家的共同传统，是整个中华民族共有的文化瑰宝。

他时常鼓励门下弟子多外出，与各族青年结交，交流技艺。

> 只有全天下的挑花手艺人齐心协力团结起来，这一技艺才能延续下去，才有更大的销路，有更大的市场。

在挑花上的投入曾经让张春海过着穷困潦倒的生活，他接过一些零活，做过私房菜、养猪……他一直希望能多做点副业，多赚点外快，这样能让他在苗族挑花的事业上走得更远一点。挑花曾经让他觉得越做越难，越做越穷，十几年，他没给家里送过一分钱。

张春海年轻的时候，也是一个浪子，喜欢带着帐篷出去游玩，白天欣赏风景，晚上安营扎寨。他说当初的自己真的很潇洒，但他现在却没有地方可去，也没有足够的资金让他做以前喜欢做的事。

> 最困难的时候我都想放弃了，想把所有的东西都卖了，然后再做一笔小买卖，免得欠下债务。

商家一听到他要卖东西，络绎不绝的人上门想要买他的作品，想要收购他的藏品。可一到这个时候，张春海又舍不得放下他对苗族挑花的热爱，对挑花事业的坚持，舍弃他的作品和他的藏品。这种矛盾一度让他很难找到解决的办法。

> 我们最大的挑战就是自己内心的挑战，最枯燥的、最孤独的都是做手艺的人。如果说你守着那些"烂布"，这有什么意义呢？时代在进步，但是我们也在进步，我们在进步的同时也要把我们的根留住。

张春海一直没有忘记自己要传承和传播好少数民族传统非遗文化的使命。他觉得非物质文化遗产最大的问题在于传承，他想用自己的方式来延续苗族的挑花技艺。他一直在思考，在努力，在拼搏，在实践。

自 2015 年起，他通过免费培训、组织民间采风、到外地考察等方式，吸引苗族挑花爱好者前来学习，组织了 6 个培训班。

第一次培训是在 2015 年 7 月，由我主动跟州职业技术学院民族工艺系、吉首市职业中学的教师联络。他们先后安排了 8 名同学来参加我组织的一个月的免费培训班，培训费用全包。虽然我收入不多，但都是我自己承担的。

非遗传承工作虽然很辛苦，但在妈妈和爱人的帮助下，他还是坚持下来了。

自 2016 年到如今，他都在用相同的方法，开办免费培训班，每期五六人，大部分是州职业技术学院和吉首市职业中学的学生，偶尔也有来自吉首市各乡镇的女性。虽然人数不多，但他还是很积极地把她们带到矮寨镇补点村和坪年村、凤凰县三江镇的乡村，以及保靖县吕洞山一带，深入了解苗族挑花的传统文化。在 2018 年 7 月的第 6 期培训班上，他带领学生到张家界的国聪非物质文化遗产博物馆参观，为的是扩大视野。很难想象，所有学员的吃喝住行都由他一个人承担。组织培训班以来，他倾尽所有，一直在四处奔波，为苗族挑花的传承进行免费训练，然而参与培训的人并不怎么多，真正能坚持下来的，也就二十来个。他用那点微薄的收入，执着坚守着苗族挑花技艺的传承。他的行为打动了不少州内外的专家和业界人士。

有付出才有收获，只有长期的努力才能获得长远的效益。州、市有关领导和部门负责人曾多次到他的"境然堂"参观指导，并为他加油助威，为他的苗族挑花事业进行宣传。2015 年，吉首市政府为了支持他对苗族挑花的传播和传承，无偿捐赠了一座位于向阳街他家附近的 300 平方米的老房子，并为他注册、挂牌了苗族挑花工作室。2017 年，在州、市有关部门支持帮助下，又成立了州内首个苗族挑花艺术馆及苗族挑花非遗传习所，为他提供了一个更大的空间和训练场所，让他能够有一个更好的环境，静下心来创作出更好的苗族挑花作品。他认为，湘西苗族挑花技艺在党和国家的大力扶持下，必将开创一个崭新的局面。

当被问及这十多年苦苦坚持的理由时，张春海的回答是"最初的信念"。详细询问原因后，他微笑着说：

> 跟我阿婆学的手艺可不能丢，等我到了阿婆那个年纪就挂着拐杖，把我孙儿孙女带到博物馆，指着我自己做的作品和他们说："这是你们爷爷我绣的！"看看四周的苗族挑花作品，我很自豪，我真的要很好地将苗族挑花技艺传承下来！

这句话，像极了挑花这门有始有终、循环往复的艺术。

张春海用了将近十年的努力，让苗族挑花技艺进机关进学校，让大家能够有机会认识到苗族挑花，能够有机会将挑花作品穿在身上，让一项优秀的非遗文化永久地传承下去。

> 我一直认为想要保护和传承好苗族挑花技艺，最重要的就是进机关，然后是进校园。首先让政府部门人员了解到我们的挑花文化，这样才能够有途径、有渠道将我们的苗族挑花技艺推广出去。其次就是进校园，当然进校园不是说将苗族挑花课当成一门兴趣课，浅层次地去学习了解苗族挑花文化，而是将其变成一门专业课，去认真学习它的技艺，了解它的背后文化。当其他人问起的时候，你不是说你也不知道，而是会将你真正学习到的东西讲解给他们听。这才是我们非遗进校园最重要的意义。

> 我学这个挑花就是看着我阿婆来学的，说起这个想起来真的还是有点味道的。挑花是一代代人传承下来的，我也希望这个东西在我的手里继续传承发扬下去。最起码我们苗族后代要了解这个东西，基本的花纹代表什么寓意，代表什么故事，苗族人要晓得。现在很多苗族年轻人去外面的城市打工都不知道这些。我们很少穿苗族的衣服，我们的小孩不可能知道这个东西了，所以我们的责任还是比较重大的，我们要把我们所知道的传承给我们的下一代，不要让他们忘记了我们苗族的历史文化——这就是我一直以来思考的问题。我有时候也在想我怎么样才能扩大宣传的路子以及培养传承人的路子，思考过后，我觉得在学校里教他们这个还是很有必要的。

近年来，我国正处于工业化和城镇化的关键阶段，进城务工谋职已成为苗族地区农村青年的首要选择，这也间接导致了苗族挑花传承主体人员的缺失。此外苗族人民也步入了富裕的道路，这是一个快乐的开端，但同时也是传统手艺慢慢消失的开端。从前有句话叫"苗家女儿不会数纱，她就找不到婆家"，可如今，不会挑花的苗家女子占了多数，会挑花的却成了凤毛麟角。这种古老的手艺由于外界的环境和外来文化的影响，渐渐被苗族人所淡忘，在传承了数千年之后，传统的技艺也会被边缘化。随着大批优秀挑花艺人的流失、挑花技法的失传，湘西苗族挑花也渐渐从人们的生活中淡去，苗族挑花也变成了一种非必要的生活用品。各种非物质文化遗产都处于失传甚至是消亡的窘境之中，而湘西苗族挑花技艺的消亡速度更是令人担忧。

湘西苗族挑花，无论是从社会学角度，还是从美学角度来看，都具有很高的研究价值。其形成和发展，并非一人一己之力，而是苗族人民的集体智慧和世代积累下来的。在经济高速发展和物质生活水平不断提高的现状下，苗族传统挑花在日常生活中的形象正在被市场化的产品所取代，原始的艺术风格也发生了变化。在这个客观现实面前，如何传承发展各民族优秀文化，仍然是中国传统文化的一个重要问题。当代艺术在湘西苗族挑花艺术中寻求民族元素，不仅是为了创造自己的艺术语言，更是为了将中华民族优秀传统文化发扬光大。在世界文化大交流的长河中，中国当代艺术在世界舞台上如何彰显自己的个性，这是当代艺术家们所要考虑的问题。在融合发展的过程中，我们要结合时代需要，对各民族优秀传统文化进行创造性转化和创新性发展，创造出具有民族特色和民族精神的中国新艺术。

第八章

踏虎凿花

凿花抒情的花客：杨桂军

　　杨桂军，男，苗族，1954 年 3 月出生于泸溪县合水镇晒州田村。杨桂军自幼学习踏虎凿花技艺，由于生活的艰辛，他不得不辍学回家。1985 年杨桂军凭着才能和对剪纸艺术的热爱，拜一代凿花大师黄靠天为师，决心把蜡版和刀具作为自己一生的伙伴。功夫不负有心人，杨桂军练就出精湛的凿刻功夫。2014 年，杨桂军被评定为踏虎凿花省级代表性传承人。近年来，他凿刻的《苗家六月六》《打油图》等作品，获得了国家级、省部级等多种奖项，很多作品远销国外。

　　↑图 8-1　作者成雪敏（左一）、刘琼（右一）与杨桂军（右二）、《泸溪跳香》一书作者张宗南（左二）合影

一、泸溪踏虎凿花的生成空间

踏虎凿花是一门罕见的民间手工技艺，因起源于泸溪县踏虎村而得名。泸溪县位于湖南省西部，与麻阳、凤凰、吉首三县市相邻。唐武德二年（619）始建卢溪县；清顺治六年（1649）改卢溪县为泸溪县，并沿用至今。乾隆《泸溪县志》卷十记载："泸溪初设时，地辽阔，乾州、永绥皆县境也。自明分设镇溪千户所，我朝更为乾州厅，而泸溪地乃最狭，顾其山川土田犹绣错焉。苗人抗纳田粮，原属有因……泸邑固有田亩越在乾州腹里，接壤红苗巢穴，纵有踞耕抗赋，已始于明季兵燹以前，非占于我朝问鼎之后。"[①]

这里四季分明、气候温和，又有沅水流经，境内森林、淡水、矿产资源丰富。泸溪县历史悠久，虽地方面积小，但这里的旧、新石器时期与战国时期的遗址就多达六处。唐代诗人王昌龄晚年被贬龙标尉，其常于泸溪停留，写下诗歌《箜篌引》："卢溪郡南夜泊舟，犹闻两岸羌戎讴。"[②] 南宋著名诗人王庭珪曾被流放于此，写下了大量有关泸溪的诗句，并在晚年自号为"卢溪老人"。

踏虎村位于泸溪县西北偏僻地带，地处高寒山区，经济滞后，交通不便，与外界保持联系的只有一条驿马古道，通往泸溪县城的是一条简易公路。杂居于此的各族人民，祖祖辈辈多以凿花为业。沈从文先生在《塔户剪纸花样》一文中写道："由浦市赴凤凰的老驿路上，就有这么一个小村子，名叫塔户……住上约三十户人家。他们数十年如一日，把生产品分散到各县大乡小镇上去，丰富了周围百余里苗汉两族年轻妇女的生活。它的全盛时期，一部分生产品经由飘乡货郎转贩往川黔邻近几县乡村里，颇受民众喜爱。"[③] 凿花货郎奔波于周边的各个乡寨，手摇花铃，

---

① 湖南省少数民族古籍办公室. 乾隆《泸溪县志》卷十（湖南地方志少数民族史料·上）[M]. 长沙：岳麓书社，1992：229.

② 杨昌家，龚仁俊. 泸溪民俗拾贝 [M]. 北京：中央民族大学出版社，2009：20.

③ 沈从文. 沈从文谈艺术 [M]. 南京：江苏人民出版社，2014：1.

逢集必赶。踏虎凿花以鲜明的艺术个性、独特的民族特色、精湛的工艺技巧而深受各族人民的喜爱。经过当地民间艺人的世代相传,形成了刀法细腻、线条流畅、作品精巧、花样繁多的踏虎凿花工艺品牌。当地村民将凿花艺术品销往五溪流域土家苗寨,销往湘、鄂、川、黔四省交界众多村寨,踏虎村也因此被誉为"凿花艺术之乡",成为湘西民族民间工艺美术园地里的"艺苑奇葩,民族瑰宝"。2008年,踏虎凿花剪纸被列为国家级第二批非物质文化遗产保护名录。邓兴隆被列为国家级非物质文化遗产代表性传承人,杨桂军获第三批省级非物质文化遗产传承人。

泸溪县地处沅水、武水的汇合口,沅、武二水由南往北,自西至东成掎角之势交汇。武水,又称为峒河,发源于花垣县老人山、火焰洞一带,至大龙洞后流入吉首,至河溪汇沱江,故称武水,在泸溪县汇入沅水。① 泸溪县主要居住着汉族、苗族、土家族,是典型的多民族聚居区。泸溪县的特殊地理位置和民族文化氛围,使其成为苗族历史文化研究不能忽视的区域。

在陆路交通不够发达的古代,泸溪便利的水路使其成为苗族民众从洞庭、彭蠡之间向湖南西部大迁徙的最佳选择。历史上,苗族经过多次大迁徙之后,逐渐散居五溪各地。明清时期,伴随着"江西填湖广,湖广填四川"的人口迁徙大潮流,大量汉族溯沅水而上进入苗疆内地,泸溪成为这些移民的中转站。

乾隆时期,泸溪县是中央王朝统治苗疆的过渡地带。泸溪作为苗汉交界地带,伴随着人口流动,苗汉文化在这里发生碰撞、交融,使泸溪呈现出与其他地区不一样的文化特征。与位于苗族腹地的凤凰、花垣、吉首等地相比,泸溪苗族文化受汉文化影响较大,在苗、汉交融方面表现得更为典型。

踏虎凿花产生于清朝末期,是苗族人民在刺绣底稿和汉文化的基础上创造发明的。

杨桂军说:

苗族女子在绣花的时候,先将要绣的花样凿出来,贴在布面上,

---

① 杨昌家,龚仁俊. 泸溪民俗拾贝 [M]. 北京:中央民族大学出版社,2009:1.

再根据绣模来进行刺绣。

在湘西地区，人们通常把剪纸称为剪花，用刻刀刻纸称为凿花，《荆楚岁时记》中有"剪彩为人，或镂金箔为人"的记载。由此可知，距今一千多年前的南北朝时期，剪刀和刻刀是同时用于湖湘剪刻纸的工具，其历史的悠久，毋庸置疑。在凿花和剪花工艺中，大部分人只会一项，而拥有灵活多变技能的踏虎艺人却剪凿技艺都精通。踏虎凿花的纹样源于苗族服饰的纹样蓝本，其花样繁多、品种齐全，是一种"不用剪刀的剪纸艺术"。踏虎凿花作为一种凝聚着民族文化与历史信息的传统手工艺，凿花图案纹样题材内容涉及生活的方方面面，有花草、鸟兽等，呈现出鲜明的民族民间地域性特征。这些凿花多用于绣花底样和庆典、祭祀活动中的装饰品。颜色上讲究喜事用红纸，丧事用白、黄、蓝纸。

踏虎凿花最初为苗绣的绣模，后来慢慢发展为一门独立的手工技艺。专门凿花的人，也被称为"花客"或"凿花郎"。为了扩大市场，提高销量，他们经常带着工具和部分作品，走街串巷，售卖作品，招揽生意。因为从事凿花的人多是男性，故又称为"卖花郎"。踏虎凿花作为苗族刺绣底稿，通常有衣袖花、裤边花、对襟花、围裙花、口水兜花、帐檐花、被盖堂心花、枕头花、手巾花、荷包花、门帘花、背带花等。凿花艺人将人们喜闻乐见的花鸟鱼兽与苗族传统符号巧妙地组合起来，使每幅图案都符合民众的审美理念和生活需求。它一方面反映了苗族人民特殊的迁徙历史、审美理念和民族情感；另一方面也反映了湘西苗族地区的经济发展状况和工艺水平，是研究湘西苗族社会文化的重要载体。

踏虎的地理位置在浦市与凤凰中间，与吉首相距不远，处于苗族聚居区。踏虎人将凿花作品卖给附近的苗族妇女，为她们的刺绣提供绣模和更多素材。作家沈从文在《旅行家》杂志上特地撰文介绍了踏虎凿花的区域分布："当年踏虎花样盛行时，三厅（凤凰、吉首、花垣）城中的针线铺，还得从货郎手中批买踏虎花样，连同发售，增进了她们之间的美好情感，相对于年画和窗花来说是非常重要的。"三厅即辰州府下辖的乾州厅、凤凰厅、永绥厅。针线铺的老板会向凿花艺人采购凿花作品，在向苗族妇女售卖针线的时候，同时售卖绣模，可免去妇女再去采购凿花绣模的烦琐，以此招揽生意，也扩大自己商品经营的种类，提高利润。

踏虎凿花艺术不仅给苗族地区广大群众带来了经济收入，丰富了业余生活，还提高了他们的审美；踏虎凿花不仅在村寨之间传播，还进入城镇中，成为一个小型产业。

胡万卿先生编著的《黄靠天剪纸技法》中介绍了踏虎凿花产生和进入市场的背景。其中记述了湖南湘西著名的凿花艺人黄靠天对凿花的一些回忆。黄靠天小时候经常跟着父亲和祖父学习凿花技艺，他很聪明，也很努力，不断刻苦钻研，在先辈熏陶下，潜移默化，没过几年就成了闻名遐迩的凿花艺人。黄靠天回忆：他的祖辈都是用剪刀剪花，但是这种剪法一次只能剪到四层，花的时间多，复杂一点的图案还难以行剪，从经济上考虑也不合算。后来他们从民间凿"喜钱"的工序中得到启发，才改为"刻纸"。刻纸一次可以刻到十几层，而且复杂的纹样也都能对付……①因此，从他的前一代开始，凿花一直承袭不断。从剪纸到凿花，一个最主要的原因就是产量的增加。由此可见，踏虎凿花的诞生也是苗族地区商品经济发展的结果。清末，湘西苗族地区商业逐渐发展，而泸溪正处于沅水与武水交界之处，以水路为主要交通路线的时代环境，为踏虎凿花的产生提供了契机。

在艺术风格上，踏虎凿花既有传统图案的饱满厚重，又显示出活泼清新的时代气息。尤其是人物作品，在保持剪纸造型元素单纯性的同时，注重表现人物的内心世界和情感的变化。在用线的方法上，具有线条艺术的特性。凿花中的线条与中国书画的线条有着异曲同工之妙，历代文人墨客用毛笔书写线条的魅力，而民间艺人则以刀代笔凿出线条的风采。其抽象的线条和精湛的刻凿技艺生动地再现了画面中的物象。构图饱满，线条流畅而富有弹性，装饰意味较强等都是其特征的表现。在处理手法上，重视捕捉和传达物象富于生命律动的活力与秀逸洒脱的神韵，体现了艺人们对凿花线条超乎技艺本身的高度领悟。

---

① 胡万卿. 黄靠天剪纸技法［M］. 长沙：湖南美术出版社，1982：3.

二、踏虎凿花的题材与应用

踏虎凿花所涉及的题材非常广泛，表现形式也多样化，有宗教崇拜类、民间故事神话类、自然崇拜类与民俗文化类等。根据所需的用途来划分可分为刺绣底稿凿花、装饰凿花与祭祀凿花等。装饰凿花是应用范围最广、最常见的一种凿花形式，包括服饰上的装饰凿花、窗花、装饰画等。

（一）民间信仰类凿花

踏虎凿花工艺是当地民间文化的最好代表，包括古老神秘的盘瓠文化和楚巫文化都在剪纸工艺中有充分的展现。在盘瓠文化和楚巫文化的影响下，许多踏虎凿花都存在着浓郁的巫傩风格，这类凿花属祭祀凿花。

"自古以来，湘西民间巫傩之风盛行。它既是一种民间信仰，又是一种普遍的宗教活动。人们通过疯狂放纵的歌舞形式，借助于巫的力量实现一种人神合一的愿望。信巫重鬼、好为淫祀，原始宗教使湘西文化在内质上成为一种巫鬼神文化。"①

关于巫文化，著名学者林河在其著作《中国巫傩史》中阐述："大自然的严寒酷暑、风霜雨雪、山崩水堵、洪灾旱灾、雷电山火、毒蛇猛兽、瘟疫病害、跌打损伤等天灾人祸，都无时无刻不在威胁着人们的生存，影响着人们的生活。原始人在这些天灾人祸面前，就会认为是他们触怒了这些天地间的精灵，为了使它们息怒，便用讨好天地精灵的办法，使它们化怒为喜，或者避免它们发怒。为了讨好精灵，他们便发明了祭祀精灵的方法，为了避免精灵发怒，他们便生出了许多禁忌。他们创造的这些天地间有精灵的观念，便形成了巫文化中的精神文化，而祭祀礼仪

---

① 肖向明. 原乡神话的追梦者：论沈从文的原始宗教情结及其文学感悟 ［J］. 民族文学研究，2007（3）.

和禁忌规则，便形成了巫文化中的物质文化。"①

学者王振复对"巫"的定义是："巫是人与神之间的一个中介和'模糊'状态，具有非黑非白，亦黑亦白的文化'灰'色。在人—巫—神的三维结构中，巫是一种从人到神、从神到人之际传递'信息'的角色。这种'信息'就是灵。"② 巫傩文化的盛行和当地的自然地理环境有着很大的联系，湘西地区有句俗语生动地记载了苗族人的居住地理环境："苗族住山头，汉族住街头。"苗族聚居地区通常丘陵、河流纵横，地势复杂，山多林密，生存环境极其艰难。林河认为傩文化是巫文化的一种比较高级的形态。人们唱傩戏来祭奠祖先、还愿、消灾、求安庆等。傩戏所戴面具神态怪诞，装饰色彩单一质朴。傩面具有祭祀面具、驱鬼面具、跳香面具等，极富艺术感染力。民间的巫傩民俗非常常见。剪纸作为一种文化载体，在祭神、娱神活动上多用得到。如在湘西民间一些大型的巫傩习俗活动中，人们会把一些面目狰狞、怪异的人物剪纸贴在纸扎道具上，以此来威慑鬼怪或是娱乐神明。

巫傩信仰习俗被运用到剪纸之上，成为一种独特的剪纸艺术。那些光怪陆离，充满神秘感的剪纸图案是踏虎村巫傩文化的遗存。如傩公傩母像、钟馗像等，人们会将其贴于家中用来辟邪。一些凿花在巫傩祭礼和各类民俗节日里扮演着重要的角色。如春节时门楣上要张挂"喜钱花"纹样，结婚嫁娶时张挂"喜盘花"纹样，清明时垂挂琳琅满目的"清明祭祀"绣球和吊挂纹样，祝寿用"五福捧寿"纹样等。沈从文在《塔户剪纸花样》一文中记载："湘西花纸以四十年前而言，从'华胜'发展而成的，名叫'神福喜钱'，一般人家门楣灶头，猪圈茅房，无处不贴到。此外船上、货担、犁锄上也贴到。"③ 将之作为辟邪之物其实在湘西区域很是常见，这种宗教祭祀凿花的应用非常广泛，甚至发展到连犁锄上边也要贴到。巫傩祭祀类凿花反映了当地先民们朴素的宗教信仰，这类凿

---

① 林河. 中国巫傩史 [M]. 广州：花城出版社，2001：27.

② 王振复，夏锦乾. 灵之研究：中国原巫文化六题 [J]. 社会科学战线，2018 (4)：30.

③ 沈从文. 沈从文全集·物质文化卷 [M]. 太原：北岳文艺出版社，2009：77.

花人物形态夸张，面目狰狞威严，具有非常强烈的气势。

祭祀丧事用品类凿花主要包括纸钱花、招魂幡花、神像花、神旗花、灵堂屏风花等。

随着时代的发展，如今的踏虎凿花已经不再凿刻此类用品，但这类凿花的踪影并非离我们越来越远，而是逐渐转变成为精神、英雄崇拜。现在一般是将一些当地生活生产情景凿刻出来，或是一些自然风光、人文风景等，体现出了凿花技艺的灵活性。

（二）民间传说类凿花

在人类的发展历史中，每个民族的起源都有着属于自己本民族的传说，早期文化发展会经历图腾崇拜阶段。一般认为图腾崇拜产生于母系氏族社会时期，不确定的环境使人们充满幻想，氏族的来源被认为是某种神秘力量作用的结果，并演变成为氏族图腾崇拜。沅水流域的泸溪是盘瓠文化的发祥地。《泸溪县志》记载："苗族先民是尧、舜、禹时代的三苗、盘瓠部落族。"盘瓠和辛女的传说遍布于此。盘瓠，又称为"盘瓠犬"，或"盘护"，传说是帝喾身边的一条神犬。关于盘瓠的来历，据《后汉书·南蛮传》记载，"高辛氏有老妇，居王室，得耳疾，挑之，得物大如茧。妇人盛瓠中，覆之以盘，俄顷化为犬，其文五色，因名盘瓠"。当时有一个部落叫作犬戎部落，实力强大，常常作乱于边境。帝喾恼怒，许下承诺，若谁能取下犬戎部落首领的首级，就封邑赏金，并将公主许配给他。后盘瓠取得吴将军首级而归，帝虽不情愿，但迫于压力，还是将辛女配以盘瓠。后盘瓠与辛女归隐于山林，无人知道踪迹。在这深山大泽之中，盘瓠与辛女生下六男六女，盘瓠死后，六男六女们自行相配，繁衍后代。他们身着五彩斑斓的衣服，"语言侏离，好入山壑"。帝喾赐予他们名山广泽，其后化滋蔓，被称"蛮夷"。这便是盘瓠先祖的来历。北魏郦道元《水经注·沅水》记载："盘瓠死，因自相夫妻，织绩木皮，染以草实，好五色衣，裁制皆有尾。其母白帝，赐以名山，其后滋蔓，号曰蛮夷，今武陵郡夷即盘瓠之种落也。"《山海经·海内北经》

内提道:"犬封国曰犬戎国，状如犬。"① 郭璞注:"昔盘瓠杀戎王，高辛以美女妻之，不可以训，乃浮之会稽东海中，得三百里地封之，生男为狗，女为美人，是为狗封之民也。"② 这些神奇的故事以及盘瓠的形象成为图腾崇拜的标志。《搜神记》中记载古时信仰盘瓠的民族"用掺杂鱼肉，叩槽而号，以祭盘瓠"③。

"盘瓠文化""巫水文化""巫傩文化"为泸溪注入了神话性、民族性与地域性的浓郁文化氛围，为刺绣图纹艺术提供了一个文化生存空间。湘西泸溪的苗族刺绣常常有神犬盘瓠的形象出现。"狗纹花"纹样则是泸溪苗族先民的氏族标志。

艺术的诞生与发展是民族文化在生产生活过程中长期发展下所不断积聚起来的结果，凝聚了一个民族的文化精髓与价值追求，同时也成为可以解读民族的重要活态资料。盘瓠与辛女的传说造就了泸溪丰富多彩的民俗艺术文化，影响了当地歌舞、戏剧、刺绣、绘画、剪纸、雕刻等艺术的发展。该县的盘瓠遗址非常多，如盘瓠石室、盘瓠庙、辛女桥、辛女庙、辛女溪等。人们相信将盘瓠的形象附于身上便会得到祖先的护佑、恩赐与祝福。男生戴狗神帕，女生衣服上绣狗纹花，意味着不受邪祟近身，避免病魔缠身。孩子头戴狗头帽、脚穿狗头鞋等，则是希冀孩童平安成长。帐帘上的狗神像纹样、枕头上的狗神花纹样意在护佑人的灵魂，不做噩梦。图腾的出现以及其存在的神秘力量实际上是人们在陌生、不安的环境下形成的幻想，本质在于向往美好生活的基本祈求。盘瓠文化不仅满足了人们的心理诉求，同时也美化了人的生活。

除了盘瓠的故事，民间还流传着关于狗为人们带来种子，帮助人类渡过难关的故事。相传很久之前，民间突发大水，洪水来势汹汹，将房屋与庄稼都淹没了，人们陷入深深的绝望之中。在这危急时刻，一只神犬不畏危险奋力往西边游去，等它回来时，嘴上叼了几只麦穗，尾巴上也沾了谷子。人们惊喜万分，将狗所带回来的种子重新种下，得以渡过

① 方韬，译注. 山海经 [M]. 北京: 中华书局, 2015.
② 袁河. 山海经校注 [M]. 上海: 上海古籍出版社, 1980.
③ 干宝，撰; 贾二强，点校. 搜神记: 卷14 [M]. 沈阳: 辽宁教育出版社, 1997: 96-97.

这次的困难。人们感恩神狗，将其视作本民族的图腾崇拜。

（三）民间服饰类凿花

湘西苗族的服饰特色及演变成因，有着悠久的历史。它由南蛮"雕题文身"演化而来。那时，居住在武陵五溪境内的苗族先民，为避免毒虫猛兽的侵害，模仿虫兽斑纹，在身上刺绘保护色纹，起到避免被伤害的作用。经过长时间的发展，这些存于身上的纹饰逐渐演变为"刻凿于纸，刺绣于衣，穿戴于身"的服饰上的装饰艺术。

凌纯声、芮逸夫在《湘西苗族调查报告》中载："湘西苗妇衣服，虽家常衣服，亦多绲以花边。其制法及配色与汉人略异。……至于新娘的嫁时衣，或在过节时或在喜庆时所著盛装衣服，大袄及前后摆多绣花卉人物，功夫甚巨，苗女终身大都只做一件，在未嫁数年前即做起。"[1] 苗族人民对于服饰的制作是非常看重的，服饰上的花纹精致多样，色彩斑斓。服饰装饰工艺主要有织锦与刺绣，约在晚清民国时期，凿花图案开始作为刺绣底稿使用。妇女们先将构思好的花样凿下来，再将其贴在布面上穿针刺绣。服饰凿花种类主要分为胸花、高腰围裙花、低腰围裙花、衣袖花、裤边花、鞋边花、帽花、背带花等。帽花又有"狗头帽""鱼尾帽""八卦帽""五莲凉帽"等，图案以信仰崇拜类题材为主，以祈求健康平安。服饰上的凿花在设计上要贴合服饰的形制，用什么形制的凿花需要配合服饰的部位来决定，如围腰、衣袖口、裤脚、鞋垫、鞋边等。应用于室内的有帐檐花、枕头花、窗花、门帘花等，这些起着装饰房间、美化居室的作用。儿童服饰装饰纹样非常多，且功能性强。自古以来人们对于家族后代的繁衍问题格外重视，对生活于崇山峻岭深处、条件极为艰苦的苗族人民来说，孩子能够平安健康成长成为父母心中最大的愿望。孩子头上戴的，脚下穿的，日常所用之物都是父母精心准备的。服饰、鞋子、帽子上的花纹更是煞费苦心，花纹一般与当地的民俗信仰、氏族崇拜有关，寓意平安成长、驱病防灾、易养成人等美好愿望。

① 凌纯声，芮逸夫. 湘西苗族调查报告［M］. 上海：上海书店出版社，1990：77.

⬆图 8-2　杨桂军的踏虎凿花作品：
　苗族刺绣底稿

⬆图 8-3　杨桂军的踏虎凿花作品：
　口水兜刺绣底稿

　　艺术的认知价值在于其能够真实、具体、生动形象地反映社会生活，反映生活与人、生活与环境、环境与人之间的关系以及社会变迁。作为一种形象化的符号载体，凿花是可以体现本民族文化的图像化语言。凿花的应用形式以及图像风格展现了民族独有的审美追求与民俗、民风、社会生存环境等。从服饰纹样的母本来看，大致可分为以下两类：一类是取自大自然的题材，以日、月、星、辰和动植物为主体；另一类是龙凤等神灵性动物题材，反映出"万物有灵"的思维特征。

三、杨桂军的从艺历程

（一）独特的传承谱系

　　杨桂军凿花技艺传承谱系中，现在尚可记忆的如下：

名字	性别	出生年份	简　介
黄冬狗	男	不详	踏虎村山脚坪人，以凿花为业，生卒不详
黄科源	男	1877	从父学艺，以凿花为生，作品在当地广为流传
黄科富	男	1899	黄冬狗之子，从父学艺，以凿花为业

名字	性别	出生年份	简　介
黄靠天	男	1923	黄冬狗之孙，中国美协会员，凿花艺术大师
邓兴隆	男	1949	黄靠天外甥，著名凿花艺术家，国家级传承人
黄晚清	女	1955	黄靠天之女，著名凿花艺人
杨桂军	男	1954	黄靠天关门弟子，踏虎凿花省级传承人
邓启刚	男	1984	邓兴隆之子，踏虎凿花省级传承人，泸溪文化馆凿花工艺大师

从这个简单的谱系可以看出大多数民间技艺的传承规则：传男不传女，传内不传外。民间技艺作为民间艺人的生存手段，大多数只在家族内部、亲戚之间传承；除了刺绣、挑花等由女性从事的技艺外，大多数民间技艺只传给男性。在杨桂军的传承谱系中也是如此。一直到新中国成立之后，才有传给女性和外村人的例子。

对于这样的传承规则，杨桂军解释道：

> 因为女子是外人，要嫁到夫家去，怕她嫁出去之后把技术教给别人，别人学会了之后也卖花，生意就不好了。那时候太穷了也没办法。

踏虎凿花是凿花艺人借以养家糊口的生存技能，为了维持生计，凿花艺人不得不遵循这种行业规则。除了行业保护外，踏虎凿花传男不传女还有一个客观原因：

> 以前的条件很艰苦，出门在外都是过苦日子，天黑了没有找到过夜的人家，就在树底下过夜，天冷或者遇到下雨，就找点草盖在身上。女人要生小孩、带小孩，吃不起这个苦，所以一般都是我们男的出去卖花。那时候地方也乱，麻阳到怀化有一个地方叫象鼻子，我一个亲戚就在这里被抢劫了。他身上带了一些铜钱，是他四个月的辛苦费，用袋子装着，就被"关羊"（抢劫）了。后来他就只能走路，走那些村子多一点的大路，沿路这个地方讨一点吃的，那个地方讨一点吃的。

为了招揽生意，维持生计，男性更适合来从事这一项艰苦的事业。

改革开放后打破了"传内不传外"的规则，杨桂军才得以进入黄靠天门下，成为黄靠天的关门弟子。

我的师父黄靠天，他的凿花非常有名，他原来的名字叫作黄明生，是踏虎乡三角坪人。他家祖上都是做凿花的，他老爸、爷爷都是做凿花的。他小时候上过私塾，后来开始学凿花，他不仅跟他自己爸爸学，如果村子里还有别人的凿花做得好，他也去跟别人学。我师父跟我们说过，以前这边也是剪纸，但是剪纸每次只能剪几张，太慢了，后来看到别人凿"喜钱"，一次可以凿很多张，就想到了凿花。

黄靠天是湘西享有盛名的一代剪纸艺术高手，很多凿花大师，如邓兴隆、杨桂军、黄晚清等都出自黄靠天门下。

我师父的刀法深、稳，比起师父，我的刀法还差一点点。我凿花的时候，如果只有六层，我每一张的刀法都是一样的，如果有十多层就有一点区别。我师父的刀法，尤其是在转弯处很流畅，一滑就滑过来了，我现在学他的刀法也能够做到一点。他的作品中，主要花样为蝴蝶，而且他会根据自己的想象对蝴蝶进行变形、组合，蝴蝶经常成双成对出现，旁边再加一点石榴、树叶，或者菊花。还有动物中的十二生肖，也要和其他植物组合。他的画组合得非常巧妙，刀工也非常好，所以他的作品很受欢迎。大家喜欢买他的凿花做绣模，绣在衣服上的纹样很好看。

因为较高的审美和精湛的凿花技术，黄靠天的凿花深受人们喜爱。

我还有一个师兄也很厉害，叫邓兴隆，他是踏虎人，是我师父的外甥。他小时候（经常）去外婆家，就慢慢地跟着师父学凿花。20世纪90年代的时候，他做了一个《椎牛图》，被中央电视台报道了，他也喜欢创作民俗题材的作品。师兄的刀法，得了师父真传，师父做一幅图，师兄再做同样一幅，放在一起看会以为这是一个人做的。

在强大师门的熏陶下，杨桂军博采众长、刻苦练习，达到了一定的艺术高度。

（二）师从黄靠天

因为隔房爷爷是村里的剪纸能手，杨桂军从小就跟着隔房爷爷学习剪纸。天资聪慧的杨桂军受到剪纸艺术的熏陶，对纺纱、织布、打草鞋等手工活一学就会。1971年，杨桂军正在读高二，家中却出现了一些困难，他只好辍学回家。回家之后，他除了做农活之外，还跟着隔房爷爷做旗伞、扎花圈等。

随着时间渐长、技艺沉淀，杨桂军的凿花水平达到另一个境界，继而他被调到踏虎乡文化站工作。正是在文化站工作的这个时期，杨桂军有幸结识师父黄靠天。"三角坪的凿花郎，挑着担子走四方。人间辛苦都吃尽，风风雨雨走他乡。"这是踏虎一带流传很广的一段山歌，唱出了凿花艺人在过去那个年代生活的艰辛。"嫁女要嫁剪花郎，肩挑担子走四方；出门身上无银两，回来银子用箩筐。"[1] 在这首山歌中，也可见人们对凿花艺人的认可。20世纪末期，尤其是改革开放以后，社会经济迅速发展，文化生活丰富多彩，对苗族传统文化产生了强烈的冲击，世代以凿花为业的家族式传承模式受到了冲击，人们的思想逐渐变得开明。在这样的变化下杨桂军作为外村、外姓人，才有了师从黄靠天的可能。

> 我跟师父学凿花的时候是1985年，当时我在踏虎乡文化站。我师父黄靠天的脾气很古怪，他很少说话，很多人来采访他，包括中央电视台的，来到他家里，他说几句话就不说了。为了学习凿花，我经常拉关系。我和踏虎另外三个人是同年，是吃了同年酒的，我们一起开榨油厂，又打米，又发电，又打油。我师父黄靠天来榨油厂，打好的米他经常挑不动，我就帮他送到他家里去，有三里多路。赶场的时候，我看到他了，就把他喊到我房里去，喝点小酒，和他搞好关系。我剪纸剪得很好，人也非常活泼，1986年他就收我为徒，他以前都不愿意收我。他跟我说："小杨啊，你以前是学剪纸的，现在跟我学凿花吧。"我说："我愿意学踏虎凿花，因为剪纸每次只能

① 李焱华. "踏虎花客" 杨桂军［N］. 中国城市报，2016-11-14.

剪两张，凿花一次可以凿十几张。"我就看上了这个速度，踏虎凿花的速度快，而且凿花细，剪纸的话，细的地方就剪不出来了。于是，我就下定决心跟他学踏虎凿花。我就问他有没有需要我做的，他说有，就是他吃饭时只有白米饭吃没有菜吃。我就经常给他一点零用钱，让他去买点小菜。他们那时候凿花确实辛苦。踏虎这个地方田少地少，只能凿花，农闲的时候就走街串巷以卖花为生，都是在过年的时候回家一趟，有时候在外面还带一个孩子。因为我不是踏虎人，所以听这些老前辈的故事，我很感动，也想好好把凿花传承下去。

起初，因为踏虎凿花效率高，而且能够凿出更细小的花纹，可以弥补剪纸的短处，杨桂军想要在黄靠天门下拜师学艺。看到前辈对凿花技艺的执着和传承的艰辛，杨桂军对踏虎凿花的传承产生了更深的认识。

进入黄靠天门下之后，杨桂军对凿花的学习非常刻苦。

我做凿花已经几十年，不知道磨光了多少刀，凿过多少纸，用坏了多少工具。

因为在凿花的过程中，左手要用力压纸，在他的手掌上，长着一层厚厚的茧。好在所有的辛苦都有了回报，在师父的指导和自己刻苦的练习下，杨桂军终于凿出一幅幅精妙的作品。其创作的《打油图》《娶亲图》《春糍粑》《新嫁娘》《双凤朝阳》《椎牛祭》等优秀艺术作品被国际友

↑图8-4 杨桂军的踏虎凿花作品（1）

人和馆所收藏。杨桂军被中央、省级等许多新闻媒体进行过专访和宣传，曾参加省、州工艺美术作品展并获得多个奖项。

↑图 8-5　杨桂军的踏虎凿花作品（2）　　↑图 8-6　杨桂军的踏虎凿花作品（3）

（三）为了生活而坚持

杨桂军最初坚持学习凿花技艺，也是为了获得一份额外的收入，以提高生活水平。

我 1985 年在乡政府文化站工作，当时一个月的工资是 25 块钱，不够用，想搞点外快。所以我一直坚持凿花，踏虎凿花比剪纸要快，一次可以凿很多张，即使卖得便宜，也划算。除了凿花，我还做过很多其他的。当时有人去世，要旗伞，就像皇帝出宫时的伞，我就跟着隔房爷爷学扎旗伞，卖 2 块 5 一把，自己买纸、糨糊，还有竹子，一把伞只能赚一块钱。我就想放弃了，后面想了一想，还是要坚持，不坚持不行，家里有小孩要花钱。有的人家里没有钱，他把伞拿去之后不给钱，因为他家里比我还穷。没办法，一年可能有十几个，都要贴本。但我想一下，还是要坚持，因为我的工资很微薄，还要养家，小孩子又要读书，各种花销，但一个月只有 25 块钱，必须搞点其他收入补贴家用。坚持下来之后，一年比一年好一点，后面就看到了希望。有时候一个月只得 20 块钱，一年只赚 200 块钱，加上工资一年就有四百多块钱。别人也笑我，说其他都不搞，搞这个旗伞，巴不得死人。我说我是放在这里等别人来拿，又不去别人家送。后面我又跟隔房爷爷学扎灵堂，我扎架子、剪花，他写对联。扎一天得 8 块钱，20 个小时，早上很早就起来了，要搞到凌晨三四点钟，一天就休息三四个小时，那时候是真的辛苦。

时代不同了，现在很多年轻人都依靠爸妈的收入生活，我们当时都是自力更生，自己赚一点钱，然后去买衣服、鞋子等生活用品。我们去山上挖草药，晒干，然后 1 毛 2 分钱一斤卖给供销社，晚上收工回来自己加一下班，去山上挖一两个小时，两斤就得到 2 毛 4 分钱。早上就 4 两米，没有其他吃的，家里一个罐子装的酸菜要吃一个星期，没有油就只加了一点盐，有点酸味，那时候饭也吃不饱。

已经成家立业、生儿育女的杨桂军，肩上挑起生活的重担。杨桂军头脑灵活，勤劳刻苦，积极学习各种技艺，以提高家庭生活水平。也正是对家庭的责任与担当，促使杨桂军在踏虎凿花的学习与传承过程中一直坚持下来。

1994 年，很多人都不做凿花了，我还在坚持。20 世纪 90 年代中期出现一种叫傻瓜机的照相机，不用调光圈，不用调焦距，只要按"咔嚓"就可以了，自己冲洗一下，就可以把胶片搞出来，要自己买胶片安在里面。我那时有一个，现在那个机子还在我家里。有人要买，我不给卖，我说要留给后一代，我把电池拿下来了，我看到一个老花样就用傻瓜机照下来。

20 世纪 90 年代，受现代文化的冲击，民间技艺的传承普遍进入一个尴尬的境地。踏虎凿花也一样，因为很多人不再穿苗服，作为绣模的踏虎凿花失去市场，很多凿花艺人纷纷放弃凿花另谋生路。但是杨桂军一直坚持着这项技艺的传承。

当时很多人出去打工或者做生意了，但是我既然学了这个凿花，就一定要学好，我不学就不学，学了就一定要学好！

回忆起当时的场景，杨桂军坚定地说道。

四、踏虎凿花的传承

（一）举办学习班

20世纪90年代，非物质文化遗产已经开始被国家重点保护，踏虎凿花的传承也获得了新的希望，出现了踏虎凿花技艺的免费教学，甚至送教下乡，相比以前的传承方式更为开放和自由。为了适应现如今的市场需求，踏虎凿花传习基地也做出了一些尝试。比如将踏虎凿花设计元素与日常生活用品相结合，不断创新，开发用户所需求的大众产品，如瓷杯、车载挂坠、瓷盘等。为了促进踏虎凿花技艺更好发展，杨桂军将踏虎凿花与文化产业结合，邀请专业的设计团队，将踏虎凿花产品包装成文旅产品等。他们用实际行动告诉我们，无论哪种工艺，无论何种文化载体，只要全身心投入，做到专一、专业、专注，就能把技艺继承并发扬好，找到符合踏虎凿花的创新发展之路。

> 1989年的时候，章长干老师就和我说："杨馆长，我们能不能把踏虎凿花学习班搞起来？"我说："搞踏虎凿花，我只认识我的师父黄靠天，不认识其他人。"他说："那你去调查一下，我出图案，工具由你们出。"那时候我在文化馆，很年轻，很多东西我都会，凿花、唱歌，蹦蹦跳跳我也能搞一点，当时我很积极。章老师说了这个想法之后，我们就开了一个班，我把师父和师叔他们都请出来，有很多人来报名，开的第一个班就有28个学员，是很成功的一次学习班。

在政府部门的倡导下，杨桂军举办的第一届踏虎凿花传承班取得了成功。因为在文化站的工作非常出色，2006年，杨桂军被调到泸溪县文化馆工作，专门从事踏虎凿花的保护和传承工作。为了让踏虎凿花更好地传承下去，他开门收徒，开办传承班。2008年，泸溪县成立踏虎凿花传习所。

2009 年我到北京参展，我看到希望了，然后坚持到现在。后来，我就经常到外面参展。参展的时候别人买一个作品，我们就得钱了，产生效益了，慢慢就坚持下来了。如果一个传承人不能维持生活了，那他肯定也传承不下去了。

从踏虎凿花的日渐落寞到慢慢看到希望，杨桂军熬过了踏虎凿花传承最低迷、最艰难的时期。

2011 年的时候，我们搞了第二次学习班。当时来学的人，吃饭都是自己带米，很艰苦。那时候也是章老师跟我说："我们学习班再办第二次好不好？"我说可以，就是中饭很难搞，他说那我还是去请县民委拨一点钱，后来就给每个人开五块钱的工资。我也去请示有关部门，让他们给学员搞点中饭，不吃中饭撑不过去。然后书记也同意了，就从统销粮里面，拨了 500 斤谷子，统销粮本来是救济农村最困难地区的人们的。后面就拿 500 斤谷子去打米，得了 300 多斤米，用来做中饭。第二次我们办学习班就惊动了县里，书记、县长、政协主席等领导全部到了踏虎。自治州有一个老师，第一次学习班学了 12 天，第二次学习班又来学了半个月。他的作品就有点像样了，章老师就把他的作品收了。因为主办方是我，就给我也送了两百块钱，是赞助活动的经费。

在杨桂军等人的努力下，他们克服了经费不足等问题，在泸溪县举办了第二次踏虎凿花学习班。看到学员的凿花水平不断提高，凿花作品得到外界的认可，杨桂军言语中洋溢着自豪。

我师父以前传男不传女，都是家族式传承，传媳妇，但是不传女儿。后面县里说踏虎凿花还是要重视传承，就搞了个踏虎凿花传习所，我就带了很多徒弟。我也是违反了师傅的遗嘱的，他是传男不传女，我现在男也传，女也传，因为现在形势不同了，我们不能还停留在以前的老思维中，必须改变。现在我的徒弟中，社会上的老师占 70%，还有很多学生，都爱好踏虎凿花。我虽然严肃，但也有很多大学生来找我。我在怀化、益阳、长沙、岳阳、常德等地都有学生。

即使师父已经离世，杨桂军在踏虎凿花方面已经取得了较高的艺术成就，但仍然保持着对师父的敬畏之心。因为世代的变迁和人们价值观念的变化，踏虎凿花的传承必须打破原本传男不传女的规则，扩大传承主体，因此违背了师父的遗规。为此，杨桂军深感抱歉。

> 我还是把校园传承放在第一步，很多领导都认识我，说我起了带头作用。经常有各地的教育局来找我，问我还上不上课，他们说希望我继续传承下去，这是最大的贡献。我去内蒙古参展，鄂尔多斯的学校邀请我过去讲课，他们非常欢迎我。有时我开玩笑："既然我自己儿子不学，儿媳妇也不学，我只能传给大家了，但我自己的小孙子学得还可以。"我今年70岁了，我们这边一个小学聘请我过去上课，每年三十几个学生，他们的技术都还可以。在传承方面我的要求不高，我和校长说三十几个学生中，我只要有一个学生达到我的刀法水平，我的愿望就达到了，心里就舒服了。

除了举办传承班，杨桂军还经常进入校园讲课，将踏虎凿花工艺引入美术手工课堂。他还在暑假和寒假期间设立兴趣培训班，免费对外开课。在外还成立了凿花工作室，为那些热爱这种手艺的孩子，提供学习的条件。杨桂军教会学生踏虎凿花技艺，为踏虎凿花的传承做出了重要贡献。随着新时代的不断发展与急剧变革，踏虎凿花不仅没有被社会洪流所吞没，反而不断焕发出新光芒。凿花匠人们不再局限于它的实用功能，而是在文化领域不断提升，追求精益求精，将踏虎凿花的符号功能、文化功能发挥出来，使其成为现代美学新的民间艺术代表范式。

（二）注重细节

踏虎凿花工艺引入当地学校，可使地方学校艺术教育更具地域性、规范性和创新性，且其对学生的道德伦理知识教育有引导性作用。在苗族凿花艺术创作中，我们可以看到的凿花作品都蕴含着苗族人民群众对生活予以的积极认识和大胆肯定，即从正面的、乐观的方面去看待生活，坚定信念，注重趣味性、娱乐性和创造性，使生活诗意盎然。杨桂军曾经开过三次踏虎凿花学习班，经常去各地高校讲课，将踏虎凿花艺术引入地方学校艺术教育中。这些传承活动极大地推动了踏虎凿花艺术的发展并为其创新注入新的生命力，丰富了艺术教育发展的新形式和内容，而且便于对当地踏虎凿花艺术进行系统化地收集、挖掘、整理和研究，也使剪纸人才的培养问题得到有效解决。当下在开展非物质文化遗产进校园方面，中小学做得都比较出色，在授课时杨桂军有一些自己的方法和体会——把民间美术课程和现代设计课程结合起来教小学生学习踏虎凿花技艺。

做踏虎凿花的时候，设计画稿是第一步，也是非常关键的一步，画稿设计不好，就不可能凿出好看的花样来。画稿的设计，有些是照着以前师父做过的老花样，但是主要还是要靠自己设计，只做师父做过的几个老花样也不行。然后就把纸搞整齐压紧，凿花的纸要压紧，用板子来压，凿的时候上下的板子都拿掉。一次凿的张数越多，成本就越低，收入越高。但是每个师傅凿的张数不同，因为每个师傅的水平不同。我一次能够凿 20 张，有些人一次最多只能凿 15 张；也要看纸是厚还是薄，薄的纸能够放 16 张，厚的纸就只能放 10 张。把纸整齐地放在一起，每隔四张或者五张就抹一层粉，免得纸都贴在一起最后不好分开。然后就钉纸钉，把纸张固定起来，以前都是自己搓纸捻子，现在有订书机了，可以直接用订书机来钉。然后就可以开始运刀了，我每一二十分钟就要换刀，重新磨刀，我一次凿 20 张，只要刀子快，就不要费很大的力气。线条封刀的时候有技巧，刚开始两端不要全部剪断，留着一点做支撑。凿好之后，就可以把纸从蜡版上面取下来了。

杨桂军详细地和我们介绍了踏虎凿花的大致过程。接着，他和我们讲述了教授学生时最关键的环节，即拿刀和运刀。

教他们凿花的时候，先要看他们拿刀，就像写毛笔字一样，要先看拿笔。拿刀时，要拿着刀把适当的位置，高了、低了都不行。身体要坐直，与刻刀要保持平行，歪了、斜了都不行。运刀的时候，注意力要集中，不能去想其他的，要一直保持刀的垂直，刀起刀落时，要用左手的食指按着纸，免得纸片移动。刻的时候不能着急，一刀一刀慢慢来，太快了线条粗细会不均匀。要自己把握力度，力太小了，最下面一层就刻不出画，力太大了，就容易破坏蜡版，自己刻的时候，要摸索出一个不大不小的力度。

杨桂军判断学徒踏虎凿花的技艺水平，也是根据学徒的刀法。

我的眼力很厉害，判断一个徒弟的技术和功底，主要是看他的刀法。徒弟的作品，他只要发一

⊙图 8-7　杨桂军一次凿好的一叠作品（1）

个图片过来，我一看就知道他的刀法好不好，刀走得比较正就是好的，他偏右了或者偏左了我都看得出来。

由于长期从事踏虎凿花工艺积累了经验，杨桂军对刀法的把握已经非常熟练，徒弟作品中每一个细小的刀法问题，他都能一眼看出来。

在教学的过程中，杨桂军也遇到过一些对踏虎凿花工艺非常执着的学徒。

我前几年在北京参展，遇到一个姑娘，是个失语者，她很想跟我学踏虎凿花，想让我教她。但是我又不会哑语，后面我没办法了，就写字。她想让我带她来泸溪，我没同意，吃住都不方便，有疫情她回家也不方便。过了一年之后，她又要来，我没有办法，给她准备了一套工具，买了十把刀，我教了她怎么构图，现在她已经会刻了。

尽管在教学过程中有诸多不便，但是杨桂军还是不忍心拒绝任何一个坚持要学凿花的人。

　　我有退休工资，我要一直把踏虎凿花传承做下去。我在各级有关部门中表过态，这个我一定要传承下去，直到我走的那一天。别人来学，我从不收人家的费用，都是免费教。去年常德7个人到我家里学，都是免费学的，学了半个月，他们要在我家吃饭，吃饭可以，但是要收钱，一天15块。他们几个人中，最小的有六十多岁，他们也有钱，是学着这个玩，怕老年痴呆，后面给我发照片，问我他们做得好不好，也确实学得可以。

　　杨桂军的性格里面，有一股深入骨髓的坚毅和执着。他不仅自己坚持传承踏虎凿花技艺，还免费收徒，希望踏虎凿花能够更好地传承下去，不断创新发展。

↑图8-8　杨桂军一次凿好的一叠作品（2）

1. 工具的选择

　　所谓"工欲善其事，必先利其器"，拥有一套合适、顺手的凿花工具，是凿花艺人取得成就的重要因素。根据杨桂军的口述，踏虎凿花常用的工具有刻刀、蜡版、纸、纸钉、磨刀石、小铁锤、粉袋等。

　　蜡版用来固定纸张，梨木和黄杨木是制作蜡版比较好的材料，木板上面需涂一层蜡，一般由艺人自己调制。调制时，先将茶油倒进铁锅中烧热，然后将蜂蜡或者黄蜡倒进铁锅中，蜡完全溶解之后，将桐木灰或者杉木灰倒进蜡中搅拌成黑色糊状，待其冷却软硬适中即可，蜡版是踏虎凿花中非常重要的工具。为了更好地凿花，在长期的实践过程中，杨桂军在蜡版调制方面也有自己独特的方法。

> 我自己做的蜡版比买来的好用很多，吉首大学一个老师想买我的蜡版，我说最低400，少了不卖，他说那么贵呀，网上只要80块钱。他们开学习班喊我去做指导，搞了一个上午，有的蜡版就没有用了，我400块钱一块的蜡版可以用几十年，20岁开始学，可以用到80岁，可以用60年。

然而，杨桂军认为工具制作过程中，最重要的还是拥有一把好刻刀。刻刀是凿花的主要工具，很多凿花师傅的刻刀都是自己去铁匠那里打制的，都是根据自己的需要，准备很多把不同形状的刀。

刀刃锋利，艺人凿刻时才能得心应手。但是，再好的刻刀也会变钝，因此，一块好的磨刀石也是凿花艺人必不可缺的工具。磨刀石要求岩质细腻，以前由艺人自己去山上采，现在可以去集市上采购。

磨刀是一件非常需要技术的细活，需要艺人多年的积累和训练才能达到较好的水平。

> 我凿花的时候，每一二十分钟就要换刀，重新磨刀。凿花可以一次凿20张，只要刀子快，不要费很大的力气。我们的刀子和平常用的刀子不一样，而且磨刀要很高的技术，刀不能陡磨，要平磨，平磨的刀更锋利，陡磨的刀凿两下就又钝了。有些人也会用茶油或者菜油磨刀来保持刀口锋利。很多徒弟想跟我学磨刀，但是他们学三年、五年，磨刀的手法还是赶不上我。我到北京参展，磨刀石和水都摆在前面，别人磨不快，我几下就磨快了。他们说还是我的手厉害，有轻有重。这里面是有手法的，这是长时间积累出来的经验，不是一天两天能做到的。

> 纸张的选择是凿花的关键。凿花用的纸，不能选太厚的，要选薄一点的，薄一点的纸好压，太厚的纸一次就刻不了几张。要选（质地）细一点的纸，韧性好一点的，这样的纸不容易断，在装裱时也不容易坏掉。

出于对效益的考虑，凿花艺人通常会选择偏薄的纸张；为了避免凿花作品中比较细小的纸条断掉、脱落，通常选用韧性较好、没有杂质的纸张。

2. 独特的刀法

踏虎凿花水平的高低，关键在于对刀法的把握，而刀法的稳重、精湛，需要在长期的实践中训练出来。

> 每一个细小的部分，连头发丝我都能凿出来，这个非常需要刀工，比如睫毛，搞不好就会断掉。外面有一些人来调查，他们很惊讶，问我那些细小的地方是怎么凿出来的，能够凿出细如发丝的线条，眼睛睫毛都惟妙惟肖。我说是我学生做的，因为他们已经学了一年了，一年还凿不出来就要挨批评。我对学生要求很严格，他们有一些年纪比我还大一点，如果他们做得很差，我就得提出批评了。他们只要基本上达到我的手法，我心里就舒服一点。

杨桂军在多年的训练中，已经形成稳健、精湛的刀法了。接着，他和我们讲述了运刀过程中的各个细节。

> 凿花的时候，身子要坐得很正。左手的食指要压住纸板，右手拿刀，一刀一刀地凿，需要内力，有的慢，有的快，这是内力的区别。坐得不端正刀就会偏，转弯的地方容易出现斜面。如果距离短一点，转弯的时候一般用手腕发力，无名指和小拇指就并拢了。切记转弯的时候只用手腕，刀是直的，偏一点下面的就不行了，第三层，第四层，一层不如一层。如果距离长，就要用手拐，纸要放得远一点，由外朝内推。如果刀不快，容易产生毛边。如果纸的硬度刚好就紧一点，松一点就容易弄断纸。两根线交汇的地方要从点往外刻，狗牙齿、巨齿纹要从右到左、从内到外，从左到右图案就很容易变形。食指或者中指压得越紧，凿出来的作品就越好看，如果不压，提上提下产生的毛边就很多。整体都是从右到左，从中间到两边，从难到易。在关键的地方，进刀和收刀的力度应该都是一致的。线条封刀的时候有技巧，刚开始两端不要全部剪断，留着一点

做支撑。

杨桂军的一字一句中，都可见多年从事踏虎凿花训练出来的功底和对运刀过程中每一个细节的把握。

（三）创作体系

杨桂军非常擅长将民俗场景与凿花创作结合起来，苗族社会丰富多彩的民俗活动和杨桂军丰富的生活经历为其提供了源源不断的素材和灵感。

现在很多传统文化都快要失传了，以前很多东西现在的年轻人都不知道了，我是做凿花的，我可以想办法通过凿花图案把以前的一些场景记录下来。比如我创作的《打油图》，我曾经在油坊做过事，榨过油，于是，我根据当时我们榨油的场景，把传统的榨油场景记录下来，以后的人来看我的作品，还能看到这些影子。

我小时候经常去山上放羊，还要背着背篓割草回来喂猪。我从小就喜欢与文化相关的事情，我去放羊的时候，会偷偷地带着书过去看，结果我看得太入迷了，羊把我背篓里面的草都吃光了，我只能重新去割，这个记忆太深刻了。我就根据自己对当时场景的记忆，创作了《放羊图》。我创作的很多作品，都是我亲身经历的场景。

以前，要过年了，大家都非常高兴，要杀猪、打豆腐、舂糍粑、酿甜酒等。舂糍粑的时候，几个邻居或者几个亲戚聚在一起，很热闹。把糯米蒸熟之后，放在粑款（打糍粑的石制工具）里面舂，三个男人拿着长粑杆，你一下我一下地打，女人和小孩子就在一边，等着糯米被打成柔软的泥团之后，再揉成一个一个扁圆的形状，非常热闹。现在很多小孩子甚至没有见过舂糍粑，我就根据当时的场景，创作了《舂糍粑》，记录下当时非常热闹、喜庆的场景。

杨桂军是一位高产的民间艺人，他根据自己的亲身经历创作了许多作品，这些作品都是新中国成立之后民族地区现实生活的写照。

⊙图 8-9　杨桂军的踏虎凿花作品（4）

除了从传统社会生活中获取创作灵感和素材外，杨桂军也着眼于当下生活，在创作题材等方面进行创新。

　　创新方面，我善于抓住社会热点，比如学生考学，学生要高考，我就凿一个鲤鱼跳龙门。他们就会来买，我要讲一些奉承话，说这个小孩子可以，就像鲤鱼跳龙门，你榜上有名，金榜题名。我凿的那个《九牛图》，清华大学有一个老师问我，为什么是黄牛而不是水牛，我说，黄牛是家仙，黄牛在家就要进财喜。

杨桂军在创新的过程中，不仅注意观察民众的心理需求，还注意和地方文化紧密联系。

（四）支持创新、改革

随着时代的不断发展，在新的环境下踏虎凿花的经营方式已经发生了改变，从过去的走村串寨上门兜售凿花，招揽生意，发展为固定的凿花传习所，有的凿花艺人借鉴现代商业的模式，经营店面、商铺等。对此，杨桂军表示大力支持。

　　我的徒弟要自己搞公司也好，自己开店也好，我都大力支持，我巴不得他们每个人都做得很好，我走到哪里都有饭吃、有酒喝。我在浦市有徒弟，我到浦市去就有酒喝；我在踏虎有徒弟，去踏虎就有酒喝。徒弟创作有什么困难，哪个地方不会，我就指导哪个地方。在省文化厅我就表过态：传承我是专一的，要传到我死的那天。

杨桂军认为，只要能够更好地传承踏虎凿花工艺，获得更多的生存资源，提高生活水平，都是可取的方式。

"对于踏虎凿花的传承，第一，我认为以前的花纹还是要保留下来，第二，还是要根据时代创新，根据时代的需要来设计新的花纹，不创新就没有需要，就传承不下去。"杨桂军认为，踏虎凿花的传承与创新必须并行发展，既要注重对传统纹样的传承与记录，又要注意结合时代特点，创作新的纹样。

当问及对现在有一些凿花艺人将套色版画与凿花相糅合进行创作的现象有什么看法时，杨桂军表现出非常包容的态度。

> 我知道，现在有一些人做的踏虎凿花，借鉴了版画的样式，和传统的凿花有不同的特点，甚至不像传统的凿花了，但是我认为这个没问题，这是改革，谁发明了新技术能够创造新价值，就是他的本事。

杨桂军认为，创新是踏虎凿花继续发展的必要条件，并且应该对创新抱有包容的心态。

当问到对踏虎凿花传承中最担忧的问题时，杨桂军吸了一口烟，说道：

> 我最担心的是，手法差一点的弟子维持不了生活，跟我学了这个技术就扑空了。

比起踏虎凿花整个技艺的传承状态，杨桂军更关心的是在传承中每一个个体的状况。他接着说道：

> 我收徒都是免费的，有些人拜我为师了，就请我吃一顿饭，喝一顿酒。生活条件好一点的，都不愿意学，我师父黄靠天他儿子、儿媳都不学，我的儿子也不愿意学。现在工业化快要替代手工业了，我凿一幅画出来要花一个月到三个月不等，简单的也要两天到七天，而工业化只要几个小时就能出十几张。我们到河北考察，他们用 PS

构图，20 张一沓纸，一个小时搞完，我们手工至少要一个星期，我担心手工业以后就要慢慢地消失了。但是现在也有很多人还是追求原生态的文化，我们这边有一个小姑娘在温州打工，她穿的那个鞋子上面有绣花，厂长就说，小姑娘，你这鞋子多少钱？能不能卖给我？她说这个是一针一线绣的，200 块钱、300 块钱都不能卖给你，这是我妈妈给我的，1000 块也不卖。做得好，还是有人会要的。

踏虎凿花市场缩小，杨桂军不免担心起弟子的生活来。

所幸的是目前国家和政府高度重视非物质文化遗产，地方政府开始加大对踏虎凿花的保护和扶持力度，踏虎凿花的发源地——泸溪县就成立了非物质文化建设保护中心、踏虎凿花传习所，新增了 10 多名非遗传承人。该县还制定了民族民间文化传承人保护制度，在县里的 11 个乡镇，确定了"民保工程"工作人员，组建了县级"非遗"保护专家队伍，开设了学习班，培养踏虎凿花传承人。

我相信在社会各界的共同努力下，最终会克服重重困难，将踏虎凿花继续传承下去。

多面人生：吴兴知

　　吴兴知，男，苗族，1963 年 9 月出生，湖南省泸溪县兴隆场镇人。傩面具雕刻第三代传人。吴兴知从小耳濡目染，酷爱木雕艺术和巫傩文化，也曾师从一代傩面具雕刻大师李楚汉。经过 30 余年努力，他的雕刻技艺日趋完善，雕刻的傩面具深受土家苗寨的欢迎。2009 年，他的苗族跳香面具，在湘鄂渝黔首届民族旅游商品大赛中荣获金奖。他被评为湖南省非物质文化遗产"泸溪傩面具"代表性传承人，湘西土家族苗族自治州工艺美术大师、工艺美术协会会员。

⊙图 9-1　吴兴知与他的傩面具（吴兴知　提供）

一、傩面具的形成与发展

傩面具又称"鬼脸壳",有祭祀面具、驱鬼面具、傩戏面具、开山面具和跳香面具等36个种类,民间认为它具有辟邪禳灾、人神共通、人神共娱等功用。"傩"为左右结构,属于会意字和形声字组合,左边为"人"字,右边为"难"字,表示人在面对大自然中各种自然灾害时非常为难的处境。湘西先民的生活经常受到山火雷电、旱涝灾害、虫害病疫、毒蛇猛兽以及部落斗争等天灾人祸的威胁,尤其在自然灾害面前充满了困惑与无助,于是他们开始相信超自然力量的存在,并且形成"万物有灵"的宗教信仰。林河在《中国巫傩史》中指出:"'万物有灵'的精灵观念形成了'巫文化'中的精神文化,而礼仪、禁忌、面具和法器之类,便形成了'巫文化'中的物质文化。"[1] 湘西傩面具与民间祭祀有着密切的联系,具有深刻的远古社会历史文化的印记,成为湘西巫傩法师在祭祀活动中转换身份的重要道具。

湘西一带广泛流传的神话传说、诗歌及少数民族古歌、舞蹈动作、祭祀迎神习俗中多有使用面具,如《九歌》中记叙的各类出场表演的人物,都是佩戴面具装扮的神祇。考古资料证明,在七千八百年前,人类社会尚处于新石器时代中期,湘西先民创造了高庙文化。高庙遗址中出土的白陶上的"獠牙兽面纹"等文物,便是湘西先民已经形成一种占支配地位信仰的证明。在人类社会的早期,原始信仰也曾给人类先民与自然斗争的勇气与力量。楚文化进入湘西之后,又与湘西一带的原始巫术、盘瓠蚩尤信仰、鬼神崇拜等文化融合,在此基础上形成"信鬼神,重祭祀"之风,成为傩面具形成与发展的文化土壤。学者据此推测,在两千多年的楚地文化活动中,面具是常见的道具之一。

元代《赠医者汤伯高序》里面描述:"楚俗信巫不信医……凡疾,不

---

① 林河. 中国巫傩史 [M]. 广州:花城出版社,2001.

第九章 泸溪傩面具

225

计久近深浅，药一入口不效，即擗去。至于巫，反复十数不效，不悔。"清代《苗防备览·风俗上》记载："苗疆，其俗信鬼尚巫，有病不用医药。"① 另外，沈从文的《湘行散记》《湘西》等作品中描绘了辰河高腔与傩堂戏的表演，并称之为"楚音"。由此可见，巫傩文化在湘西地区的盛行，巫医是在湘西特定的自然人文环境中适应人们心理需要而产生的，傩面具的产生与传承也是如此。

傩面具在原始先民的生活中发挥着不可或缺的作用。在狩猎和发生部落争端时可以作为防护武器，狩猎者必须模仿动物的声音和外形。"獠牙"既有作为动物属性的伪装作用，又能将自己装扮得怪异狰狞，以便在打猎或者与更强大的未知力量斗争的时候，能够给予戴面具者斗争的力量与勇气。在舞蹈娱乐时，面具可以作为装饰器具；在祭祀活动中，佩戴面具不仅是装饰手段，更是巫师与神明沟通的重要手段，还傩愿、跳香等驱邪避灾的祭祀活动中，巫师必须佩戴面具才具有此通神法力。如在还傩愿、跳香等傩祭活动中，佩戴傩面具可以让相应的故事角色或者民间英雄有固定的形象，不会因不同的人来扮演而产生人物甚至故事情节的混淆；同时，傩面具能够使形象更加鲜明生动，以形成肢体动作、人物语言所不能产生的意境，增加体验感。

因此，湘西一带流传着"无面不成傩"的说法，傩戏也被称作"脸子戏""面具戏"，佩戴傩面具是傩戏的典型特征。同时，在湘西各种傩事活动中，面具也是必不可少的，面具已经成为湘西巫傩文化一个鲜明的特征。傩面具寄托着湘西群众驱灾祈福的美好生活诉求。在较为偏僻的湘西山村中，傩面具存在于人们婚丧嫁娶、生老病死等生活的各个领域中，这些古老的面具，凝聚着湘西人强烈的生命力。现在，傩面具仍然在民间艺术、民俗活动中发挥着娱神娱人、招吉纳祥的功能，演绎着湘西地区口口相传的民间传说故事，展示着富有地域特色的少数民族艺术。

---

① 张文振. 从湘西到北京：沈从文早期文学研究 [M]. 北京：中国戏剧出版社，2009.

（一）傩面具的分布区域

湖南面具文化传承较为活跃的地区有湘西土家族苗族自治州、怀化市各少数民族自治县、张家界市、邵阳城步苗族自治县，包括土家族、苗族、侗族为主的各民族交错杂居地带。其中湘西土家族苗族自治州和怀化市各少数民族自治县傩面具数量多、品种齐全、传承广泛、样式典型而相对具有地域特色，其中又以湘西土家族苗族自治州泸溪县的"泸溪傩面具"最具有代表性，传承状态最好。傩面具的传承中，除了单独作为一门技艺的傩面具雕刻外，还以傩戏"咚咚推"、傩戏杠菩萨、辰州傩戏、苗族傩戏、阳戏、还傩愿、傩堂戏等民俗活动为载体存在于人们的生活当中。

郑英杰将湘西文化归纳为："以土著文化为潜流，以楚文化为主流，以巴文化为干流，以汉文化为显流，土家、苗、侗、瑶、汉等多民族大杂居、小聚居的多元一体之地域文化。"① 湘西古有"五溪"之称，广义的五溪以怀化为中心地带，包括沅水中上游的大湘西地区。狭义的五溪具体指今天湘西地区的怀化市，在其境内有重要的沅水支流，包括巫水、酉水、舞水、辰水、渠水。春秋至宋以前中原王朝对长江流域以南的少数民族统称为"南蛮"或"蛮地"，宋代才以"怀柔归化"设怀化砦，"怀化"之名由此得来，因此古称"五溪蛮地"，而世居此地的少数民族则被称为"五溪蛮"。湘西连接湘、鄂、渝、黔、桂五省（市），同时又处于川东巴文化圈与湖湘楚文化圈的交错区域之中，巴楚之间频繁交往与战争导致的人口迁徙，推动了各民族文化的互学互鉴、交流交融。

春秋中后期，楚国战略南移，湖南成为楚文化的中心地区，湘西北的沅陵、张家界一带成为战国时期楚国的边界，作为巴国与楚国的必争之地，其成为巴文化和楚文化的融汇之地。元朝，有一条由京都到云南的驿道穿过湘西，湘西由此成为中原通往西南的必经之地。湘西境内有

---

① 宋志冬，石亮. 基于文化分区的湘西州文化旅游发展研究 [J]. 衡阳师范学院学报，2015（3）.

众多交错分布且四季皆可通行的沅水支流，使水陆交通并行发展的湘西成为中原联系云贵的交通要塞。在元末明初"江西填湖广，湖广填四川"的人口大迁徙潮流中，湘西一带发生了大规模的人口迁徙活动，伴随着人口迁徙而来的地域文化在这里碰撞、传播、融合，湘西一带形成多元、开放、交融的文化特征。

湘西境内河流错综复杂，为多民族文化的交融、人们更紧密的互动提供了便利。乾隆《永顺县志·风土志》卷四也有关于傩戏和面具传播的记载："又按永俗酬神，必延辰郡（沅陵）顺巫（巫水）唱演傩戏，设傩王男女二神像于上……至晚，演傩戏。敲锣击鼓，人各纸面，有女装者，曰孟姜女；男扮者，曰范七郎。"① 由此可知，傩戏的传播是顺着发达的水路进行的，湘西发达的水路成为巫傩文化传播的重要枢纽。

各种文化陆续进入湘西后，在这里发生了交融，对傩面具的发展产生了深远的影响。湘西一带少数民族多生活在山地、丘陵、河谷等地，崎岖险峻的自然环境激发了民众对生存环境的玄想心理，造就了湘西少数民族奔放、率性的生活方式及对鬼神的崇拜与敬畏，形成了湘西独特的民族文化气质。在这种特殊的环境之下，经过长期的交往交流交融，巫文化与儒释道的融合，苗族、侗族、土家族、瑶族、汉族等多民族文化的融合，形成了湘西文化多元一体的文化环境。因此，湘西先民意识中形成了对山水百兽巫鬼的崇拜与敬畏之情，如苗、瑶、土家等多民族共同信奉的梅山神。屈原《九歌》中的"山鬼""湘夫人""云中君"等，沈从文作品中的"宵神"，以及"风神""雷神""牛神""鸡神"等由自然万物、各类动物形象演变而来的傩面具，共同构成了湘西人文生态环境，也孕育了夸张、神秘、拙朴的傩面具特点。

（二）傩面具的特点

傩，是一种古老的驱逐疫鬼的巫术活动。湘西巫风尤盛，傩面具则

是巫傩活动中必不可少的道具之一。傩面具的艺术风格浑厚、粗犷，民间工匠制作时凭着传统的雕刻技艺，通过简洁明快的刀法、柔美流畅的线条，雕刻出各种不同的造型面具，刻画每个面具在戏曲中的人物形象、性格和身份，让人一看就能分辨出是神是鬼、是男是女、是老是少、是文是武、是和尚还是道人或是丑角。其表现手法主要以五官的变化和装饰来完成人物的彪悍、凶猛、狰狞、威武、严厉、稳重、深沉、冷静、英气、狂傲、奸诈、滑稽、忠诚、正直、刚烈、反常、和蔼、温柔、妍丽、慈祥等性格或形象的塑造。通过精雕细刻、讲究色彩，拙朴的民间造型手法赋予了面具以生命活力，形象地刻画出民间神话中的神灵、鬼怪及传说中各类人物的喜、怒、哀、乐，表情丰富，性格鲜明，令人叹为观止。[①] 傩面具多表现为狰狞、怪异，采用似人非人、似兽非兽的夸张变形手法，突出面具所表现的类别的性格特征，对眼、鼻、嘴予以变形处理。如眼呈圆凸深浮雕状，鼻头肥大，鼻翼扩张，有意将鼻梁缩短，为血盆大口造型留有足够空间；嘴角尽量向耳根延伸，獠牙暴露唇外。湘西地区傩面具在造型形成过程中，从现实生活出发，模仿自然界的生物，观察社会上人们的形态与行为，并在这些基础上加以改造。在创作想法、造型布局和象征意义上都以生活中所接触到的人物和神话形象为原型进行创作，其写实与创新的特性并列存在于这些面具之中。除面具造型带来的特性之外，其本身蕴含的意义也值得深入探究。

傩面具夸张、拙朴的外在形象背后，还蕴含着雕刻者赋予的内在感情。

就像人有好人和恶人一样，神也有好的和不好的，他们戴的面具都不一样。根据面具所代表的神灵善恶，傩面具分为正神面具、凶神面具、世俗人物面具。

正神即正义、善良、能够救人于苦海、给人带来吉利的神祇，这类神祇通常慈眉善目、面带福祥，广受人们崇敬。如傩公、傩母、先锋等神，其五官端正、面目清秀。凶神造型或威猛，或狰狞，或怪诞，通常

---

① 柳献忠. 余江木雕艺术研究［M］. 北京：中国林业出版社，2011.

用于镇妖驱鬼辟邪。吴兴知介绍道：

> 只有比鬼怪更凶猛的神，才能够镇住那些鬼怪，并且有足够的威力将他们赶走。

这反映了湘西人自然朴实的观点，亦可窥见人们对于鬼神"又敬又怕"的复杂感情。而世俗人物面具则是模拟一般常人的脸部特征，甚至可见女性面具上的辫子和皱纹、斑点。

⊙图9-2 吴兴知雕刻的傩面具

雕刻者在雕刻过程中不拘小节，展现出一种豪放之美。

二、吴兴知的从艺经历

（一）幼时的耳濡目染

1. 湘西兴盛的巫傩文化

我的叔外公和我的表叔父，他们住得很近，他们有一个团队，能雕、能画、能扎。因为巫傩文化在泸溪比较盛行，老人去世的时候都要扎牌楼，而且都是古典的牌楼，有翘角的，显得很古老，都是用纸扎的。还有人物，金童玉女，这对老人也是一种崇敬。我们做得越好，收入就越高，我从小就看着我表叔父他们很受人尊敬。

做这个行业比较有生存空间，属于艺人，这个行业以前都是组合起来工作的，像一个团队一样。有人专门负责扎，有人专门负责剪纸，有人专门负责画，扎、画、剪都融于一体了。牌楼旁边要扎人物，金童玉女不大，只有鸡蛋大，同样有一个模型。另外还有一个鬼王，老人去世了，需要鬼王保护，鬼王跟钟馗一样，是正义之神，专门管小鬼的。鬼王有三个头，六支臂，可以镇一切邪神。鬼王的造型很凶，眼睛很大，我们扎面具的时候，直接用鸡蛋尖尖的那一头贴在眼眶内，这样眼睛就是鼓出来的，然后涂上色彩就比较真实了。鬼王有一个黑脸、一个红脸、一个蓝脸，红脸专门管有声望的鬼，比如哪些生前做过官、德高望重的，黑脸专门管普通的鬼，蓝脸专门管凶神恶煞、生前专门做坏事的鬼。有着三个头之后，三界的东西都怕他。

我们浦市唱目连戏，最后要打叉，我问那个目连戏的传承人，你们见过打叉吗？他说没见过，我说你们要学到那个才是真功夫，现在很多都没传了，因为太危险了。以前就是两个戏子比法，唱到最后的时候，每个人各打三叉，戏台下面都摆有棺木，打死了不负责任，因为是自己水平不行。我们那时候很多人喜欢说故事，都在我家说，但是我不会，因为我记忆力不好。

2. 兴隆场的儿童面具

在我的家乡泸溪县兴隆场镇，巫傩文化气息很浓厚。大家都比较信神，过年的时候也会做一些比较喜庆的傩面来给小朋友玩，喜欢这些的小朋友得了压岁钱就会来买。

吴兴知回忆起家乡兴盛的巫傩文化，逢年过节小孩子买纸扎面具的场景再次浮现。20世纪七八十年代，卖给小朋友的傩面具都是纸糊的，以一个木制面具为模型，一层一层地糊上纸。用来做面具的纸都是集市上买来的，大多来自秀山。

这种纸比怀化本地制作的纸质量要好。秀山纸是用山上的一种树皮做的，韧性很好，顺着拉是拉不断的，要横着拉才能拉开。我们做纸扎用的也是这种秀山纸，这种纸甚至可以搓成条，做绳子用。糊在模具上的纸风干之后就形成了一个纸糊面具，再在纸糊面具上勾线上色，用不同的线条、颜色画出不同的表情，体现出人的喜怒哀乐等不同的感情。艺人将面具制作好后，用架子把面具挂在集市上，喜欢的小朋友就会带着压岁钱过来买。

这种纸糊面具制作简单，成本较低，价格实惠，也容易磨蚀，沾水之后易烂。小朋友买去之后，玩几天之后就烂掉了，或者失去兴致丢掉了。我们小时候从长辈那里得了压岁钱，就去买炮仗、面具这些来玩。平时不会去买，没有钱，所以这种卖给小孩的纸糊面具也只有过年的时候才会做。

卖给小朋友的儿童面具模型只有四种，即戏曲里面的生、旦、净、丑，成品面具造型比较滑稽搞笑，凶猛的很少。那时候《西游记》等传说故事尚未广泛流传，通常是做一些罗汉、女像等造型，表情开心，颜色喜庆，适合儿童戏耍。

3. 过继给伯父

吴兴知家中有四个兄弟姐妹，一个哥哥，两个妹妹。

大哥比我大 10 岁，那时候正好赶上三年饥荒，出生的人很少。我还有一个姐，医疗条件太差，没养起来。

出生于 20 世纪 60 年代的吴兴知回忆起当年的情况，不禁感叹道。

我父亲 40 岁早逝，我母亲要抚养我们四兄妹也辛苦，养不起，于是就通过家族中的叔叔伯伯和村里的大队干部做证之后，将我过继给了伯伯。

吴兴知的父亲早逝，其母亲无力抚养四个孩子，就将吴兴知过继给了无儿无女的伯父。

我过继给伯父的时候，已经有 9 岁了，我伯伯开始想过继我哥哥，但是我哥很调皮，管不住，那就过继小的算了，我也不反对。

吴兴知的伯父伯母都是非常勤恳的农民，生活中所有的时间都放在那片生养农民的土地上。伯父在生产队上是积极分子、优秀劳动者，在他经常戴着的斗笠上，有用红漆书写的"优秀劳动者"几个大字。因为劳动中勤恳踏实，其伯父还被推荐当生产队长，但生性老实本分的伯父不愿意担任这个职务，认为如果办事不公，很容易得罪人。

我伯伯很少骂人，但很严格，他出去干活，我就必须跟他出去。我们那个村跟我一年出生的有 11 个，原来他们的家庭条件都比我好。我跟了我伯父之后，我的家庭条件比他们都好了。因为伯父给了我物质生活，让我不再挨饿挨冻，所以我必须要听他的话，我就规规矩矩。我伯父不会打我，如果我实在是太调皮、太气人了，他就拿起挑稻草的那种两头尖、长长的扞担要打我，他先喊一声"我打死你"，然后我就赶紧跑了。他再丢扞担过来，我却又跳到那边田里去了。

伯父这种勤恳踏实、吃苦耐劳的行事风格，对吴兴知的成长产生了非常重要的影响。

也正是跟伯父生活的那几年，让我从一个调皮的孩子变成一个认真、非常守规矩的人。

伯父家中没有孩子，常年有余钱剩米。在集体化的时候，每年还能攒出 60 块钱，相对而言，家庭条件比较好。

过继给伯父之后，我过上了衣食无忧的生活，不用像村子里其他人那样挨饿，并且有机会继续上学。

吴兴知的脸上泛着笑容。在伯父的抚养下，吴兴知顺利完成了高中学业，这为吴兴知更好地理解巫傩文化、传承傩面具制作工艺，甚至中年学会使用电脑做了很好的铺垫。

因为过继给伯父时，吴兴知已经有 9 岁了。过继后对伯父的称呼并没有改变，与自己的原生家庭也仍然保持联系。20 世纪末期，为了更好地传承傩面具雕刻技艺，吴兴知离开兴隆场，举家迁至吉首市定居。伯母去世后，伯父来到吉首与吴兴知一家共同居住，十年后，伯父去世。伯父伯母的葬礼都由吴兴知来操持。母亲的老年生活中，吴兴知也仍然承担着赡养义务，其母亲去世时，他也参与葬礼的操持。

4. 从小热爱画画

吴兴知从小就热爱画画。

我以前读书的时候，从一二年级的时候就喜欢画画，在墙上、地上到处画。我们那里有拖拉机，我就画拖拉机，然后就画一些动物，比如猪牛等。我的老房子才拆了几年，反正墙上、木板上到处都是我画的作品。

从小学到高中，吴兴知一直都在画画。学校里关于画画的大小活动，都有吴兴知的身影。

20世纪70年代，有很多宣传漫画，而且经常要写标语，我就帮忙写字、搞宣传。学校还有黑板报，有刊头，基本上都是我一个人搞。除了自己班上的黑板报，别的班上的老师也会来找我画，学校里面的周报也是我做。

在长期实践过程中，吴兴知的画画水平不断提高，成为学校里画画领域的中流砥柱，各类绘画工作中都有吴兴知的身影。

我读书的时候就专门在钻研如何绘画，在课程学习上反而没有这么用功。我们那时候要竞争优秀学校，版画等都是我来绘制，我也因此得到很多请假、休息的机会。有时候一天能做完的版画，我分两天做，就多得了一天休息的时间。我在学校画画基本上都是第一名，学校会发一个奖状，没有奖金。

吴兴知回忆着当年在学校画画时的荣誉以及自己偷懒避开学业课程的经历。扎实的绘画功底也为之后吴兴知学习傩面具雕刻、纸扎等技艺打下了基础。

5. 艰苦的农耕生活

泸溪县兴隆场镇以水稻为主要的粮食作物，水稻种植须经过犁田、育秧、栽田、喷药、收割等多道程序。犁田、收割劳动强度非常大，都需要壮年男性劳动力来完成。其中又以犁田最需要技术含量，因为犁田要借助耕牛作为重要劳动力，牛在前面背着犁，人在后面赶牛，同时掌握方向、速度、犁头的高低深浅等。耕牛是农耕社会中重要的生产力，每天需要有人割草喂食或者看管，饲养成本较大，因此，不会每户人家都养牛。通常一个村落里有几头牛，春耕时期，养牛的人会牵着牛去给村子里的人犁田，牛也需要给一个工钱。

我小时候犁田是一把好手，怎么平衡犁头的高低深浅我都会。因为那时候我伯父是生产队优秀劳动者，农活做得很好，我经常跟在他后面，慢慢地就学会了。如果不会犁的人，犁头会往下面钻就拔不出来，这个是有方法的，犁头高低等需要根据牛的特征来调整，牛高牛长牛短都会有不同。

从小跟着伯父一起劳作的吴兴知掌握了很多劳动技巧。

我们那边的田都是又弯又长，有的地方太狭窄了，牛在里面都不好打转，耙更放不进去，就用挖粪的搭耙来挖，把杂草理出来，再把泥巴和均匀。一般的水田，田坎要搭两次，如果是要放稻花鱼的田就要搭三次，这样田坎高一点，可以蓄更多的水。我们小时候都是吃稻花鱼的，栽田以后就可以放稻花鱼了，稻花鱼不能放太小的，不然就长不活。要放隔年的鱼，去年的鱼一般都有手指头那么长了，到田里之后就可以自己觅食了，可以直接长大。小的成活率很低，打谷子之前就把田晾干，把稻花鱼收了。稻花鱼不能放草鱼，只能放鲤鱼跟鲫鱼，因为草鱼会吃禾苗。放稻花鱼的田里，杂草也会少一点，因为稻花鱼天天在水田里面游，草没有生长的空间。

跟着伯父劳作的经历，让吴兴知对水稻种植的每一个环节都非常清楚。

吴兴知过继给伯父之后，伯父将注意力都放在吴兴知身上，对其管教非常严格。

我每天必须跟伯父一起去做农活，我实在不想做了，但伯父说我必须要去，"我在哪里你就在哪里，不要想偷懒"。大太阳天，晒死了，要到山上去割树叶，然后泡到田里面做有机肥，发酵之后是好肥料。我也很想抗争，种田实在太辛苦了，我身体瘦弱，跟伯父做了三年农活之后，我实在受不住了，不想干了。但我也不会跟伯父顶嘴，我喜欢搞小动作，学校有画画的任务，我就去画画；伯父也是搞武术的，我也跟伯父学过武术，但我的腰有问题，不能跟他继续学。

也是这样一种经历，让吴兴知深刻感受到了农耕的辛苦。加上他身体不适合做劳动强度很大的水稻种植工作，且生性喜欢画画，于是，吴兴知总是希望能够通过画画或者其他方式来逃脱农耕劳作，这也是吴兴知最终走上傩面具雕刻之路的原因。

⬆图 9-3　作者团队与吴兴知（左二）合影

（二）走上雕刻傩面具之路

1. 初次雕刻

1979 年，吴兴知高中毕业，当时泸溪县还处于集体化状态，1980 年才开始实行分田到户。

> 集体时期，我相对比较轻松，因为我身体不太好。在村上，生产队的队长也会照顾我，分配一些记分等比较轻松的事情给我做，有时候也安排我去田里面称草，我也比较舒服。分田到户之后，每个家庭独立经营，什么都要自己干，我就相对要吃力一些。

分田到户之后，吴兴知的劳动强度相对加大，生活更加吃力，也使他脱离农村另谋出路的想法更加强烈。

> 有一天，我伯父他们都爬到山上干活去了，我一个人躲在板栗树下的阴凉处歇凉。我们那边有那种黄色的石头，跟粉笔差不多，

比粉笔硬一点，我就用刀拿这种石头削人物。我最先削的人物是刘晓庆，那时候有一个杂志的刊头，人物就是刘晓庆。从地里回家之后，我用钢纸片折成斜角形，然后用坚硬锋利的尖角来修整这个人物。修整好之后，我拿这个人物去给别人看，别人都说有点像。

就是这样一个偶然的无心之举，吴兴知产生了第一个雕刻作品。

因为浓厚的兴趣和在雕刻、绘画方面的天赋，接下来吴兴知又用黄石头陆续雕刻了几个人物，不断的尝试使得他的雕刻水平不断提高。1980年分田到户之后，民间信仰开始复活。老人去世之后，会请法师过来敲锣打鼓做法事；以前被毁坏的寺庙、庵堂也在开始陆续复修，这就需要大量的各种民间信仰中的人物雕像。

我在经书上看到释迦牟尼的画像，我就把那个释迦牟尼刻出来了，刻出来以后，也得到了大家的认可。

吴兴知抓住机会，雕刻了人物像就会展示给大家看。兴隆场镇与麻阳大酉村交界处有一座山，山上原本有一个庵堂，那个庵堂是用茅草搭起来的，因为是山顶，风好大，破除封建迷信时无人打理，很快就被毁坏了。兴隆场有四五个人很想再次复修。

我先做了一个小小的释迦牟尼，我觉得不好看，于是又另外刻了个观音，是照着经书上的观音画像做的，坐像，莲花盘腿。我是自告奋勇做的，因为做农活实在太累了，我不想跟我伯父干了，不想去山上了。我就向他们毛遂自荐，他们说，那正好我们一个菩萨都没有，就要我先做一个灵官大帝。我就用木架糊了石灰，那时候水泥都还没有，得了30块钱，做了将近一个月。30块钱对于那时候的工价来说，已经算多的了。因为那时候做工的工价是每天一块二毛钱，30块钱就是一个月的工钱。灵官大帝做好了，他们看我做得不错，就要我再做一个佛像，放在中间。于是我又做了一个佛像，得了60块钱，那两个月就得了90块钱。

就这样，在雕刻方面沉淀已久的吴兴知很快挣得了自己的第一桶金。因为雕刻技艺不错，很快就得到了大家的认可，也因此得以进入雕刻行业。

2. 跟着叔外公学雕刻

在庵堂里面做了几个人物雕像，吴兴知的雕刻水平受到了大家的认可。兴隆场当时有一个团队，其中一个扎花匠是兴隆场的老中医，他还在医院上班，医院工资很高，也很忙，他不想继续做扎花，但是，他们的团队是彼此分工的，缺一不可，于是，他一直想找一个人来顶替他的扎花位置。正好接触到刚刚崭露头角的吴兴知，便推荐吴兴知加入团队顶替他的位置。

> 他说不想干了，让小吴来干。他和我叔父是一起的，他们四个人一个团队，工作的时候一个人都不能少。但是我来了之后，他就让步，他在医院做老中医，工资很高。他就推荐我跟他们一起干，对我来说，这也可以养活自己。

这样，在雕刻方面初有成就的吴兴知得以加入这个团队。

吴兴知的叔外公也在这个团队里面负责傩面具雕刻。相比扎花，吴兴知对傩面具雕刻更感兴趣，于是，在扎花师父的推荐下，吴兴知成为叔外公李楚汉的徒弟。

> 我叔公李楚汉是一个比较沉默的人，他不喜欢说话，不骂人，也很少和人亲近。他很少详细地和我讲解面具制作的具体细节，通常是由我自己摸索，自己想怎么做就怎么做。师父在做面具的时候，我就在旁边看着。因为喜欢傩面具雕刻，所以我很认真。一个面具如果在师父这里没做完，晚上回到家里我又接着做。师父住在兴隆场街上，我们读书的时候就天天在他家里跑来跑去，因为他有一个儿子跟我一样大，所以经常在一起玩。我表叔家在他家对面，我们在那里吃饭、捉迷藏。所以我们已经混得很熟了，我经常有空就过去看他做面具，晚上回到家里也会自己反复练习、摸索。但是那时候我还必须在家里做农活，我们兴隆场是一个星期赶一次场，有时候赶场回来就偷闲去师父那里学一下，晚上回到家里又接着做。

吴兴知在农耕之余，坚持向师父学习傩面具雕刻。因为对傩面具雕刻有着强烈的热爱，吴兴知练习起来格外认真、刻苦，做完农活之后，经常反复练习面具雕刻。

在反复练习和长时间的钻研过程中，吴兴知的雕刻水平得到不断的提高。

虽然师父自己的儿子也在学傩面具雕刻，但是因为对此门技艺不感兴趣，进步也比较慢，因此，附近一带的面具雕刻工作大多由我来做。

吴兴知逐渐成为当地傩面具雕刻的重要人员。此后，吴兴知有了更多的时间和资源来进行雕刻，对自己非常喜欢的傩面具雕刻也有了更多的发挥空间。

我最先刻面具的时候还没有范本，只是因为强烈的兴趣支持，根据自己对傩面具形象的记忆来进行雕刻。后来，一个偶然的机会，我遇到一个老法师，他知道我很喜欢傩面具雕刻之后，就将自己收藏的老面具送给了我。面具一共有四个，即戏曲中的生旦净丑，都是木制的，是用鹅梨木刻的，好光滑，因为鹅梨木是相当好的材料。我照着这四个面具先做出来一套，但是还不行，达不到他的工艺，我又重复做。反正我从小喜欢绘画、雕刻，在这方面比较认真，没事的时候就刻。到1986年，我和我师父他们的面具就开始有人来购买了。有一个专门做生意的轻工业团队来购买泸溪傩面具，我师父做了一整套卖给他们。我师父做面具喜欢采用传统的做法，这也与工具相关，以前不像现在有这么多工具，只有一把刀。那时候我们是手艺人，还比较受人尊重。别人家里有老人去世，请我们去扎牌楼，都是好酒好肉招待我们，住在别人家里做。我跟师父也学了两三年之后才自己单独做事。我师父做的傩面具不管是造型还是技法，都比较传统、圆范，我也喜欢这种风格，但是我至今都还没有赶上我师父的水平。1987年，我师父去世了，在泸溪一带没有人做这个了，别人需要傩面具，就都由我来做。1987年开始，长沙这个轻工业团队，每年要搞一个民间工艺品展览，我的作品也参加他们的展览，慢慢地，我就脱离了农业生产，从农村中走出来了。

因为自己的刻苦练习，吴兴知在傩面具雕刻上的造诣越来越深厚，逐渐得到市场和外界的认可。

⊙ 图 9-4　吴兴知在制作傩面具（吴兴知　提供）

3. 传承谱系

　　我们这一支传承谱系中的第一代是罗一鸣，他是我师父的师父。他和我差不多，又能写，又能画，又能刻。他带了很多个徒弟，有我一个表叔，我一个姑父，还有我一个舅爷。

1949 年前，受地域环境的影响，湘西一带巫傩文化比较兴盛，唱傩戏、还傩愿、跳香等娱乐、祭祀活动经常举行，因此，傩面具雕刻和神像雕刻的市场比较广，当地从事雕刻行业的人比较多，如吴兴知的师祖便带出了很多徒弟。

　　随着时代的发展，现代文化伴随着人口流动、交通贸易的发展，逐渐进入地理位置比较偏僻的湘西，巫傩文化渐渐退出人们的日常生活，学习傩面具雕刻的人也渐渐减少。

　　我师父的徒弟比较少，现在我的徒弟基本上都不从事傩面具雕刻工作了。

每个师父都有自己擅长的方面，为了学到他们擅长的技艺，提高自己的雕刻水平，吴兴知还拜了其他几位师父。

> 我的叔外公李楚汉是我在雕刻方面的启蒙师父，王法银也是教我雕刻的师父，他主要教我雕刻神像。王法银教我的时候很耐心，他本来是在学校做老师的，很会教学生，经常穿长袍，是学校先生的装扮。他不会骂人，我有错误他会指出来，关于雕刻的细节也会耐心地和我讲解，还天天给我们讲故事。

师父的耐心教导，加上吴兴知良好的基础和刻苦的练习，他很快就成为师父门下最出色的弟子。

> 王法银有一个外孙，是他大女儿的儿子。我们两个都在学雕菩萨，他外孙雕的那个好丑，我说："你雕的那个是什么东西？给你搞这么样一个媳妇，你早就吓跑了。"说实话，跟我师父一起去外面雕刻的时候，我给他争了很多面子。我的功夫深，已经在外面做了几年了，所以我做出来的成品比其他同门做的都好一些。我师父喜欢喊我"老吴"，他接到活做不赢的时候就会喊我和他一起去做："老吴，你明天和我去搞一下哈。"所以我经常很忙，我年轻的时候做事很拼命，都不知道早晚。师父关心我，时常提醒我注意休息。王法银师父 86 岁时过世，他上年纪之后，儿子、孙子都没跟他一起，他一个人很孤单。

吴兴知在王师父的培养下，获得了许多外出雕刻的机会，为养家糊口提供了经济基础，也正是这样的契机，让吴兴知在雕刻的路上越走越好。

傩面具雕刻和巫傩文化息息相关，为了更深刻地理解每个傩面具的功能、特征与文化内涵，吴兴知还向当地的法师学了一些巫傩文化的内容。

> 傩面具做好之后要开光。开光虽然是由法师自己进行，但是我们作为傩面具的雕刻人员，也必须要了解一下，以免触犯了禁忌。正好兴隆场附近有法师，我就跟他们学了一点。

吴兴知拜师学习巫傩文化并不是为了施展法术为人驱灾祈福以求得

报酬，而是为了了解巫傩文化，从而更好地进行傩面具雕刻。

和巫傩文化相关的东西，我都是跟师父杨绍文学的，开光的咒语等都是杨师父教我的。我的师母人还不错，我学了一段时间之后，有一次师母去赶场时给我买了一块肉以及一些其他东西作为"过法"的礼物，但是我师父可能觉得我不从事这个行业，"过法"对我来说没有用，就不想给我"过法"，我也就算了。

对于职业法师来说，在一个法力高强的师父门下经过拜师仪式后成为正式的弟子，通过一段时间的学习之后再经过正式的出师仪式，成为一名真正的法师，这是非常重要的，尤其是通过家族内部一脉相承的传承谱系而出师的更加受人尊崇。但是吴兴知学习巫傩文化只是为了更好地进行傩面具和神像的雕刻，出师仪式相对不那么重要。

在不同环境中长大的，性格都不同，社会环境、家庭环境都会改变人生。我那个村已经没落了，以前有染坊，也出了一些小土豪。

吴兴知在泸溪县兴隆场镇长大，20世纪的泸溪县，水路发达，有众多码头，市镇繁荣，后来随着水路的衰落，泸溪也逐渐走向了没落。吴兴知在这样一个开放包容又饱含乡土气息的地方长大，幼时接触的东西很多，视野比较开阔，并且在伯父的培养下，顺利完成了高中学业。这样丰富多彩的经历使得吴兴知思维灵活敏捷，有主见，能够接受各种事物并融会贯通。

我的性子比较慢，做事情不着急，别人一天能完成的事情，我可能需要两天才能完成，但是雕刻本来就需要耐性，我通常是慢工出细活，每一件作品都要反复练习，反复修改。我学的东西很多，也很杂，雕刻、绘画、纸扎、巫傩文化等，我都学过。当然，我以雕刻为主，但是这几个方面都是相关的，看起来种类复杂，但是我都学会了，把它们融会贯通以后，我的水平就更加高了。

（三）最常雕刻的面具

有的面具经常会用，有的面具不怎么用，我们做常用面具的次数越多，也就越熟练。湘西这边还傩愿、跳香等活动比较盛行，这两套面具也是我雕刻次数比较多的面具，最多的是还傩愿的面具，其次是跳香的面具。

当问到比较擅长哪些面具时，吴兴知这样说道。

1. 还傩愿的十个面具

在吴兴知的工作室中，挂着许多自己和几个徒弟做的傩面具，有已经做好的，但大部分都是还未完工的。吴兴知向我们介绍道：

> 傩面具中雕刻的神都与农耕社会中的自然万物息息相关，如农耕文化中的风、雷、雨等神。傩面具中经常雕刻的十二神就是根据中国古代的十二吉神演变过来的，即开山、先锋、土地、赶邪、牛神、蛇神、风神、鸡神、雷神、雨神、猪神、羊神。

吴兴知工作室的大门边摆了数块傩面具的造型，分别是开山、先锋、土地、雷神、雨神、风神、牛神、羊神、鸡神，另外还有一些为了练习做的搞怪造型，还有一些徒弟不愿再继续做下去的半成品。如果别人需要的话，吴兴知再加工一下卖给别人。

> 傩面具主要是用来还傩愿的，一个人遇到自己无法决定的问题，只好向神求助。人们要先向神许愿，愿望实现之后就要谢神，需要还傩愿。

以前科学水平不高、医疗条件很不发达，人们家中遇到不幸或者家中有人生病后久治不愈，就会认为是鬼邪"作祟"，然后，他们会请法师过来作法，以驱灾辟邪，祈求平安顺畅。

> 做法事的时候，法师要佩戴面具，面具一共有十个，法师把相应的神都请来，好酒好肉招待，然后作法。中间还会唱傩戏，唱戏是为了让神高兴，唱戏好看，周围也会有很多人过来看戏。做法事的时间根据还大愿或者还小愿而不同，遇到的问题小，就许小愿，遇到的问题大，就许大愿。还傩愿与跳香不同，还傩愿的地点不是固定的，是可以移动的，可以到别人家里去。仪式结束之后，把神送走了，相应的面具又可以收起来带走。而跳香是在村子里固定的地方进行。

唱傩戏、还傩愿时候用的面具都是木制的，因为木制的易于保存。唱傩戏的时候，需要将各个面具所代表的神灵一个一个请到案头上供奉起来。做法事的每位法师都会置办一套傩面具，如果没有一套齐全的傩面具，就需要向其他法师借，自己有一套道具当然更好。一套还傩愿的道具一共有十个，分别是傩公、傩母、开山、先锋、土地、八郎、先生、铁匠、判官、太子。在还傩愿的时候，十个神都需要请到神座上来，每一个面具都有相应的一堂戏，如《搬土地》《搬判官》《八郎卖猪》等，即通过傩戏把面具所代表的人物、神灵具象化。

传说中的傩公傩母是湘西人的偶像，是母系社会的信仰，是人类的起源。在洪荒年代，傩公傩母本来是姐弟关系。一天，有一个仙人来告诉他们，马上要涨齐天大水，让他们赶紧种葫芦，等大水来临时，就躲进葫芦里面。后来，他们二人就钻到葫芦里面，随着齐天大水漂浮起来。等洪水退去之后，傩公傩母从葫芦里钻出来，发现整个世界就剩下他们两个人了。世界上已经没有其他人了，人类面临着绝迹的困境，但是姐弟不能成婚，这是伦理道德。这时，仙人又来给他们出主意。当地有一个东山圣公，一个南山圣母，他们两姐弟各拿一块石磨，弟弟拿着石磨站在东山上，姐姐拿一块石磨站在南山上，两个人分别将石磨从山顶上滚下来，如果两块石磨合在一起，即天意要求他们就地成婚繁衍后代。果然，分别从东山和南山上滚下来的石磨立即合在了一起，天意如此，于是，姐弟二人决定成婚繁衍后代，以延续人类香火。后来他们生了一个肉球，就把肉球剁碎，剁成一百块，这也是百家姓的来源，一块肉放在李树上就姓李，放在桃树上就姓陶。他们把这个肉全部放好之后，天下一下就有人烟了，开始有村寨、有房屋了。

傩公傩母作为湘西少数民族神话传说中人类的创造者，其造型圆润饱满，和蔼可亲。傩公面色赤红，浓眉大眼；傩母带有头饰，面色白嫩。关于傩公傩母的造型，还有一个和佛教相关的传说。

我们尊称傩公傩母为偶像，但是佛教信释迦牟尼。我们称亚傩为正教，外来的即为邪教，相互之间都会排斥挤兑，相互之间就会斗法，看谁的法力更高强。傩公傩母跟释迦牟尼斗法，看谁在水里泡得更久。几个月之后，傩公傩母就只剩下一个头，身子下面的部分都已经烂掉了，所以我们刻傩公傩母的时候就只刻到脖子。而释迦牟尼在水里泡了几个月之后，身子还没有烂，但是螺蛳都长到头上了。

因此，傩公傩母的面具造型刻到脖子部位。

开山。传说，湘西以前是蛮荒之地，没有人烟，是原始、古老的森林，开山第一个来到这里。开山是男性，比较凶猛，力大无比，既能开荒，又能开路。开山用的黑花脸，看起来比较英勇。龙师傅唱开山最拿手，他和我说，我们的文化还是从桃源洞出来的，所有的故事都是围绕桃源洞往西部发展。桃源是仙境，从东到西，他们在路上经历了很多，所以他们法师了解的故事更具体。

查阅文献得知，《搬开山》是湘西傩堂正戏之一。剧情略云："功曹送文书给开山，有主东家还愿相请，开山便从桃源洞动身，将沿途的所见所闻、民间风俗和地方民歌曲艺一一做了介绍。到愿主家劈开五方财路，使金银财宝送上门，门前赐的是摇钱树，后院赐的是聚宝盆。同时，将天瘟、地瘟、牛瘟、猪瘟、麻瘟等五瘟时气扫走。"[1] 接着，吴兴知和我们说起开山神使用黑脸的缘由。

开山在山上靠砍柴烧炭取暖，靠打猎来获得食物。因为他长期生活在山上，并且经常打猎烧炭，脸上很黑，又没有水洗脸，长年累月如此，于是就变成了黑脸。

先锋是女的，是开山神的妹妹。开山先来到湘西这片蛮荒之地，后来，妹妹跟过来找哥哥。妹妹长得漂亮，从桃源到湘西，她一路被人调戏，很多媒婆给她说媒，"你不要找你哥了，另外给你说媒"。每到一个村，都有人来调戏先锋，但是先锋又特别会说，一一拒绝了别人的说媒，并且把人说得心服口服，又没有邪念的那种。

先锋面具造型和善，面相饱满，端庄美丽，为少女形象。在辰州傩

① 朱恒夫，刘冰清. 中国傩戏剧本集成·辰州傩戏 ［M］. 上海：上海大学出版社，2017.

戏中,《搬先锋》剧情为:"先锋小姐接受主东家的邀请,下凡尘为主东家还傩愿。她帮主东家打扫尘埃,扫进金银,扫走瘟邪,使人畜兴旺。"①可见先锋为善良贤惠、乐于济世的女性形象。

土地不是我们日常生活中所说的当方土地,而是在山上耕种的梁山土地,就像舜耕历山,梁山土地整天在山上开荒、垦地,是开垦梁山的神仙。土地的造型也是慈眉善目的,土地爷爷有很多胡子,是镶嵌上去的棕丝,棕丝再涂上白颜色,就成了土地爷爷的白胡子。

在吴兴知工作室还挂着一个梁山土地的面具,土地面色红润,略带微笑,两鬓粘着白胡须,展现出阅历深厚、和蔼可亲、受人尊敬的形象。

八郎是做猪肉生意的,他的面具比较和善、文雅。他有他的生意经,唱戏的时候,他的风流话很多,旁边的观众都很喜欢听。我们也有一种说法,八郎的风流话讲得越多,愿就还得越好。在戏中,八郎会说自己怎么养猪、杀猪、卖猪,也就是普通的真实生活在戏曲中的体现。铁匠是专门制作工具的,是黑脸,但不是特别黑,是每天打铁火烧火燎烧黑了的。判官表情非常凶猛,还有两颗獠牙,因为判官要断定是非,必须威武。有些恶鬼需要镇住,或者有些不讲道理的,判官要非常凶猛才能说话有力,管住他们。太子是小朋友的造型,是傩公傩母的儿子。先生是算卦的,即地理先生。

由此可见,还傩愿的十个面具,包含了生活中必需的群体和行业。先有开山神开辟蛮荒之地,傩公傩母延续人类,土地开垦良田,太子象征人类社会的不断延续,判官断定人间是非、保证社会稳定,先锋能说会道、为乏味的生活添加趣味,另有以铁匠、八郎、先生为代表的各行各业,即人类社会的小型缩影。

在吴兴知的工作室中,还有做工精细的五方神(五方即东西南北中,五方又对应五色,即青赤白黑黄)。按照苗族巫师的观点,五方神可以用来改煞("煞"在民间信仰中指不吉利的东西),哪一方有煞就把这一方的面具神挂在哪一方。工作室中还另外挂着一个东方神、一个西方神,

① 朱恒夫,刘冰清.中国傩戏剧本集成·辰州傩戏[M].上海:上海大学出版社,2017.

⊙图 9-5　吴兴知展示他雕刻的傩面具（吴兴知　提供）

这本来也有完整的一套，但是其他几个被人请走了。

2. 跳香仪式的面具

跳香祭祀仪式中，开山傩和种五谷两个环节中需唱神灵，表演者都需佩戴傩面具。

跳香是在斋堂里面进行。在泸溪兴隆场一带，每个寨子里都有一个斋堂、一个荤堂。斋堂里面用斋粑豆腐敬奉神明，荤堂里面用猪头敬奉神明。荤堂里供奉的神明负责管风水、龙脉。荤堂一般在屋后，斋堂一般在村前，有一些是根据村子的入口和出口，分为村左村右。跳香的时候需要佩戴傩面具，因为傩公傩母、顶天立地都已经在斋堂里面了，都是固定在这个地方的，所以不需要另外请神。

跳香时用的傩面具个数比较少，即一个顶天、一个立地，一个骑龙、一个骑虎。顶天和立地都是比较凶的，在传统的雕刻手法中，他们的眼睛都比较大、比较突出。受到现代文明的影响，人们不喜欢太凶猛的面具，加之雕刻工具不断精进，使得雕刻者能够制作出比较精细的面具，因此，近年雕刻的顶天、立地等原本比较凶猛的面具，也都趋向斯文、柔和。

　　傩面具在历代雕刻者和巫傩法师的传承下实现了世俗化。在世俗化的过程中，傩面具雕刻者和巫傩法师将其与本地民间传说、地方文化特征相结合，对傩面具进行本土化改造，并使其融入本民族文化与信仰之中。

　　苗族跳香时要佩戴面具，一套完整的面具有 12 个。关于苗族跳香，还有一个传说故事。以前在沅水边上有一个苗族年轻男子，他在天桥山上向一位神仙学法，时间久了之后，就与神仙随从中的一位道姑产生了恋情，但道姑是不能有恋情的，于是两人决定偷偷私奔，下山生活。神仙知道后非常生气，马上派了门下 12 个弟子去抓他们回来，12 个弟子在天桥上追到了苗族男子和道姑，想强行抓他们回去。苗族男子看对方人多势众且法力高强，不能强逃，于是迅速想出了一个周旋的办法。苗族男子对他们说："听说你们法力都很高强，如果你们敢把脑袋砍下来去河里洗澡，我就服你们，并且跟你们回去。"12 个弟子都想展示自己的法力，于是纷纷将脑袋砍下来放在桥上，然后下到池塘里面去洗澡了。苗族男子迅速生起大火，将这 12 个脑袋放在大锅里煮烂。12 个弟子从池塘里洗澡上来之后，找不到自己放在桥上的脑袋，非常着急，赶紧请苗族男子和道姑带着他们四处去找脑袋。走了很远，找了很久都没找到，遇见一头牛，苗族男子就把牛头砍下来放在其中一个弟子的脑袋上；吹过来一阵风，苗族男子就抓住一把风放在其中一个弟子的脑袋上。于是，12 个弟子就变成了 12 个奇形异状的怪物。他们看到自己的奇怪模样之后，也不好意思再回到神仙那里去，苗族男子就将他们带到苗寨，他们便成了苗寨的保护神。

三、傩面具的制作工艺

（一）木料的选择

　　湘西一带多为山地，山林面积广阔，植物种类多样，为湘西傩面具制作提供了丰富的木材原料和颜料提取原料。因为木材取材容易，易于雕刻，且耐磨损，可以长期保存，因而木质雕刻成为湘西傩面具最传统、流传范围最广的面具形式。

　　适合用来雕刻的木料有柳树、油木树、樟木、白杨木，我们雕一些小菩萨就用白杨木，是那种自然生长的山白杨。那种白杨树叶子下面是白色的，风一吹就看到白花花的一片，那种木材相当细腻。泡桐树很大，我们通常使用水桐木，泡桐木更沉一点。不管是哪种木材，都必须等到立秋以后才能砍，因为春天正在生长的木头会有树脂，做出来的面具就容易坏。我们现在做雕刻用的木头都是从集市上采购来的，山上的木头也要花很多钱才可以去砍，而且耗时耗力。

泸溪傩面具雕刻的木料选择首先受自然环境的限制，只能在本地生长的树木中选一种最为适用的木料，如湘西一带多生长杉木、桐木、樟木、柳木等，也是泸溪傩面具雕刻通常使用的原材料。自然环境不同，植被也会略有差别，面具雕刻的原料如泸溪一带以杉木为主，沅陵一带多以樟木为主，会同高椅则以楠竹为主。

雕刻者在当地木材中选用原材料时，主要看木材的材质，选松软、光滑、不易裂、易于保存的木料。吴兴知向我们介绍道：

　　雕刻菩萨和面具所选的材料，如果木质松一点就比较好雕。杉木是做雕刻最好的材料，杉木雕成以后很光滑，不容易开裂。椿木就不行，雕好之后它会裂。柳树也是比较好的材料，柳树不会裂，长得也比较快。樟木、柳木都比较好保存。

杉木其色泽光亮，耐潮防腐，木质松软，易于雕刻，且生长较快，一般6—10年可成材，因而成为泸溪傩面具雕刻的主要原材料。而沅陵一带的傩面具雕刻多使用樟木，樟木自身能够散发香气，故又称香樟。

但不管选用哪种木料，都需遵循植物本身的生长规律。

　　必须都要立秋以后才能砍。因为春天雨水很丰富，木头里面的水不能挥发，就很容易坏。

这是湘西人民世世代代积累的劳作经验，体现了人们的生存智慧。

（二）工具的选择

我常用的工具有 10 多件，很多好用的东西都被徒弟拿走了。这些工具中，锥底锉、圆锉、圆浮用得比较多。圆的用得最多，平的用得少，平的用来修光。

吴兴知没有师父那里传承下来的工具，都是自己去铁匠铺打制或者直接在集市上购买的。除了在本地购买工具外，吴兴知也会托熟人从外地采购一些工具进来。

这些工具都是自己置办的，有一些是从福建买的，有一些是自己请铁匠打的。福建那边的工具卖得便宜一点，我们这边的铁匠，工具不管大小，都是 40 块钱一件。在溆浦大江口我有一个徒弟是卖文具的，他以前跟我学雕菩萨，现在在怀化用阴沉木做根雕，大江口那边阴沉木很多，他有时候会去福建那边采购工具，也会给我带一些工具回来。但是我不喜欢福建那边的那种细柄工具，没有我们这边这种粗柄工具好用。以前桑植有一个老师傅（现在过世了），他做的工具很好用，他会根据顾客的需求来打制，他一般会问你是用来干什么，然后再打制。薄的刀口容易磨，做事的时候拿着也比较轻巧，我有一个工具现在还在用，是十年前在他那里买的，七八块钱，现在要卖 45 了。工具刀把一般是用油茶树比较老的部分做的，油茶树在山上有很多，就自己去山上砍。油茶树是做刀把、斧头把的好材料，但是做锄头把不好。油茶树只要一长大就歪了，还可以用来做很长的镰刀把，油茶树的韧性很好，耐磨。这种比较常用的刀具，可能我每个徒弟都从我这里拿走了一把。

但是，吴兴知认为，傩面具雕刻过程中，最重要的是磨刀。

用来雕刻的工具有很多，如有平板凿、半圆弧凿、指甲弧凿、锥底凿、斜刀、挖刀、斧头、锯子、锥子、剪子、瓷片、水磨砂纸等，每个师傅都有自己的习惯，都喜欢用自己顺手的工具。我认为磨刀是最重要的，刀口很锋利，做起来就比较轻松。我那几个徒弟磨刀都不是很厉害，因为他们没有那个耐性，很多木匠师傅跟我一起共事，都喜欢请我帮他们磨刀。本来雕刻产品就是要靠刀，如果刀都没磨好就没办法，很多人会磨，但是磨不到位。磨刀石是我自己去麻阳那边买的，凤凰有一个地方也有卖，其他地方很难找到磨刀石。我家里还有一块磨刀石就是从麻阳买来的，以前还有专门切割磨刀石的机子，但是因为需要磨刀石的越来越少，他们就不干了。

（三）自然颜料的提炼

湘西傩面具的颜色以黑、白、红、黄、蓝五色为主，色彩绚丽，对比强烈，呈现出湘西独特的审美习惯和色彩信仰。如辰州傩面具中的色彩运用，正神面具的颜色主要以红、绿为主，象征着生命和朝气；普通人物面具以黄色为主，与黄种人的黄色皮肤相呼应，也象征着普通民众在农耕中与土地的亲密联系；凶神多用黑、红、褐、绿色，色彩冷暖对比强烈，黑色为面具创造一种凶恶、威严之感。

与外界市场联通之前，泸溪傩面具色彩全部取材于自然，以传统技法从自然万物中提取面具上色所需颜料。

以前市场上还没有颜料卖的时候，我们使用的颜料比较单一，都是从我们非常容易得到的自然物质中提取的，有白色、靛蓝、土红。土红色是用河里一种有颜色的石头做的，白色就用石膏来做，有些也用牛胆水来做颜料，黄色是用山上一种黄果子做的，直接把果子捣碎，取其汁水就可以了，那种黄色非常艳丽。这些自然颜料会掉色，所以要用土漆或者桐油涂在外面，来保护面具以免掉色。土也有很多种颜色，土红、土黄等，可以用来做颜料。将土用水淘过，需要淘很多次，粗的和杂质就不要了，只要下面细的，然后把下面的土粉晾干。必须要干透，再用土漆来调，就变成可以用来上色的颜料。土漆是从山上一种植物漆树上面割出来的树脂，很多人会对漆树过敏，但我不过敏。现在漆画的颜料都是成品了，做好的成品直接用也不会过敏。黑色是用松油来做的。以前山上的那种松树有很多油脂，像肥肉一样的，把松树劈成一块一块地放在灶膛里面烧，上面盖一块铁板，烧一会儿之后松树的油脂流出来了，就把铁板翻过来慢慢刮油，这个可以重复用，刮了一层之后再烧，它又会出油，松油很黑。有些人也用锅底黑来做黑色颜料。

传统技艺中蕴含着湘西人民与自然相处的生存智慧，但是因为从自然物质中提取颜料的过程比较繁杂，而且自己加工的颜料长期暴露在空气中容易氧化，逐渐龟裂脱落，着色能力也有所欠缺，会导致面具部分地方脱色，露出木胎，影响面具的艺术效果。并且，自然颜料提取的质量会因个人技艺水平不同而不同，而颜料的质量又会直接影响傩面具的上色，从而影响傩面具的艺术效果。而现在市场上销售的丙烯颜料，价格实惠，且色彩稳定、着色能力强。因此，随着时间的推移，老艺人渐渐离去，传统的颜料提取技艺也在迅速地消亡。

（四）面具的制作工序

泸溪傩面具的制作大致可以分为选料、定型、打胚、雕刻、修光、上色、开光等多道工序。

选料。傩面具通常选用易于雕刻、不易开裂、好保存的木料。雕刻之前，先将木料去皮晾干，将凹凸不平的树干表面修平整，然后按照面具设计的长度将整块木料锯断。

木料通常需要比面具长度长至少 3 厘米，每个人脸型不同，面具的长度需根据需求者的脸型来设计。我们都是按比例来，通常是2:3，20 厘米宽，那就选 30 厘米高。然后将木料竖着从中间劈成两块，拿其中一边，平面朝下，弧面朝上，固定好，然后就是根据神像的不同造型来进行雕刻。

定型。将选好的木料固定之后，即可在面具上根据神像的造型确定五官的大体位置。

五官设置有一个基本的规律，但是可以根据造型的不同来进行调整，比如天神和地神可以根据其特征进行区分，将眼线上下移动，帝神眼线在中间，天神的眼线要往上移一点，区分出来之后再进行雕刻。比较熟练的师傅直接用手比画一下就可以确定五官的位置，然后用刻刀轻轻地在面具上做一个小记号就行，不够熟练的师傅需要先在面具上画线，刚开始学雕刻的人还要不断调整线的位置才能确定好。确定好五官大体位置之后，就要打胚了。

打胚。雕刻者确定好面具造型之后，先用锯子等工具将多余的大块木料锯掉、剔除。

现在工具发达了，可以选择的工具很多，而且有了很多电器，可以提高劳动效率。以前我们打胚的时候，先用锯子把边边上多余的木料锯掉，然后再用刀来把周围大块的多余木料凿掉，做一个面具就要花很多时间。现在有电锯，有很多雕刻机器，可以节约很多时间，现在我做一个面具大概只要一个星期。

雕刻。面具大致造型已经显现之后，再进行精雕细琢，使用不同粗细的工具来修正五官。

我们用一把刀就可以做出面具的特征来，用圆刀就可以把他的风格做得更明显一点。如果是雕刻人物使用的工具就要多一些，人物五官雕刻需要不同大小粗细的工具相互配合才能完成。雕刻的过程中，我一般是先仔细雕刻面具的嘴巴、鼻子、眼睛、眉毛、耳朵、牙齿等比较细致的部位，这些部位雕好了能体现一个师傅的水平；有一些面具有角，角也要好好修正；然后再修正额头、脸、下巴等面具较宽的部位；有一些面具有胡子或者帽子等装饰图案，如土地公公就有很多胡须，这时候就开始装胡须了，他的胡须是棕丝做的，将棕丝装在面具上，然后再用白漆涂白，就变成了白花花的胡子了；最后再把面具背面掏空，面具就差不多有模样了。

修光。面具基本成型之后，还要对面具表面的各个细节进行打磨，以保证面具表面光滑平整，尽量避免瑕疵。

面具表面要仔细打磨，因为我们在刻的时候会留下刀痕，可以用砂纸磨平，以前我们没有砂纸的时候都是用刀刮，顺着木头一直刮，那样做要辛苦很多。现在有了砂纸，砂纸比较柔软，各个凹凸不平的部位都可以轻松地磨到，而且不会伤害面具表面，产生新的刀痕，所以能够节约很多时间。

修光之后还要将面具煮一天一夜，主要是为了防虫。把面具里面的树脂煮出来，煮了面具之后的水都是黑色的。面具煮过之后，风干也可以，烘干也可以，放在太阳底下暴晒也可以。雕的菩萨不用煮，菩萨没有办法，太大了不能煮，所以雕刻菩萨必须选用秋天以后的树，不会长虫，但是树不能有皮，树皮必须刮掉。春天的树把树皮一剥，树干就会裂开，因为春天水分太重了，秋天的树就不会。为了保护木料，还要在面具表面涂一层牛皮胶。牛皮胶是从集市上采过来的，是一块一块的，像牛皮，但其实不是牛皮做的，和阿胶差不多，熬的时候就直接加水熬，然后熬成稀稀的状态就可以用了。

上色。颜料多选用丙烯、立德粉等，在色彩搭配上体现出雕刻艺人对人物形象的深刻理解与艺术造型的审美追求。

在我学画画的时候，就可以购买颜料了，但那时候的颜料没有水分，需要自己兑水。现在是丙烯颜料，非常方便，黏性也很好。水彩颜料是用立德粉、牛皮胶调好之后涂在上面，涂好之后，等风干之后再用砂纸磨光。

面具上色之后，还需再涂上一层桐油来保护面具表面的色彩，以防颜色在使用过程中受损、脱落等。现在可以在市场上购买直接使用的油漆，以前，湘西一带手艺人需自己熬制桐油。桐油涂在面具上，不仅可以防止面具掉色，还能使面具的颜色看起来更加深沉、古朴。

熬桐油的时候，先把桐油放在锅里面，用大火烧开，烧到里面没有水分、没有泡泡了，就是纯桐油，熬成球状就是光油。这个火候很难把握，我的方法是拿一根稻草放在锅里，看到稻草开始变黄了，火候就差不多了，这时需要自己仔细观察，看到差不多了，就赶紧把火调小。拿一把斧头过来，用一个棍子蘸一点烧开的桐油，滴在冷的斧头上面，马上就冷却了，然后用手沾一下，如果能拉丝了就可以了，马上停火，如果还不能拉丝，就需要再烧一会儿。还要准备一点生桐油在旁边，一看火候过了，赶紧把生桐油兑下去。

吴兴知耐心地和我们讲述着傩面具制作的每一个过程及背后所蕴含的民间信仰文化。

开光。傩面具在祭祀活动和傩戏中使用，傩面具的主要功能是驱灾镇邪，是赋予戴面具者某种神秘、巨大的力量。因此，在面具做好之后，还需要师傅来开光，即请相应的神灵依附于面具之上，从而关键时刻能够赐予戴面具者力量。

面具和神像的开光仪式差不多，并且因为拜的师傅不同、流派不同，每个师傅都有自己的做法。我们去开光的时候就穿平时的衣服，然后还有一块青蓝布，这块布是主人家置办的。我们把布佩戴在身上，自己要在这块布上画符念咒语，使其变成一块遮身布，可以避免邪鬼近身。开光要选一个良辰吉时，最先是请井水，把水请来之后，师傅要念咒语，把井水变成圣水，然后象征性地用圣水来洗开光物，是洗去世间凡尘污垢的意思，因为我们在采集木头的时候，或者是做（制作）的时候有一些地方可能会不干净。然后就是请神，请神的时候，神的生辰八字都要念，并且要念三遍，不能只念一遍。把神请来了以后就上供，应该吃荤的就供奉荤菜，应该吃斋的就供奉斋菜。荤菩萨开光就是念咒语，然后搞一点公鸡血，用毛笔蘸一点朱砂，用朱砂来点眼睛，就有灵气了。然后还要安神，把咒语一念，木头就变成"神"了。开光的时候也要打卦，要问一下神灵来了没有。把神请过来之后要让他们先吃好喝好，然后师傅来念咒语再打卦。

湘西一带的法师和信仰者，基本都认为卦有三种卦象，一正一反为"顺卦"，意为"是""好的"，如果显示顺卦，则表示神明已答应某事、肯定某事；两正为"阳卦"，意为"财源滚滚"；两反为"阴卦"，意为"扫除一切不祥"。

请神打卦时，最先是验证请神是否成功，师傅预先设定，如果神明来了就打顺卦，不来就显示其他的卦象。如果卦象显示神明还没有来，就需要将请神的话再念叨一下，再次请神明降临，直到卦象显示顺卦表示神明已经来了。然后就可以求保佑卦，请来的神不仅仅是开光的这一位神，同时还会请其他的神明，如果师傅或者观众图吉利可以讨一个顺卦，保佑平安。然后就是送神，将请来的其他神明送回去。

"化水"一说在湘西民间信仰中广为流传。许多人相信与神明相关的"圣水",或者经过法师念咒掐诀之后的水,具有神奇的法力,病人喝了能够尽快恢复,常人喝了能够强身健体。吴兴知即和我们描述这样一个场景:

> 请水的时候,用杯子或者碗装一点水过来就可以了。但早些年我们的开光水别人都想要拿回去喝,那就要多搞一点水,准备一担或者一盆,反正估计参与的每一个人都能分到一点水。我们在凤凰开过一次光,大家都想要这个开光水,我们就用杀猪的木盆准备了一大盆,把用碗装的开光水念了咒语以后,倒在大木盆里面搅和一下,就变成了一大盆"圣水",然后再分给大家。有些人拿回去煮饭,有些人用瓶子装着拿回去收起来,如果有哪里不舒服,就擦一点,这个没有科学依据,主要是心理慰藉。

四、多才多艺,多面人生

(一) 最先是雕刻佛像

吴兴知最先通过雕刻技艺获得物质基础,是在神像雕刻方面。

> 最开始我主要不是靠做傩面具挣钱,而是靠做佛像挣钱。那时候刚好结束集体化,很多地方在重修庵堂,我刚好赶上这个时代,经常有人来请我们去做佛像。我徒弟都有三四个,还忙不赢,带一个徒弟不容易,教会了,给我只干两年,就出去挣钱了。那时候雕佛像也是用木头。现在还有两三个徒弟在继续从事佛像雕刻。在怀化辰溪有一个观音洞,还有怀化靖州,洪江有个嵩云山,里面的佛像是我们做的,吉首市三王庙里面的菩萨也是我做的,旁边的小神也是我做的。神像的样子都是照着以前的神像做的。我师父第一次出名就是在这里,他做了一个菩萨就出名了。我们都有几十年积累

了，怀化辰溪、麻阳等地以前也有师傅，但基本上都被我们这个师门淘汰了。怀化、湘西这一带的菩萨，基本上都是我这个师门做的，不是我就是我的徒弟。我们是根据时代来刻的，花垣一个麻师傅做出来的和我们的就不同，我们比较偏向写实。我们那边做的菩萨都比较圆范，我现在还赶不上我师父的水平，他那种原始的最有味道。他们那时候的工具局限了他们的创作，那时候的工具比较简单，种类没有现在多，也没有现在精细，做出来的成品也没有现在细致，更加要考验个人的雕刻功底。我比较擅长白帝天王，我师父他们开始就是做这个。我老是想模仿他们那种比较传统的做法，他做出来的成品，在刀法、工艺、美学各方面都带有地方特色。

尽管在佛像雕刻领域获得了一定的物质基础，但傩面具更加强调将绘画和雕刻两门技艺结合，更切合吴兴知的兴趣点，于是，吴兴知仍然在傩面具雕刻方面不断钻研精进。

⊙图9-6 吴兴知的佛像雕刻作品

面具我喜欢做那些比较圆范、工艺比较精湛的、带有抽象性的。傩面具的雕刻和做神像差不多，就是造型、形象不同。我在师父的团队里面搞扎花的时候，因为我师父还在，别人基本上都是找我师父做，1987年师父去世以后就开始找我了。

师父离世之后，吴兴知已经成为当地知名的傩面具雕刻者。

进入 21 世纪后，还傩愿等祭祀活动逐渐减少，电视、手机等新的娱乐方式进入人们的生活，傩戏逐渐退出人们的视野，傩面具雕刻也逐渐失去市场，很多傩面具雕刻者都选择了改行。但是吴兴知出于对傩面具和绘画的喜爱，他仍然在坚持制作傩面具，并且不断探索傩面具方面的谋生之路。

> 我应该是 1996 年去的长沙，当时我已经有一些面具获奖了，也有一些人来买我的作品去收藏。有一个熟人跟我说，湖南省文化馆里面有个馆长，原本是湘西文化馆的，后来调到省文化馆了，他们两个搭档。我就去找他们，他们就说，你还有 600 块钱在我们馆里，我说，那就算了嘛，你们花了算了嘛，他说，那谁敢用你的钱。最后也就算了，我说大家拿来喝酒算了。是我的作品被日本人买去了，我做了 4 个作品，他们买了 2 个，600 块钱。当时，在我们泸溪文化馆的张老师手上，我也有作品在常德被买走，现在他也有 70 多岁了。他就说，小吴，跟你说明的，我们到常德，中间坐船，把你的钱都用了，我说那没事，那时候我并没有钱的概念，就是希望他们帮我宣传推广。我们师父和徒弟都在这一带从艺，反正谁接到的活就谁干，但是相互之间要通气，相互之间不要挖墙脚，徒弟之间有时候有争端了，都要请我去解决，我们好不容易学到这个手艺，互相之间怎么可以挖墙脚呢？他们即使要对着干，但是也不敢跟我对着干。

秉承着对傩面具的热爱，吴兴知不断地提高自己的雕刻水平，成为远近有名的傩面具雕刻师。但是，吴兴知始终不忘师父的教导之恩。

> 我神龛上供了师父的牌位，过年、过节的时候要上香，做事的时候别人送了吃的，等东西带回来要先供奉师父。

师父已经离世多年，但吴兴知在从事傩面具雕刻的过程中，始终不忘祭拜师父，感激师父的恩情。

因为对傩面具、神像等神秘力量的敬畏之心，普通民众不会轻易和此类物品直接接触，以免凡尘污垢侵扰了神明的栖身之处。手艺人在雕刻过程中，也不希望甚至忌讳其他民众的参与，一方面是为了保持本行业的神秘感和威严感，另一方面也是出于自身内心的敬重，以免凡物惹怒神明，给自己或者参与其中的民众带来麻烦。去主家雕刻时，主家也会叮嘱家中小孩不要捣乱，不要大声喧哗，尽量避免家畜进来四处排便。同其他手艺人一样，吴兴知也有这样的忌讳。接着，他和我们讲了一段自己在雕刻过程中有趣的经历。

村民对于巫傩这些都是比较惧怕的，村民只能做一些小玩意，比如纸面具。我们做傩面具、菩萨时，村民都不参与，因为他们对这个行业本来就比较敬畏。我们去浦市上面的辰溪做一尊佛像时，主家就有一个小孩很好奇也很好动。那时候正好是暑假，学生已经放假了，我在他家里做佛像，他就一直来东摸西摸，家里的大人不管他，我又不好说。于是，我就做了一个小型的比较凶恶的菩萨放在上面，那个小孩吓得不敢过来。后来，他爷爷就来了，拿了一包烟过来，说，师傅你不要把这个放这里吧，我孙子吓得不敢过来。我说，你要他不要过来，佛像要开光，只怕照了人的影子去。菩萨开光的时候，别人都要躲着的，以免把人的影子搞上去，民间有这个说法。我最开始学做佛像的时候，那些老人看到我做菩萨都要孩子赶紧走开。这个手艺本身就给人一种神秘感，毕竟是跟神打交道，别人也有一点敬畏。

在傩面具和神像雕刻中，雕刻者通常比较忌讳行业外部的人员参与其中，以免打破本行业的神秘感，给自身带来不好的影响。

（二）集多种技艺于一身

吴兴知是一个多才多艺的人，不仅在雕刻方面造诣颇深，在建筑设计等方面也有一定成就。

年轻的时候，我不只做傩面具、扎花、佛像雕刻、建筑设计等我也做，过去建木头房子，榫卯结构这些我都会。但是，在建筑这方面，我不是木匠，我不会去做，只是设计图纸。我从美学角度去进行设计，因为我懂它的结构，比如设置怎样的比例才合理等。民居我很少设计，主要是设计亭台、楼阁等。我最满意的一个设计是乾州古城中最上面的风雨桥，晚上那里很凉爽，有很多人在那里睡觉，两边还有走廊、板凳。

听到这里，笔者不禁对眼前这位背部略有佝偻的傩面具雕刻师产生了更多的敬意，其涉及面之广，造诣之深，可见其年轻时的昂扬斗志与刻苦精神。

吴兴知开始和我们讲述自己在建筑设计这方面的成长经历。

当时我开始在庙里做神像，有一群老年人比较关注吉首本地的文物建筑。古城那里有一个石牌坊，是以前我们这里周氏家族中的贞节牌坊，修人民南路的时候把它拆了，直接推倒了。后来修乾州古城的时候，又把那些石头都挖出来了，庙里就出了一点钱，把那些石头都收集起来。庙里一个老人说这些石头都在这里，要恢复那个石牌坊该怎么办。他们还有一张石牌坊的照片，要我把这个石牌坊刻在青石板上，要和照片一模一样。我刻好了，后来恢复乾州古城的时候，有领导就说，要恢复乾州古城，必须把古典的东西都建造起来。他们先到青石板上看那个现刻的石牌坊，然后就找到我，要我来设计乾州古城里面的建筑，说给我两千块钱的设计费。我做了一个星期，就把结构图设计出来了。我刚开始画了一个小的，只有两开纸那么大，然后他们就复印放大，看了之后，专家领导对设计稿方案非常满意，然后要我标出尺寸，把每一个零件都标出来。后来他们要修一个桥，他们在电脑上到处拼图，用PS拼彩图，做的效果很不理想，和古城的风格一点都不搭配，已经搞了三个月了，还定不了稿，就说，还是请老吴过来吧。然后我帮他们设计了整个结构图，又要我画了施工图，这个确实很难做。

吴兴知因为在绘画和雕刻方面的造诣很深，对湘西地域文化有比较好的把握，在湘西传统建筑方面有自己的理解，加上他聪明好学又勤奋刻苦，在建筑设计方面也取得了一定的成就。

（三）学习使用电脑

在从事傩面具雕刻过程中，吴兴知一直保持积极学习、与时俱进的态度。

现在的科技一直在进步，也给我们省去了很多事，可以提高效率。我们做雕刻，现在也可以在电脑上做，很快，我忙不来的时候，一些小东西就用电脑来雕刻。我买的这个雕刻机，吉首市政府还资助了我。

接着，吴兴知和我们讲述了自己中年以后开始学习使用电脑等新设备的经历。

我刚开始是让我大女儿学电脑设计，她学了几个月之后说搞不好。我买的机子都歇了半年，我小女儿还在读书，必须要让她读书，所以我要一直做事。我就说算了，我自己去学吧，自己学会了方便很多。也正好是放暑假，我跑到湖北荆州，跟我女儿的那个师傅学。我跟我女儿说，你不要跟你妈讲，我先学这个。她妈之前不准我学，让我把机子卖了算了，我不服这口气。我跑到师傅那里后，把我的工地情况、雕刻物件都跟师傅说了，他说你至少要半个月才能学会一些基本的操作，我说半个月就半个月，我一定要学会。师傅先让我认识这个软件，第一天就给我写了一大圈流程，因为我是零基础，拿了一个笔记本，做了很多笔记。第一天做笔记，第二天我就在自己的电脑上面搞，搞了很久，下午师傅就说，那你学得很快啊，不用半个月。第三天我就拿了一个我做的面具，让他先在电脑上做给我看，我也在旁边做，下午的时候他说，我那个比他做的还好一些，已经掌握要领了。然后就让我操作机床，这时我才学了三天，做笔记就用了一天，来回才七天我就学会了。因为我懂雕刻的结构，我只是不知道软件怎么操作。PS这些我也是最近才学的，我老婆骂我天天在电脑上坐办公室。因为我需要学电脑做这个事，这个事情做起来很有趣，不做也无聊。我老婆不懂傩面具和电脑这些，她自己不会做，但是能够"指点江山"，说这里不行，那里不行，也确实给我帮了很大的忙。我们刚开始做菩萨的时候确实没做好，她会说你应该这样做，这样做，给了我很多建议。

吴兴知与时俱进、敢于尝试的精神让人不禁再次对他产生敬意。

五、带徒传艺

（一）三四个徒弟

尽管傩面具雕刻已经逐渐失去了市场，但是，傩面具深厚的艺术魅力和吴兴知精湛的雕刻技术还是吸引了部分傩面具雕刻爱好者来向他拜师学艺。吴兴知带了三四个徒弟，虽然因为傩面具已经不再能够作为谋生技艺，徒弟都没有以此为生，但在技艺上各有特点。

> 我的徒弟都差不多出色，各有千秋。最出色的是花垣那个，他年纪最小，但是他技术最好，姓石。我还有一个徒弟叫吴学力，他以前是学木雕的。

随着时代的发展，师徒关系也发生了变化。师徒之间没有严格的拜师仪式，师父对徒弟已经没有了相应的管控权力，徒弟没有为师父服务的义务，师徒关系趋向平等。

> 我后面带的徒弟，都没有拜师仪式，他们学我的技艺，不用拜师。他们就是跟着我做，我教他们怎么做，他们就学着做。学会了就可以了，学不会或者不想学了就算了。按道理说也需要拜师，但是后来都不兴了，根本没有拜师仪式，就像老师跟学生的关系一样，发生了变化。以前的拜师仪式上，应该写一个祖师牌位，摆在神龛上，准备一个刀头（一块方形的猪肉），我把我的师父请来之后，我坐在神龛面前，徒弟再拜我，拜三拜就可以了，就是我的弟子了。拜师的时候，旁边也会有一些人来看热闹，徒弟会象征性地给师傅一些礼物，比如一只猪腿，但是现在已经不兴了。而且，现在愿意来学傩面具雕刻的人也少了，有人愿意来学，能把这门技艺传承下去就不错了。

吴兴知的话语中，也透露着对傩面具雕刻传承现状的无奈。

遗憾的是，尽管傩面具雕刻深深地吸引着他们前来学艺，但傩面具市场狭窄，难以谋生，因此，徒弟们纷纷放弃了继续从事傩面具雕刻的想法。

我在花垣有一个比较优秀的弟子，他现在还不是传承人。因为他是花垣的，不是泸溪的，以前是规定了出生地的，他现在也不从事这方面的工作了。这边我有两个弟子同时申报了县级的传承人，但是他们都不愿意再继续申报州级的传承人了。去年他们在准备申报州级传承人，突然不肯干了，说做这个养不起家。去年领导都跟我说，让我去劝一下，现在我们正缺乏人才，他们毕竟都学了十多年了，已经有功底了。我也去劝了，但是他们有自己的想法，想做点其他的多赚点钱。这两个弟子都在泸溪县，有一个是我的外甥，是我老婆姐姐的孩子，还有一个是我们村里的。他们现在也不打算从事这一方面的工作了，因为这个也养不活他们。我刚开始做雕刻的时候，运气比较好，正好赶上了时代，赚到了第一桶金。我们以前做傩面具比较有市场，来吉首这边又接了工程，还顺风顺水，我也是随遇而安，该干什么的时候就干什么。我做的事情比较多，纸扎、雕刻、设计我都做，电脑是最近几年才学的。在申报传承人的时候，也正好是一个朋友帮我做的材料，他给我提供了很多照片，我们去香港、台湾那边的名片也都是他帮我做的，所以我后面很认真地做了一个东西送给他。后面有人去他家里玩，看到了就问他是谁做的，他就说是我做的，别人又来请我做，我又给他做了15天。我很感谢他用心地帮我做材料，别人要我做傩面具也是对我水平的肯定，这个是终身受益的。作为传承人，本来就是要想办法把这个技艺推广出去。

对于徒弟们想要放弃的想法，吴兴知也表示理解，并且主动把传承的重任挑在自己肩上。

（二）培养二女儿

吴兴知有三个女儿，大女儿已经成家立业，二女儿在一边工作一边向父亲学习傩面具雕刻，三女儿正在上大一。看到几个徒弟纷纷放弃继续申报傩面具传承人后，吴兴知想引导自己女儿继续从事傩面具雕刻，将这一门技艺传承下去。

现在，我二女儿正在准备申报县级传承人。我二女儿人很聪明，做事情速度很快，但是比较懒，不是自己特别喜欢的事情就不会全力以赴地去做。我大女儿已经结婚有小孩了，在做外贸这方面的工作。二女儿也是学美术专业的，读书的时候花了50多万块钱，现在二女儿在跟我学傩面具。

我二女儿是爷爷奶奶带大的，在乡下待到5岁才到我这里来，从小就比较自由，我管不住。二女儿从初中开始就学美术，一直到大学，在三亚上大学，是私人大学，而且又是旅游城市，消费很高，一个月要三四千，还好我年轻的时候挣的钱还比较多。我二女儿和三女儿相差9岁，三女儿也是学美术专业的，现在正在井冈山大学读大一，老三比较老实、听话，花钱也比较少。

我大女儿是搞外贸的，她们公司的总部在长沙，她说要去长沙上班，我说，那不行，你儿子在家里没人管，我们管不住，你儿子学坏了，你还怪我们。我外孙很调皮，只怕他妈妈，我们又舍不得打骂，我们打他也确实下不了手，他要做什么就软磨硬泡、耍赖。我外孙现在5岁，读幼儿园大班了。他看到我做面具，也学着做，做了一个面具像模像样的，搞得很好。

三女儿现在学美术专业，我老婆不想要三女儿也学画画，想让她换一个其他的专业。她很爱画画，也很坚定，跟她妈说，你让我做一件我不喜欢的事情，我一辈子都不会开心，一辈子都会后悔。她一直在说服她妈，让她妈改变观念。

说到三女儿对画画的热爱和执着，吴兴知不禁想起年轻时执着于画画的自己。

这个她跟我有点像，我小时候也喜欢画画，肯去钻研。她还没有上学，只有几岁的时候，就很喜欢画画，用水彩笔画了一排鸭子，一只大鸭子后面跟着许多只小鸭子，画得特别生动。人各有长，每个人都要尊重自己的天赋，一个人聪明，只在某一个方面聪明，什么都会干是不可能的。本来我也想让我大女儿跟我学雕刻傩面具的，但是她现在有自己的事业了。二女儿现在也在跟我学，正在准备申报传承人，她愿意跟我学，也学得可以。

三个女儿各有所长，吴兴知对女儿的选择，一直抱着宽容、支持的态度。

（三）喜欢雕刻的小孙子

大女儿一家和吴兴知生活在一起，正在上幼儿园的外孙对吴兴知的傩面具雕刻非常感兴趣，也非常喜欢跟外公玩。说到外孙，吴兴知的脸上洋溢着笑容。

我外孙放暑假了，就在家里面天天找我的"麻烦"。有时候我去外面吃饭，或者跟别人有什么事情，他还给我打视频电话。我自己在吉首建的那一套房有五层，我外孙在五楼，我们就住在三楼、四楼。他在学校学篮球，老师教他们三步跨栏，他和老师同时投球，老师投一个没中，他在后面投一个中了，老师回头一看，竟然是他，非常欢喜。我们隔壁又开了一个台球馆，他非要去学台球，他人还没有台球桌那么高，他妈妈就给他交了600块钱让他去学。在家里的时候，他就天天围着我转，有时候别人请我做面具，等着我做出来。外孙天天给我捣乱，我实在没有办法，就拿一个手机给他。他坐在沙发上，我说你别来捣乱了，然后他玩一会儿觉得无聊，又来看我做面具，拿我的工具，有时候也在旁边学着我做。他虽然年纪小，手上力气也比较小，但是还学得挺像样的。

说着，吴兴知马上掏出手机，将外孙拿着凿刀做面具的照片给我们看。说到外孙，吴兴知非常高兴，不仅是因为耳顺之年有外孙陪伴的天伦之乐，也是因为外孙在傩面具雕刻方面的学习兴趣。

小孩子的学习能力很强，生活中他一直在接触傩面具雕刻，如果认真学就很容易学会。

接着，吴兴知和我们讲述自己去小学教小朋友做雕刻的经历。

我去年到浦市教了20多个小朋友，7天之后就全部能够做粗糙的面具了。我拿石膏沾了水，变得软软的，然后就教他们刻，跟他们讲要领，他们就懂了，慢慢地就可以自己练了。这些小朋友都是小学生，三年级到六年级之间，当时是暑假，文化馆叫我参与公益事业，就给他们教学。

未来的希望在孩子身上，孩子对傩面具雕刻的兴趣，仿佛让人又看到了傩面具在未来更好传承的希望。

六、泸溪傩面具雕刻的传承之思

2014 年吴兴知被推荐为泸溪傩面具省级传承人。

2010 年推了一个省级传承人是我老表，年纪比我大一点。省里那些专家说，你老表也不容易，他现在上年纪了，让他先上，第二批再推荐你。我说行，他那时候已经六十多了。我申请傩面具传承人的时候，花了一个星期弄资料，用信纸写得很厚一沓。我在吉首市，确实给他们做了很多好事，整个乾州古城的策划都是我和几个老先生做的。我以前是用白线在水泥墙上画，在做城隍庙的时候就用老砖贴在上面，一下子把做砖的搞发财了。乾州古城的设计有一点参照浦市，我在浦市待了三年，早些年浦市有绣花厂，我专门给他们画拓本。早些年结婚都要手绣的被面，我就住在浦市古镇的房子里面，慢慢地就对这些很熟悉了。现在我做的傩面具，也会有一些人买来做收藏品。最难做的面具就是傩母像，做起来相当复杂，我做一对傩公傩母需要一个星期，因为我全部都是按传统的做法，这个是最难的。湘西州博物馆也收藏了我的作品。

近年来，国家对非物质文化遗产的传承与发展越来越重视，加上乾州古城的旅游业发展的需求，政府在乾州古城内设置了许多专门的门面，邀请湘西一带各种非物质文化遗产入驻其中，丰富乾州古城的文化内涵，促进其旅游业更进一步的发展，同时也为非物质文化遗产的传承与发展提供了较好的市场和传承平台。

　　以前我在乾州古城里面有一个傩面具的工作室。以前这个行业很兴盛，比较有市场，近年虽然逐渐失去了市场，但是这几年政府部门比较重视，有很多学生学者过来参观研究。不过前几年生意还是不行，傩面具不像苗画服饰这种比较好发展，傩面具也不会有谁把它挂在家里。春节时用纸扎的傩面具，小朋友也只戴在脸上，玩两天就不要了，而且现在的小朋友也不喜欢玩这些了，都是玩奥特曼、变形金刚等，以前没有这些。后面，我这个工作室就不搞了，就是每年做一点作品、创新，文化部门每年也会搞一些活动，这也都是本行当应该做的。现在这几年行市不行了，做傩面具这些很难销，我只好放弃在乾州古城里面的工作室。

因为傩面具本身神秘、威严的特点，民众对其一直保持一种"又敬又怕"的心理状态，很难像苗画、刺绣等传统技艺一样可以人人参与其中，并且进入大家的生活中。因为其独特的文化气质，也很难进行文创设计，因此，傩面具在传承中陷入比较窘迫的境况。

随着时代的发展，人们对客观世界的认识在不断清晰，巫傩文化中祭祀活动逐渐消失，傩面具也失去了其繁衍的文化土壤。

　　现在物质条件进步了，大家对这方面都不感兴趣了，我们那时候确实很有市场，可以养家糊口。浦市那边很喜欢唱大戏，辰河高腔，最后拆台的时候也要扎神，唱目连戏，最后也要用纸扎的神。现在傩面具已经和人们的生活需求脱节了。

以前，在湘西一带巫傩文化非常盛行，跳香、还傩愿、唱傩戏等场合都需要傩面具，有销售市场，足够养活一个手艺人。现在人们的日常生活已经发生变化，巫傩文化逐渐退出人们的生活，傩面具也失去了它本身的功用，只有一些做非物质文化遗产研究的学者和高校中的美术师生还关注傩面具，市场面已经非常小了，傩面具的传承与发展也面临着困境。

　　我们做傩面具还是要了解一点巫傩文化，做这个面具必须了解一下什么人物有什么特点，发挥什么作用，时代不同，我们可以选择雕刻不同的人物。（现在）主要雕刻傩面具中的正神，比如傩公傩母、徒弟等，这些面具本来就是正能量的、与几千年农耕文化密切相关的人物，反映的都是我们古人的生存智慧，这样更有利于傩面具在新时代的发展。

吴兴知热爱傩面具雕刻，一直兢兢业业走在传承傩面具雕刻技艺的路上，对于在现代如何促进傩面具雕刻的发展也有自己的看法。

麻阳苗族纸扎

扎龙制虎：何应标

何应标，男，苗族，1969年出生，本科学历，中学一级教师，麻阳苗族纸扎何氏谱传第四代传人，湖南省非物质文化遗产项目苗族纸扎代表性传承人，现执教于麻阳绿溪口中学。他自幼接触纸扎工艺，5岁正式随父学艺帮家中减轻负担，21岁就能独立开店自谋生活，不仅全盘继承了祖传剪花、骨架、模具纸扎技巧，而且创造了凿花纸扎工艺，丰富了麻阳苗族纸扎种类。

⊙图10-1　何应标（何应标　提供）

一、麻阳苗族纸扎概况

纸扎，起源于古代民间的宗教祭祀活动，后来逐渐应用到民间游艺、宗教祭祀活动中。最初的宗教祭祀供品多为实物，由于人口增多，逐渐出现模型实物供品，伴随纸的发明生产，纸扎供品随即出现，纸扎工艺也由此而生。据考证，中国西汉时已开始了纸的制作。纸扎伴随纸的生产而来，因此纸扎艺术最早可溯源至西汉。魏晋南北朝时期，因纸的广泛流传，纸扎也日渐广泛流传于民间。至明清时期，纸扎遍及城乡各个角落。

纸扎在湖南流传已久，如清嘉庆二十年（1815）《浏阳县志》载："元宵，剪纸为灯，悬之门户。又以竹笼罩布，联络丈余肖龙形，燃灯其中，数人擎舞，曰'龙灯'；制竹糊纸或纱为虾形，曰'虾灯'；为鱼形，曰'鱼灯'。"清同治八年（1869）《安仁县志》载："'上元'，剪彩张灯，金鼓喧阗，制为龙狮，往来相庆贺，又有为字灯者，大率自'人日'前后至是夜止。"又据清末《长沙新年纪俗诗》中载："纸扎龙灯奉作神，香花处处表欢迎。堂前一度兜圈子，步步龙行百草生。"又"妇女围龙可受胎，痴心求子亦奇哉。真龙不及纸龙好，能作麒麟送子来"。今《凤凰县志》对纸扎有详细的记载："清末至民国初期，县城有 10 多家纸扎铺子，散在大街、虹桥、东正街、十字街等处。纸扎工艺的主要原材料是竹片、篾条、木棍，扎成各种人物、动物、花草虫鱼、用具等形象，糊以皮纸，施加彩绘，形象逼真，惟妙惟肖。"

麻阳苗族纸扎是一门古老的民间工艺，又称为"纸糊篾扎"或"扎纸""扎作""糊纸"等，它是以竹块、篾条、木棍为骨架，用"纸捻子"（纸绳）固定，以构皮纸、艮逢纸或彩色纸帛糊裱，并略施彩绘的民间造型艺术品。也就是指以引纸为线扎制捆绑的一种民间艺术，主要应用于民间游艺活动和宗教祭祀活动。麻阳苗族纸扎分布于麻阳各个乡镇村寨，复杂的文化沉淀和多样的地理环境，造就麻阳苗族纸扎的复合型文化载体特质。

　　史志记载，苗族先祖蚩尤"神道设教"，首开中国宗教先河，苗族纸扎艺术源远流长。麻阳苗族纸扎承传上古九黎、远古三苗宗教祭祀习俗而来，兴起于汉，流行于魏晋，盛行于明清。至清代演变成祭神、祭祖、祭坟、节日游艺不可缺少的装饰品。1765 年《辰州府志·风俗考·苗俗》（第十四卷）载："祭礼……祭旧冢，春

⤒图 10-2　何应标正在制作纸扎作品
　　（何应标　提供）

则清明，冬则除夕，凡祭于墓，必标纸钱于树竹间……"① "元宵前数日，城乡多剪纸为灯，或龙或狮及各鸟兽状……" "清明日……上坟祭扫，挂楮（纸）钱于墓上……" "十月朔日，剪纸为衣，具酒馔，奠于祖茔……"麻阳古属辰州，苗族纸扎习俗传承至今。1994 年《麻阳县志·文化》（卷二十七）载："春节，城乡喜扎狮、龙、蚌、鱼、虾等彩灯，或高悬屋檐，或举灯戏耍。清明前后扎风筝。婚事扎宫灯、金瓜灯。丧事扎'二十四孝'、金童、玉女、仙鹤、金山、银山等（农历七月十五的中元节亦如此）。民国时期，高村滕祖祖、李叶长纸扎工艺最佳。1986 年何奉军（何凤钧）扎的狮、龙、罗汉，远销贵州铜仁等地，湖南省电视台录像播放。"②

　　2015 年，麻阳苗族纸扎成功申报湖南省第四批非物质文化遗产名录。2016 年，该项目被列入第四批省级非物质文化遗产代表作名录。麻阳苗族纸扎植根于当地社会生活，成为日常红白喜事、过年过节必不可少的民间民俗文化载体，也是岳阳国际龙舟赛等国际国内民俗风采展示活动中最具湖湘特色的民间艺术精品。

---

　　① 席绍葆，谢鸣谦，等.（乾隆）辰州府志［M］. 湖湘文库编辑出版委员会. 长沙：岳麓书社，2010：271.

　　② 湖南省麻阳县志编纂委员会. 麻阳县志［M］. 生活·读书·新知三联书店，1994：683.

⊕图 10-3　何应标（左一）接受访谈

二、何应标的从艺经历

（一）师承其父

何应标出生于麻阳苗族纸扎手工艺人世家，从小看着父亲做纸扎，在耳濡目染下何应标对纸扎产生了极大的兴趣，5 岁的时候便开始跟着父亲学习纸扎技艺。通过多年实践，他在继承传统剪花纸扎技巧的同时，还创造了凿花纸扎工艺，丰富了麻阳苗族纸扎种类。

　　我是 5 岁时开始做纸扎的，从一开始自己就比较喜欢这一门技艺。父亲在做的时候，我就在旁边跟着父亲慢慢地学，耳濡目染，时间一长就熟练了。一开始我们是做花圈的，红白喜事我们都做，后面根据民俗祭祀活动需求，像舞龙灯啊、舞狮子，我们就开始扎龙灯、扎狮子、扎彩船了，也包括扎旱龙舟。我们扎的旱龙舟是从

⊕图 10-4　何应标与父亲何凤钧为 1995 年岳阳世界龙舟赛制作参赛作品
（何应标　提供）

1995 年开始参加全国龙舟风采展示大赛的，我们的作品分别于 1995、
1996 和 1999 年三次在全国龙舟风采展示大赛上获得一等奖。

一开始我跟着父亲学艺的时候，脑子里老是想象着怎样做才更
有特点，但是我父亲遵循传统，对我的要求非常严格，一定要我按
照他的思路和方法去做每一件作品。刚开始我也是按照他老人家的
要求，认认真真地去做，后来部分顾客提出要求，特别是定制的产
品，它会与传统工艺有所不同。而我自己内心里也更希望满足顾客
的需求，于是我试着做了几件作品。我父亲就不高兴了，质问我：
"你扎的这个东西是什么，为什么不按照我的思路去做？"父亲很生
气，两脚就把我做的作品踩烂了。当父亲把我的作品踩烂了之后，
说实话我心里还是很难过的，可能他觉得我不听话，没有按照他的
要求去做。但好在当时我伯父是十分支持我的，我告诉伯父，顾客
把需求告诉我，我是按照顾客的需要来做的作品。我伯父很理解，
要我按顾客要求再做一个给他看看，我连夜又重新做了一件，做好
了之后就请伯父来看。伯父比较喜欢，顾客看到成品的时候也很开

心很满意，那个时候是1990年左右。同样，做纸扎关公，我父亲做的只卖120元一件，而我做的关公，可以根据顾客的需求做，能卖到380元一件。伯父鼓励我，他认为我这种创新思路是非常好的，我也认为我们不能光自己觉得好，首先要满足顾客的需要，只有这样才能适应现在这个市场，不然的话，根本不能适应市场经济的发展。这件事也让我明白一个道理，不再一味地按照传统的手法去做，没有创新就跟不上时代的进步，顾客的需求才是第一位的，也更加坚定了我不断进行创新的信心。

我在21岁的时候，和老婆一起开了家店子自立门户。我们刚开始开店的时候，很多人担心我们这个店经营不下去。当时我们只有302块钱，而门面年租金要6000块钱，大家都觉得我们可能本钱都赚不回来。可店子开张之后，顾客越来越多，生意也越来越红火。我们主要的优势还是根据顾客的需求不断创新，顾客需要什么我们就能满足什么。我们现在根据民俗会做一些面具、虾兵蟹将、花瓶，总之是顾客需要什么，我们就做什么。包括我们以前的唱花灯，我们给他们扎福禄寿喜。麻阳被称为长寿之乡，我们现在又开始扎寿花，还有剪纸，现在的品种越来越多样化了。我的店子慢慢地做大了，经常通宵赶工，后来父亲看到我店里的生意越来越好了，也逐渐改变了看法开始认可我了。在麻阳30周年县庆的时候，我们还专门做了一个大花篮，福禄寿喜财，我们做的纸扎花非常的逼真，都像才开放的真花一样，还有一种是剪花纸扎搓出来的，一种是模具纸扎。

说实话，我算是白手起家，后来的新房子也是我自己建起来的。父亲的一点积蓄主要供我们几兄妹读书了。我父亲以前会三种剪花：纸扎模具、纸扎骨架、纸扎凿花。花纸扎是清明节挂青时候用的，都是用剪刀剪出来的，后面我自己又申报了剪纸，剪纸是属于市级项目，这个纸扎属于省级项目。一开始我们家里也是比较贫穷的，靠做这些，后面慢慢地起了家。

麻阳的花灯已经进行了创新，原来的花灯戏，道具都需要用花瓶、花灯。每家每户，特别是到春节就开唱，那些都是用我们家的纸扎作品，然后就是打春用的东西也是我们做的。只要是顾客需要，不管是哪方面的，我们都可以把它做出来。

何应标的名气越来越大，甚至吸引了许多中外学者来参观。那段时间，专家教授接踵而至，参观他的纸扎作品。

我们现在的纸扎更加齐全，有四大类。例如模具纸扎，根据唱傩戏那些面具、人物和动物的图案，先用泥巴塑一个模型。然后，用废旧的纸张一层一层地糊起来，先后要糊100多层，糊了以后不能暴晒，只能放到阴凉的地方慢慢阴干，风干最低需要三个月的时间，三个月以后才能把它脱模。用刀把模型分出来后，再把边缘一针一针地缝起来，这样才使得它的边缘比较坚固，最后对它进行彩绘。

2017年何应标携带他们的棕编和麻阳苗画纸扎走进韩国"中国非遗文化周"课堂，50多位学员参加了小讲堂和大课堂的学习。非遗培训作为中国非遗文化周系列活动的重要一项，成为中国文化周的亮点。何应标的纸扎小讲堂学员，通过PPT图文并茂的形式，对纸扎的起源、种类等进行学习，学会了剪拉花、简易纸花和花灯笼的制作。何应标的纸扎技术也得到了外国学员们的认可。

我们在国外操作讲解和展演的时候，会通过文字、PPT图片进行解说。在与外国专家学者的交流中，他们对我们中国的这种民间传统手艺非常好奇。我们一开始去的时候拿的都是成品，带了一些小的精品，比如说龙啊，面具啊，狮子啊，刚放上去的时候，他们将作品团团围住，仔细观看，问这问那。我们还教他们进行一些简单的现场制作。我也跟他们说，这门技艺不是一时半会就能学好的，我可以教一些简单的技法给你们，比如剪纸纸扎、剪灯笼花等，学生们都非常的开心。

当时在韩国的龙山社区，有100多家新闻媒体记者来看，很多记者看到那些精品都想买，但是我们都没有舍得卖出去，因为这些东西我们花的时间、精力太多了。有机会去国外，我们不仅带一些钩花的、穿珠子的纸扎，小型的十二生肖与人交流，还想把这门技艺

⊙图 10-5　2017 年，何应标（右五）和中国文化中心主任给部分韩国留学生
受训麻阳苗族纸扎结业颁证（何应标　提供）

⊙图 10-6　2018 年 5 月，何应标在西班牙参加"一带一路"文化贸易高峰论
坛暨中国文化周活动发言（何应标　提供）

传播到全世界。

（二）守旧——传远不传近的绝技

麻阳苗族纸扎喜庆绚丽、五彩斑斓，具有独特的原生态文化气息，是湘西少数民族传统文化的重要组成部分。在 20 世纪七八十年代非常盛行，在周边县市很有影响力，是一门具有浓郁地域文化特色的民族民间文化艺术。

族内传承的传统守旧观念，致使这门绝技传世以来一直在民间家族小范围内默默传承，使其辉煌一直处于尘封状态。鲁迅《野草·风筝》中说："推开门，果然就在尘封的什物堆中发现了他。"用"尘封"一词来描述麻阳苗族纸扎这一民族民间优秀传统文化目前的状况毫不为过。传承人何应标是这样回忆的，父亲作为传承人，一开始就只收了 4 个徒弟，并且 4 个徒弟都不是本地的，都是较远的外地人。父亲用很质朴的话告诉我，"麻阳只有这么大，本地徒弟不能收，本地徒弟出师了就会影响你们的饭碗"，再简单不过的话语，却折射出历史上民间艺人，特别是靠手工艺吃饭艺人的艰苦与无奈。

这种独特的民间艺术是在特定时令、礼俗中形成与产生的，民间艺术生成空间是其存在和得以延续的根本，如果它失去了赖以生存的现实基础，就必然会消亡。麻阳苗族纸扎技艺历史上只传给外地人，不传承给本地人，制约这一传承模式的根本原因是社会的物质条件和生活方式。

一方面，20 世纪七八十年代的麻阳是一个只有几万人口的小县城，社会的物质条件存在一定的局限性。不仅人口少，生存空间也不大，生产生活所需物质和能够再生的物质都是有限的，因此，生活面临的困难和压力是可想而知的。在这样一个相对封闭、落后的年代，社会物质条件又这样匮乏的环境，麻阳不能同时存在几家或更多地以纸扎技艺为生的作坊。

另一方面，麻阳苗族纸扎制作的品类大都围绕环境装扮（剪纸）、节令风物（纸扎）、人生礼仪（生老病死）等展开，对于民间艺术的创作者来说，他们的作品只是为需要而做，为礼仪而做，为情谊而做。譬如傩戏面具，在整个中国西南地区的农村流行很广，但傩戏面具只在宗教祭祀时佩戴，且傩戏面具保存的时间很长，因此不需要很多民间艺人去做。

由此可知，麻阳苗族纸扎艺术与实际生活紧密联系着，也正是与实际生活深度融合构成了麻阳苗族纸扎艺术的独立存在和延续生计的矛盾问题。麻阳苗族纸扎手艺人既要维持生计，又要维系祖上传下来的手艺，故其只能将技艺传授给区域外因生活或因爱好有需求的人群。周边县市如凤凰、泸溪等有不少人来麻阳学习纸扎技艺，据传承人何应标介绍，凤凰纸扎国家级代表性传承人聂方俊就曾跟他爷爷学过艺。

长此以往，麻阳苗族纸扎艺人在传承的过程中形成了自认为纸扎艺术是传家宝，传内不传外的观念，以及与中国其他民间艺术一样父子传承、母女传承、家族传承的格局。同时，也造就了麻阳苗族纸扎一直不被外界发现，到 21 世纪初才显露出它辉煌和艳丽的一面。在党和国家大力扶持振兴民族民间文化的今天，麻阳苗族纸扎终于迎来了大放异彩的机会。

我们这里一直都有个约定俗成的规矩，收徒弟呢不收本地的，只收外地的，因为有句老话说的还是有道理的：教会徒弟饿死师傅。你说如果你再多教几个徒弟，一个小县城里可能一个月就那么几场重大的活动，那弄下来几个人还要平分的话，怎么说也不现实嘛。我父亲之前就告诉我们，县城就那么一点大，你要想做得有名气，你这门手艺还是不能在本地轻易地教给别人。我父亲收了 4 个徒弟，都是外县的。

生意忙时，徒弟就是学着跑，我们原来都是 24 小时，根本不睡觉，一般需要学三到五年才能出师。我收了两个徒弟，一般都是自己的亲戚。我们现在光架一个骨架就是三天，用针缝就要缝四天，整个作品基本上要一个星期才能完成，按照市场价来算一个作品要几千块。扎龙最快要一个月的时间，那个龙值 4 万块钱，那个小的也能卖 100 多块钱。

（三）艰难的申遗过程

当初何应标在申报传承人时由于对申报环节不清楚，绕了很多弯子，后面在政府相关人员的帮助下慢慢摸索出了门道。为了专心做好申遗工作，何应标甚至关掉了经营多年的店子。当时何应标店子的名气已经很大了，生意十分红火，但他十分清楚申遗对他意味着什么，一旦申遗成功不仅会促进他的纸扎生意，甚至还能带动整个麻阳的经济发展，于是在那样的情况下，何应标毅然决然地选择了关店申遗。

我们报项目的时候，最初都不知道去找哪个部门来申报，刚开始县里也不清楚，到市里，市里也不太清楚。我是从报纸上看到的麻阳周边的地区都有市级、省级的非遗项目，后面到文化馆才开始慢慢了解到一些情况。我父亲那个时候根本没有这种要把作品留下来的概念，别人给他钱了，就可以把作品带走。我们的项目是从2013年才开始申报的，我们2017年和2018年到过韩国和西班牙，是中国文化中心和湖南省文化厅联合组织的，还有两次是民间组织的，共四次到国外进行交流。

我们当时也是经过了很多坎坷，也是非常的艰辛。今年我到省里参加了传承人录入信息库，入库的时候也拍了一些照片，穿了一些民族的服饰。

我开这个店子一直都没有遇到什么大的困难，因为我的技艺还是比较精湛的，受到了顾客的青睐。我们一年四季都在做这个东西，春节经常忙不过来，还要请人来做，而现在受到了现代工艺品的冲击，所以我就不开店子了，从2012年开始就把店铺关闭了，一心一意地去做申遗这件事情。以前做纸扎让我起了家，在麻阳县城大街上买了几个门面，纸扎给我创造了财富，现在的年轻人都不知道这门技艺了，如果我不赶紧把这些东西整理出来，那么到下一代人根本就不知道这些了。我的大儿子会一点，大儿子有25岁了，小儿子现在不怎么肯做这些。以前我有8个老表在跟着我学，我的舅舅、舅妈以前都跟着我学，每个人自己都会做。我有两个妹妹，我的妹妹也会。我在忙的时候妹妹会过来帮忙，但妹妹现在都有自己的工作，做得也很少，所以我就想一心一意地把我们的非遗项目做到国家级，让我们麻阳的纸扎走向全国，走向世界。我还想建一个苗族纸扎博物馆，将这些传统手工艺传承下去，以此回馈社会。

去年上了中央电视台的节目，在现场，我做了几个小巧的纸扎工艺品进行展示，观众们反馈很好，我们会做小龙、小狮子、傩面具。以后的发展方向，有朝旅游商品这方面发展的计划，我可以做用来收藏的那种小纸扎工艺品。同时我想把博物馆搞好，也会在博物馆里面放一些小的精品、大的物件，开一些简单的纸扎手工课，让人们能够在几分钟之内学会，他们都会非常的开心。

这几年只要逢比赛我们都会去参加，所以我必须把店铺给关闭了才能腾出时间创造出一些精品。我们连续参加了四届湖南省传统手工艺大赛，我们在国际上已经拿到了 6 个冠亚军，省内和国内的奖项就更多了，我们去辅导学生的时候也是尽心尽力的，希望让每一个学生都能够拿到奖。我现在就是想认认真真地把这个技艺传承好，让更多的人能够了解到我们麻阳的苗族纸扎。

三、麻阳苗族纸扎的种类

何应标说，麻阳苗族纸扎品类多样，按照技法类别分有剪花纸扎、凿花纸扎、模具纸扎、骨架纸扎；按照样式类别分有扎花、扎灯、扎器具；按用途类别分有巫傩文化型纸扎、仪式型纸扎、游艺纸扎等。

（一）按用途分类

1. 巫傩文化型纸扎

何应标表示，麻阳苗族为湘西苗族一脉，而湘西苗族是东部方言苗族的重要代表，民族历史与民族文化悠久且灿烂。5000 年前，苗族先祖蚩尤创建巫教，提倡"夫人作享，家为巫史"的宗教观。"三苗"时期，蚩尤宗教思想得到进一步发展，使巫教发展成为巫文化，① 直接影响了后世苗族艺术形式、宗教信仰以及社会生活的发展、演变。"傩戏是古老傩文化载体，是由傩祭、舞蹈发展起来的一种宗教与艺术相结合、娱神与娱人相结合的古朴、原始、独特的戏曲样式。"② 傩戏功能主要体现为驱疫纳吉和娱神娱人。湘西苗族地区的傩戏是娱神、娱人的典型，是融地方戏曲文化与宗教文化于一体的巫术艺术，在娱神的过程中达到娱人的目的。③ 在傩戏表演过程中，会用到大量苗族纸扎制品，傩戏的盛行推动了纸扎技艺的发展。

麻阳苗族纸扎传统技艺思想内涵十分丰富，在一定程度上与中国传统文化敬天祭祖的宗教思想、天地有灵的宇宙观念、感恩报德的传统意识、辟邪纳吉的民俗民风、尊卑有分的等级观念深度融合。麻阳苗族纸扎应用于巫傩中的祭祀和丧俗活动，从求法到娱神的仪式过程便是传统宗教祭祀文化的体现。但随着巫傩文化娱神到娱人的功能转变，麻阳苗族纸扎也从以祭祀为主的丧葬类转化为娱乐游艺性纸扎。麻阳传统的民俗文化活动是推动纸扎发展的动力，麻阳苗族纸扎作为当地巫傩民俗文化活动的产物，它是"借助审美的力量和娱乐的方式推崇信仰观念和道德思想的物化形式呈现"。麻阳苗族纸扎反映了当地的民俗文化活动，折射出了湘西民间的宗教信仰、审美趣味和鬼魂观念，包含着丰富的民族文化。

> 我们这边纸扎神像的种类主要有鬼王、黑白无常、牛头马面、城隍、土地、赦官、地藏王、四值功曹、文殊菩萨、普贤菩萨、观音、福禄寿三仙等。在我们当地的还傩愿民俗活动中，傩公傩母是不可缺少的神仙。傩公傩母神像以正常人的尺寸为标准，头是由木头雕刻的，身体部分就是用仪条做的了。

---

① 唐志明. 苗族史歌：民族信仰的母体表达 [J]. 长沙铁道学院学报（社会科学版），2006（1）.

② 鞠治安，邓爱芹. 傩戏的文化样式演变研究：基于傩城德江 [J]. 名作欣赏，2020（36）.

③ 杜纯梓. 湖湘文化要略 [M]. 北京：北京大学出版社，2011.

春节时我们主要是扎龙灯、扎狮子等，傩面具我们也做。六一儿童节的时候，学校举行活动，我们也给学校做活动需要的道具，像那些花花草草，像那些动物，小白兔、大公鸡。我们还做一些小的虾兵蟹将、猴子、猪、踩龙船，包括像上次秋游，建军节、建党节、国庆节的这些道具我们都做，植物的也做，节目里需要什么道具，我们都可以把它做出来。节庆用的狮子呢，我现在楼上还放了三只。现在的狮子和以前的狮子不同，有的狮子需要在地上滚，所以就用布来做，这样就更耐用一些。我父亲以前基本都是用纸做的，现在就是用布做，一针一针地把它缝起来，缝起来以后再在上面盖棉签纸，糊了一层又一层，要糊十几层，用棉签纸弄了就变颜色，上玻璃钢油漆，这样就耐用防水。我们到岳阳那次搞旱龙舟，给他们扎了个龙头，都是用布把它缝起来的，然后上了玻璃钢漆，放在水里面都没有打湿，它是防水的，耐用防腐。做旱龙舟，我把那些架子全都扎好了，可以推着走。我父亲那个时候是用板车做的，我现在要进行创新，文化馆需要一个龙，请人用电焊焊起来，这次准备评省级文明赛区。这次县里面特意让我帮龙生社区做一批表演的节目道具。

2. 仪式型纸扎

何应标表示，麻阳民间仪式型纸扎可分为祭祀纸扎和丧葬纸扎两种。

（1）祭祀纸扎。

　　祭祀纸扎中神像种类最多，仅目连戏纸扎就有地藏王、土地菩萨、城隍菩萨、天地水阳四值功曹、鬼王、瘟神以及黑白无常、牛头马面等。这种纸扎作品描金画彩，[①] 规模宏大，最巨大的纸扎神像甚至比现实生活中的真人大两倍，即便是小的纸扎神像也与真人一样大，面部造型的制作借鉴戏曲脸谱，神态很逼真，做工也要精细，比如神仙和鬼王。

①神仙。

① 李立芳，李湘树. 湖湘民间杂艺［M］. 长沙：湖南美术出版社，2010：9.

1949 年前举办的中元节也就是盂兰盆会，要扎四个纸菩萨，角色分别为"胡子男""花脸男""书生""小生"。他们都是身穿盔甲头戴帽，纸衣颜色一般选白、黄、红、绿四种，并且还要配上坐骑，坐骑分别为龙、虎、凤、马。在一场祭祀活动中，这四位菩萨相当于现在的邮差，那么到现在呢，我们都还是愿意相信这些菩萨会将福愿传达给玉皇大帝，用来护佑死者。

像以前有瘟疫的时候，按照传统的说法就是我们需要做一些牛头马面，用于大街小巷的游行，还要扎一个瘟神，还要做一些龙来保佑人民风调雨顺。要舞龙，而且要舞三年。大年三十去每个庙里面参神，首先敲锣打鼓来我们这里迎接龙，从我这里把龙请出去，我负责给这些龙开光，和雕菩萨一样的道理。匠人负责给他们开光，把龙接出去之前要给龙洗个澡，用个大的洗澡盆放在家门口，我们需要去拜四方，接龙的人要去堂屋里面转一圈，再给龙洗个澡才能出去拜四方，（保）东南西北四方平安。龙在洗澡的时候，我要念一些咒语，还需要烧纸，每个人从脚盆上面跳过去。大年三十开始参神，参完了之后就去游动了，从初一到十五。正月十五那一天就开始烧龙，烧龙的时候要把这个村庄的人都请来，包括嫁出去的女儿也要请回来，以保佑这一方人的平安，风调雨顺，五谷丰登，身体健康。每个人都去龙的下面弄一个胡须套在手上，从龙头下面转一圈，大伙在一起吃一顿饭，叫作吃龙宴。舞龙的时候是每家每户门前都要舞，而且舞的时候要有人敲锣打鼓，敲锣打鼓的时候是敲三下门柱。还需安排提篮子的人，提篮子的这个人到了每个村的时候要去给土地公烧纸，烧了纸之后就证明土地公同意你过来，那么你才能去那个地方舞龙。听以前的人说，如果舞龙的人没有事先去给土地公烧纸，那么，人就会生病，或者肚子痛，或者被鞭炮炸到。

我做过一次大型的接龙仪式。做了一条 70 米长的大游龙，准备了牛、羊、猪，把村子里所有的人请来吃龙宴。村子里嫁出去的女儿也都请回来了。

纸扎是怎么和花灯戏结合的？花灯戏的那个花只有我们才能够

做出来。花灯戏中的瓶花表示四季平安，一瓶花最低需要扎（四束，代表）四季平安、四季发财，最低要8瓶花，还有需要扎12瓶的，12瓶就代表12个月。下帖子的人提着灯笼去下帖，主人需要给他个红包才接下请帖，每家每户都需要去下帖子的，如果不给每家每户下，有人有意见。扎龙头的时候，那些龙须啊，眼睛啊，嘴巴张开的大小是根据主人的要求来的。扎龙的时候会有要求，是扎雌龙还是什么，都会提前告知我的。

②鬼王。

泸溪民间传说中鬼王即观世音菩萨变身，传说他有六只手，每只手中持有一样武器，脚踩蛤蟆，十分凶狠。1949年前，当地人会在中元节扎一个鬼王，用来祭祀死去的亲人，祭祀完成后，再把鬼王跟其他纸扎品一起烧掉。1949年后，就没有出现过鬼王了。

（2）丧葬纸扎。

这类纸扎品类繁多，动物、植物、建筑物均有，包括各式花圈、孝堂花草、开路神、金童玉女、各种电器仿真纸品、二十四孝、各式棺轿、仙鹤、灵屋、仿真供品等。

①仙鹤。

仙鹤是丧葬活动时摆放在棺罩上的装饰物，一般为男性死者所用。造型多为寿星骑鹤，寓意"跨鹤登仙"。扎制仙鹤时，首先将竹篾扎成椭圆形身躯，再做细长的颈部及椭圆形的头部。值得一提的是，在扎制过程中，仙鹤的脚一般要扎成单脚直立的形态，另一只脚则往后伸展做飞翔状；之后，再将硬纸壳剪出纸鹤的翅膀固定在仙鹤的躯干上；接下来把紫色皱纹纸剪成若干段，一节一节绕于仙鹤全身，直至粘满为止，再用几张白色皱纹纸覆盖于紫色皱纹纸之上（浦市纸扎匠龚先文指出这样做仙鹤会显出血色）；最后，纸扎匠将红纸剪出鸟冠粘于鹤顶并用毛笔画出尾部黑翼和眼睛就行。

②凤凰。

凤凰为女性去世时棺罩上的摆饰，与仙鹤为一对。一般凤凰为红色或者绿色，其造型多为王母娘娘骑凤，寓意"驾赴瑶池"。

③纸人。

纸人是丧葬活动中出街时为冥间死人抬轿所用。一般用篾扎成约70厘米高的3名男性，皆穿青色纸衣，肩披斗笠，脚穿草鞋。纸人底部扎一轮篾圈，方便家属端其过街。通常，家属捧着纸人在灵轿旁并行。此外，灵轿旁还需扎2个轿夫及1个侍从。其中，侍从需背着放有干粮、衣物、纸钱等物品的包袱。上述纸人皆为烧毁之后，在冥间服侍亡者所用。

④牌楼。

牌楼共有5个门，居中的3个牌楼宽约60厘米，正中的牌楼高约60厘米，紧邻的两个牌楼高53—47厘米，从中间至两边的牌楼的高度依次递减。楼牌左右两边需粘贴仙鹤剪纸。扎制牌楼时，首先需要用木料和竹篾搭好主架，再用普通白纸粘在竹篾上，将瓦楞纸糊于其上，最后贴上彩色纸、金银纸等剪制成的花纹，花纹样式以莲花、荷花为主。值得一提的是，屋顶的花彩纹样必须一致。

3. 游艺纸扎

何应标说每年的春节，民众都要扎灯挂于门口，如走马灯、宫灯、龙灯、鱼灯、风灯等各种花灯，特别是正月初一到正月十五，不管是城镇、乡镇都会舞龙灯，闹灯会，扎纸灯过春节、闹元宵成为一种习俗流传至今。每逢时岁节令或喜庆节日同样会舞龙灯、虾灯，玩采莲船，跳霸王鞭等。如祈求风调雨顺要舞龙灯，饱冬节要舞龙灯、舞狮子，只要逢喜庆节日就会"龙腾狮跃"，热闹非凡。与此同时，日常生活中还扎风筝把玩。

游艺纸品有神灯（神灵宫）、扁灯笼（下帖子专用）、方灯笼、圆灯笼、长灯笼（用于照夜路）、龙、狮、蚌壳、天马、踩龙船、盆花、笑罗汉、头盔、风筝、花瓶及各种灯彩，其中灯彩种类最多，有虾兵蟹将，鱼、龟、三脚蛤蟆、鳌鱼、金鱼及荷花等各种造型的纸扎灯彩。

（二）按样式分类

扎花：包括荷花、牡丹、菊花等数十种不同花类花形及组装的花篮，各种绣球花、灯笼花、缠花标棍等装饰纸品。

扎灯：包括玩灯所需的花灯、神灯、龙灯、狮子、荷灯、虾兵蟹将等灯具纸品，以及宫灯、圆灯、八方灯、鸭舌子吊灯、走马灯、八方灯、八角灯、四门八角灯、莲花灯、梅花灯等各种装饰灯。

扎器具：包括蚌壳、踩龙船、纸马、笑罗汉等戏具，棺罩、金童玉女、白鹤、"二十四孝"，各类相关动植物、供品及阴界传说神怪等丧具和祭具。

四、麻阳苗族纸扎的工艺流程

据何应标介绍，麻阳苗族纸扎的过程是十分复杂的，一切都要打好基础，基本技法有剪、凿、扎、缠、模、糊、描、饰及一些篾工、木工技巧，基础打好了后面才能做复杂的。

（一）基本技法

剪。裁剪各种纸品初步模型。纸扎工艺的基本功，类似剪纸技巧，有些立体造型纸品剪法，甚至比剪纸要求更高。

凿。各类扎花前期模型制作所用技法，借鉴木雕、石刻技巧，成型作品更具立体感。

扎。根据需要以竹棍为骨架，以竹篾或纸条固定，或直或曲或折，扎成所需纸扎作品如鹤、龙、狮等各类造型骨架。

缠。在造型骨架必要部分或扎花固定物（一般是竹棍、木棒或串联绳索）上，缠上相应的纸模或花饰。

模。制作笑罗汉、傩公傩母、各种神怪画像一类纸品，多预先制作木质或岩质模具（以头像为多），先糊适量层数纸于模具，稍干脱模，再加工成型。

糊。在已成型骨架上裱糊纸张，先糊凹后再糊凸，必须平平整整。

描。对成型图像、裱糊后骨架再加工，先画墨，后上色，突出眼、嘴、腮，做到眼要圆、嘴要翻、腮要散。

饰。纸扎作品精加工，如花篮插花布局，图像、灯具"点睛"等，尤以"点睛"最显功底。"睛"可为金箔纸圆点，也可金粉笔饰，但一定要做到"宜小不宜大，宜偏不宜正"（小更有神，偏更自然）。

另外，在制作骨架型纸扎时，还需要一些篾工和木工的基本技法，甚至要求更高，如花篮编织等篾工细活。

（二）繁复的流程

麻阳苗族纸扎工序流程自成体系，除剪花纸扎工序相对简便外，凿花纸扎、模具纸扎、骨架纸扎工序都比较复杂。如凿花纸扎就有备料、雕花瓣、浸花模、剪花心、揭花层、拓花、装饰、插花8道复杂工序。

1. 剪花纸扎工序

备料。各类适宜彩纸，花篮、花圈、花环等饰具。

剪花。裁剪彩纸做成所需花样，如菊花、月季、荷花等各式花样及绿叶、（标棍）缠花等花饰形状。

扎花。把裁剪纸花模型以绳索扎紧，打开、整理、固定形状，或把裁剪缠花纸条黏缠在小竹棍上。

插（吊）花。将剪制的扎花饰品或插、或吊，固定制作成花篮、花圈、花环、吊花等纸品。

2. 凿花纸扎工序

备料。韧性、拉力、折力好的拷贝纸，各色皱纹彩纸，花篮、花圈、花环、花瓶等饰具。

雕花瓣。凿刻拷贝纸做成所需花样的花瓣，如牡丹、菊花等花饰形状。

浸花模。把雕刻纸花模型放入开水中浸泡，文火烘干（保证染色逼真，不褪色），染上所需色彩。

剪花心。把各色皱纹纸剪成花心，用细绳扎好。

揭花层。取染好的花模做花骨，按从里到外、从小到大的顺序，逐层揭开花模以成花本。

拓花。取揭开的花本，每层涂适当糯糊。先涂后糊，先涂单层后糊花心底部，先涂下后糊上。涂糊需平整均匀，突出花朵（要圆）、花瓣（要散）、花心（要散得开）。

装饰。一是制树叶，所需叶多就用锉刀雕琢纹路，叶少就手捏纹路，做成各种花样的叶子；二是描花，根据各型花样进行花色精加工。

插花。把定型凿花固定到花篮、花圈、花环、花瓶上，制作成型纸扎工艺品。

3. 模具纸扎工序

备料。适量报纸、书刊纸等硬度厚度较大的纸张；适量白纸、夹帘纸、银蓬纸等适宜彩绘的纸张；各种彩纸、箔纸；糯糊；粉质颜料调牛膏胶；头发或麻线等。

脱模。取硬度厚度较大纸张逐层粘贴在模具（贴模具一层纸张不抹糯糊）上，晾干至合适程度，取下模型（后空面具直接取下，帽形头套自背面剪开取下）。

裱糊。在图像模具上裱糊适量层数纸张，表面裱糊适宜彩绘纸张，要求平整光滑，晾干。

彩绘。在晾干模具图像上画墨上色。

装饰。对彩绘晾干后的图像做描金、粘眉、上须、点睛等精加工。

4. 骨架纸扎工序

选料。须选用竹节较长的大竹（一般为楠竹、柱竹），要求竹子柔韧性好，拉力好，抗折力强。

剖篾。用大、小两种篾刀，一种剖篾、一种刮篾。只取有折力和拉力的头篾和二道篾，将篾剖成细条状。

蒸煮。将剖好的篾扎成把，放入开水中浸泡，然后用文火烘干，可以防止竹篾编好的纸扎骨架变形、霉变。

缠篾。用小白纸将细篾捆缠，便于后期裱糊。

扎架。取缠好白纸的篾作框架，各种造型有各种骨架的章法，但必须主篾作骨、次篾作筋、细篾作肉，按照从里到外、从小到大的顺序进行。捆扎或用小白纸捻子或用细篾条，长短不一，常备六七种尺寸不同的纸捻子或细篾条。

裱糊。纸张通常选用传统的银蓬纸和双夹帘纸，糨糊里放适当矾水。按先裱后糊的顺序，裱好夹帘纸之后，再裱银蓬纸，先糊凹，再糊凸，且必须裱糊平整。

彩绘。采用粉质颜料调牛膏胶，泡在瓶内备用。先画墨，再上色，色彩讲究简洁、明快。如果画得比较琐碎，色调就会显得灰暗，如画龙灯、狮子，口内涂红，外绘以青、黄两色为主，其他颜色为次，以形成强烈对比。[①]

装饰。灯具纸品最后一道工序，起着画龙点睛、锦上添花的作用，如装饰龙头、狮子头，有描金、粘眉、上须、点睛等装饰内容。眉和须采用头发或麻丝作材料，色彩则可根据头型主调绘染；而点睛则以金箔纸剪成圆点粘贴，或者用笔点上金色颜料圆点，原则是宜小宜偏，以求有神和自然。

五、麻阳苗族纸扎的传承与发展

经过几千年的时间磨砺，麻阳苗族纸扎形成了独特的工艺体系及地域文化风格。目前，麻阳苗族纸扎可以说遍布县城大街小巷，专业纸马店散落各个集镇，业余艺人往往在节俗及红白喜事时大显身手。每年清明时节，各家各户自发制作挂坟纸扎用品，更是一次纸扎技艺的全民性普及。

面对现代文明的冲击，麻阳苗族纸扎与其他农耕文明时代的非物质文化遗产一样面临着生存的危机，但是在党和政府的高度重视与大力支持下，已采取强有力的保护措施，积极推进苗族纸扎传承保护，加大对

---

① 左汉中. 笔随阁花雨·民间美术文集 [M]. 长沙：湖南美术出版社，2005：8.

外弘扬与播布。

麻阳苗族纸扎工艺典型代表——何家纸马店，先后接待过中国摄影家协会湖南分会理事会主席肖应堂等（1988 年 6 月），日本东京文学博士玲本正荣、民间研究所教授百田弥荣子和湖南省民间文艺家协会主席龙海清等（1998 年 9 月），《湖南民间美术全集》主编左汉中、名誉顾问王朝闻、策划郭天民、摄影赵振兴等（1994 年），何家纸扎工艺品先后在《湘西苗族实地调查报告》（石启贵著，1986 年）、《中国工艺美术史》（田自秉著，1991 年）、《湖南民间美术全集·民间美术拾零》（1994 年）、《麻阳苗族自治县概况》（1990 年）及麻阳多部史志书籍中收录发表，成为中国苗族东部方言区特色传统技艺的标志性艺术品。

如今，麻阳出现了许多专职或业余的纸扎艺人。业余纸扎艺人通常只在丧葬、祭祀活动时制作纸扎作品。每逢清明节"挂青"或春社"挂社"，则人人都成了纸扎艺人，家家户户备了彩纸，自制缠花标棍、剪纸折叠绣球花、灯笼等祭祖纸扎工艺品。而专职纸扎艺人则打出纸马店的招牌，专门以纸扎为业。1949 年前后，麻阳较大市镇都有纸马店营业；20 世纪 50 年代后期至 70 年代中期，各处纸马店作为"破四旧"对象之一，全部关闭；20 世纪 80 年代以后，纸马店逐渐复苏，并遍布麻阳各乡镇。当时著名的纸扎艺人以高村镇壕坑弄的何凤钧为代表，他不仅擅长各种纸扎作品制作，还兼工木雕、泥塑等技艺。由于何凤钧的言传身教，何家堪称纸扎之家，其子何应标、媳滕召凤、女何应香与何应秀都是纸扎高手。1988 年麻阳苗族自治县成立时，庆典活动的几车花篮、花瓶、灯笼，十多条长龙、虾兵蟹将等纸扎精品均出自何家。1995 年、1996 年、1998 年何家纸扎工艺品龙头、龙尾、龙皮、虾兵蟹将以及旱龙舟、水龙舟，参加全国岳阳龙舟风采展示大赛连续三次夺冠，并作为麻阳盘瓠文化的代表作品先后应邀参加国家、省、市、县及有关单位大型庆典活动 30 余次，在电视台新闻、专题中频频展示，成为麻阳苗族纸扎工艺典型代表。

2018 年 5 月 21 日、23 日，由湖南省文化厅主办、马德里中国文化中心承办的"湖南非遗大师工作坊"的两场活动分别在西班牙萨拉戈萨孔子学院和马德里中国文化中心展厅举行。受湖南省文化厅派遣，省级非物质文化遗产传承人何应标、奉兰香带着原汁原味的湖湘文化走出国门，为西班牙民众和中华文化爱好者讲解和展示了麻阳苗族纸扎和花瑶挑花两项非遗。

何应标表示：

麻阳苗族纸扎历经数千年历史风雨，已经成为一种复合型文化载体，具有重要价值。它不仅是传统文化中苗、汉、释、道多种文化的载体，更是传统与现代的文化复合体，具有研究区域文化现象特质及探索人类文明发展脉络、寻求当代文明发展方向的双重学术价值。让更多的人学习传承非物质文化，创新、创业，能够带动剪纸、木雕、泥塑、石刻、绘画、篾工、木工等多种行当进入市场经营，具有构建和谐社会和提高人民幸福感的实用价值。

后记

　　湖南是一个非物质文化遗产资源大省。千百年来，居住在湖南境内的苗族用歌声传承文化，用服饰记载历史，用舞蹈渲染生命，融中原文明，纳百家之长，最终形成了一批精深博大、丰富多彩且具有浓郁湖南特色的苗族非物质文化遗产，构成了绚丽多彩的湖南苗族"非遗画卷"。

　　基于 2020 年与湖南大学出版社《服饰民俗》一书的良好合作，2021 年 6 月，刘琼副教授、黄嘉曦副教授、成雪敏教授继续担任湖南省少数民族古籍整理研究中心"十四五"民族古籍重点规划出版项目"湖南少数民族非遗传承人口述史"中"苗族卷"的撰写工作。2021—2022 年，我们带领着学生，利用节假日多次前往怀化及吉首周边进行田野调查，为本书的纂写奠定了良好基础。

　　本书集中选取了湖南省苗族地区具有代表性的非遗项目，如靖州苗族歌鼟、湘西苗族鼓舞、苗画、苗族挑花、苗族银饰锻制技艺等，采访传承人，通过口述的方式探讨该非遗项目传承所涉及的价值理念、传承方式及传承谱系，以口述史的形式展示该非遗项目的传承历史、传承现状与发展脉络，以及在当前工业化大生产社会背景下传统非遗手工业与非遗传承人所面临的困境与挑战，对非遗的可持续发展进行了有益的思考，对于读者了解湖南苗族非遗具有一定的史料价值。

　　感谢怀化学院良好的学术环境，感谢美术与设计艺术学院、民族研究院的领导一直以来对本书的支持，感谢湖南省民族宗教事务委员会的专家们对本书提出的诸多中肯意见。尤其要感谢湖南大学出版社的祝世英编辑，为了促成此次合作，在项目前期一次又一次地往返于长沙与怀化，与丛书的作者们进行沟通与交流；更要感谢在本次调研中发挥重大作用的可爱的同学们，他们分别是：贵州大学民族学专业的研究生吴淼，怀化学院文学与新闻传播学院汉语言文学专业的陈娇及网络与新媒体设计专业的金椰璐、梁娟，怀化学院美术与设计艺术学院视觉传达设计专业的张家豪、产品设计专业的袁皓弘，他们跟随教师，不怕苦、不怕累，圆满地完成了调研任务。最后需要特别说明的是，湖南少数民族地区地域广阔，非遗项目众多，虽然我们多次前往各地调研，也受到了传承人、手工艺师门的热情接待，但因为篇幅有限，还有一些调研的项目未能写入本书中，希望在下本书中填补遗憾。另外，因为疫情，一些项目的调研未能够进一步深入，本书难免有错误和疏漏之处，还请各位专家学者多多批评指正。

编　者

2023 年 1 月